# MENSCH UND ELEFANT

# MENSCH UND ELEFANT

Verleger und Herausgeber
Staatliches Museum für Völkerkunde
in München

Vertrieb
Pinguin-Verlag, Innsbruck
Umschau-Verlag, Frankfurt/Main

Umschlag vorne: Reitelefant, Indien,
Elfenbein, 19. Jh., 53 cm hoch, 41 cm lang.

Umschlag hinten: In Trockenperioden und Dürrezeiten
sind die Elefanten auf die Vegetation
in Sümpfen und entlang der Flußläufe angewiesen.

Fotonachweis:

Archiv European Elephant Group 140, 142; Hans-Jürgen Arnold 80; Bayerische Staatsbibliothek München 81, 82, 83, 84, 85; British Museum London 86, 91, 92; Desai 39 unten; Die Presse/Hofmeister 132 unten; Hans Frädrich 114; Stanislaw Gadomski 148; Claus Hansmann 132 oben links, 133; Kestnermuseum Hannover 101 oben; Fred Kurt 14, 16, 20, 21, 27, 29, 34, 41, 123, 125, 126, 127; Landsat Esa Earthnet 60; Rüdiger und Gabriele Lutz 61, 62, 63, 64, 65, 66; Hubert und Resi Mauser 145; Nationalmuseum Taipei Taiwan 102; Georg von Opel 150; Österreichische Handelsdelegation Kenya 139; Hella Pflanzer 52 unten; Jörg und Mircea Pfleiderer 38, 39 oben, 56 unten, 141, 143, 152; Walter Raunig 56 oben, 98 unten, 108 unten links; S. A. Tourism Board 55 unten, 57 unten; Schulze 117; Service Photographique du Parc Zoologique Paris 151; Staatliche Münzsammlung München 101 unten; Staatliches Museum für Völkerkunde München 50, 51 oben, 74, 75, 76, 77, 79, 98 oben, 99 unten, 100, 103, 104, 105, 106, 107 links und oben rechts, 108 oben links und rechts, 109, 111, 113, vorderes Umschlagbild; Staffa 107 unten; Brunhilde Szameitat 51 unten, 52 oben, 99 oben; Tiergarten Schönbrunn/G.U.S. 134, 135; Ullstein 146, 147; Wiener Handelskammer 138; Sissi Woschnagg 53, 54, 55 oben, 57 oben, hinteres Umschlagbild.

Redaktion:
Dr. Wolfgang Stein
Dr. Stefan Eisenhofer
Dr. Dorothee Schäfer
Dr. Michaela Appel
Dr. Jürgen Frembgen
Dr. Roman Ofer-Marchetti


Satz, Druck und Bindung: M. Theiss, A-9400 Wolfsberg
Reproduktionen: Tiroler Repro, A-6020 Innsbruck
ISBN 3-927270-09-1

# Inhalt

# Die Autoren


Univ.-Prof. Dr. Wolfgang Engelhardt
Generaldirektor der Staatlichen Naturwissenschaftlichen Sammlungen Bayerns i. R.; Präsident des Deutschen Naturschutzringes

Dr. Iris Hahner-Herzog
Ethnologin, München

Privat-Dozent Dr. Rosl Kirchshofer
Zoologischer Garten Frankfurt am Main, Leiterin der Pädagogischen Abteilung i. R.

Dr. Fred Kurt
Zoologe, internationaler Elefantenexperte

Dr. Rüdiger und Gabriele Lutz
Institut für Ur- und Frühgeschichte der Leopold-Franzens-Universität, Innsbruck, Projekt »Felsbildforschung in der Sahara«

Dr. Roman Ofer-Marchetti
Freier Mitarbeiter des Staatlichen Museums für Völkerkunde München

Dr. Helmut Pechlaner
Tierarzt, Direktor des Tiergartens Schönbrunn, Wien

Prof. Dr. Walter Raunig
Leitender Direktor des Staatlichen Museums für Völkerkunde München

Dr. Dorothee Schäfer
Historikerin, Staatliches Museum für Völkerkunde München

Dr. Wolfgang Stein
Ethnologe, Staatliches Museum für Völkerkunde München

# Vorwort

Es gibt kaum einen anderen Großsäuger, der bei jung und alt ähnlich beliebt ist wie der Elefant. Ihm wird nicht nur Interesse und Sympathie entgegengebracht, er dient vielfach sogar als Sinnbild und Emblem.
Im Morgenland ist er wegen seiner Eigenschaften – vor allem wegen seiner Intelligenz und vielseitigen Einsetzbarkeit – seit mindestens drei Jahrtausenden arbeitender und kämpfender Wegbegleiter des Menschen. In Afrika hingegen waren und sind die Dickhäuter fast ausschließlich als Jagdbeute gesucht; sie liefern Fleisch, Leder und Elfenbein. Im Abendland wurde der Elefant – abgesehen von Episoden während der Antike – stets als Kuriosität bestaunt, bewundert und als solche auch gehalten.
Mit zunehmender Vergrößerung der vom Menschen für Bodenbau und als Weiden genutzten Flächen, mit der Verwendung von Feuerwaffen und – in Asien – mit dem Einsatz von Maschinen wurden die Lebensräume des Elefanten, besonders seit 150 Jahren, empfindlichst gestört und enorm verkleinert; und Abschlachtaktionen – vor allem in Afrika – um an das Elfenbein heranzukommen – brachten in den vergangenen Jahrzehnten den sympathischen Riesen in größte Gefahr.
Das vorliegende Buch – aus Anlaß der gleichnamigen Ausstellung in Seefeld bei München erschienen – vermittelt einen Einblick in die Biologie und den Lebensraum, aber auch in die Sonderrolle, die Elefanten gegenüber Menschen einnehmen, und macht auf die Gefährdung des Tieres in unseren Tagen aufmerksam. Fachleute behandeln diese Aspekte von verschiedenen Gesichtspunkten aus, ohne indes das Generalthema aus dem Auge zu verlieren. Allen, die an dieser Publikation mitgewirkt haben – Autoren, Fotografen, Redakteuren und vor allem auch dem Pinguin-Verlag – gebührt Dank für die aufgewandte Mühe. Möge dieser Beitrag zur faszinierenden Geschichte der Elefanten ein möglichst großes Publikum erreichen und das Bewußtsein für die Bedrohung der Vielfalt auf Erden schärfen.

Walter Raunig

# Einleitung

Wolfgang Engelhardt

Auf der Konferenz für Umwelt und Entwicklung der Vereinten Nationen 1992 in Rio de Janeiro, der bisher größten internationalen Konferenz überhaupt, wurde u. a. die »Konvention zum Schutz der biologischen Vielfalt« verabschiedet und noch während der Konferenz von 156 Staaten gezeichnet. Am 19. März 1994 ist sie in Kraft getreten, nun also gültiges internationales Recht.

Unter »biologischer Vielfalt« versteht die Konvention gemäß allgemeinem wissenschaftlichem Übereinkommen

- die Gesamtheit der Erbanlagen (Genome) der Pflanzen- und Tierarten,
- die Vielfalt der Arten,
- die Ökosysteme und
- die ökologischen Kreisläufe.

Zentrale Bedeutung haben dabei selbstverständlich die Arten. Sie stellen die unzähligen verschiedenen Erscheinungsformen des Lebens dar, sie sind die lebendigen Bestandteile der Ökosysteme – der Wälder, der Steppen und Savannen, der Sümpfe, Moore, Korallenriffe usw.

Jede Art hat in dem Ökosystem, dem sie angehört, einen bestimmten Stellenwert, auch wenn wir diesen in den meisten Fällen nicht genauer kennen. Deshalb gibt es – in ökologischer Sicht – auch keine wichtigen oder weniger wichtigen Arten.

Zu den ökologischen Kreisläufen gehört in erster Linie die Umwandlung von Sonnenenergie in Biomasse durch die Photosynthese der grünen Pflanzen – die Grundlage allen Lebens auf der Erde überhaupt. Durch die Photosynthese wird ein Teil der Sonnenenergie in den grünen Pflanzen als Biomasse gespeichert, über meist vielmaschige Nahrungsnetze an ungezählte Tiere vieler verschiedener Arten weitergegeben und auf diese Weise für längere oder kürzere Zeit – abhängig vom Stoffumsatz und der Lebensdauer dieser Tiere – festgelegt, letztendlich, wieder durch die Tätigkeit von Lebewesen, mineralisiert. Werden zu viele Arten ausgerottet und damit zu viele Knoten aus den Nahrungsnetzen herausgeschnitten, so brechen schließlich die ganzen Netze – die Lebensgemeinschaften und Ökosysteme – zusammen.

Vom Menschen werden, aus verschiedenen Gründen, häufig zunächst die großen und verhältnismäßig langlebigen Arten vernichtet. Ihre Rangstelle in den Ökosystemen übernehmen dann kleinere, kurzlebigere Arten. Der Energiefluß wird beschleunigt, zuweilen unterbrochen, die Mineralisation der organischen Stoffe (das Recycling), die ökologischen Prozesse der Humusbildung, der Regulierung von Wasserhaushalt, Klima usw. werden gestört.

Und damit sind wir bei einem der ganz großen Probleme unserer Zeit: Dem rasanten Artensterben, das die oben genannte Konvention bremsen soll. Der auf diesem Gebiet wohl derzeit erfahrenste Fachmann, der amerikanische Biologe E. O. Wilson, schätzt, daß zur Zeit jährlich mindestens 17.500 Arten aussterben, das sind tausend- bis zehntausendmal mehr, als vor dem Eingreifen des Menschen des technischen Zeitalters in die Natur.

Selbstverständlich sind im Laufe der Evolution des Lebens auf der Erde unzählige Arten ausgestorben und haben sich neue, an veränderte Umweltbedingungen angepaßte, entwickelt. Entscheidend ist jedoch der Zeitfaktor. Der ökologisch falsch wirtschaftende Mensch läßt der Natur nicht die Zeit, die sie braucht, um, durch die Selektion geeigneter Mutanten, Arten zu entwickeln, die unter den vom Menschen geschaffenen Umweltbedingungen überleben könnten. Mit dem Aussterben jeder Pflanzen- und Tierart wird deshalb unser – menschliches – Leben, nicht nur ärmer, es wird, wie oben dargelegt – auch immer mehr gefährdet.

Auch dem Laien leuchtet die besondere Rolle einer Tierart in ihrem Ökosystem ein, deren erwachsene Individuen täglich rund 200 Kilogramm Pflanzennahrung und 150 Liter Wasser brauchen sowie rund 60 Jahre alt werden können. Ohne die wandernden Herden des Afrikanischen Steppenelefanten würde die afrikanische Savanne, die das Bild und die Ökologie dieses Kontinents seit Hunderttausenden von Jahren wesentlich prägt, verschwinden bzw. verbuschen. Im entstehenden Trockenwald würden die meisten Antilopenarten, die Zebras und viele andere Tierarten nicht überleben können.

Die Waldelefanten Zentralafrikas brechen auf ihren täglichen Streifzügen tunnelartige Gänge durch den Dschungel, die von kleineren und schwächeren Tieren, aber auch von den Trupps der Pygmäen und anderer indigenen Volksstämme benutzt werden. Sie schaffen, wenn sie Lianen und Äste von den Bäumen reißen und brechen, dabei den einen oder anderen Stamm auch umknicken, kleine Lichtungen im sonst geschlossenen Urwald. Nur dort, wo die Sonnenstrahlen den Erdboden erreichen, kommen Bananenstauden, Palmen sowie Bambus und andere Grasarten auf, alle mehr oder weniger reich an Stärke und Eiweiß, unentbehrliche Nahrung für Gorilla, Schimpanse, waldbewohnende Antilopen und viele andere Arten, nicht zuletzt auch zahlreiche Insekten. Nur die Waldelefanten verbreiten die Samen vieler Urwaldbäume, die in so großen und schweren Früchten eingeschlossen sind, daß sie von kleineren Tieren nicht verfrachtet werden können. Unter dem lichtabweisenden Blätterdach des Mutterbaums können die Keimlinge aber nicht gedeihen. Der amerikanische Botaniker M. Fay schätzt, daß etwa ein Drittel aller Baumarten, besonders auch die stammblütigen (caulifloren) der zentralafrikanischen Wälder des Tieflands für die Verbreitung ihrer Samen auf die Waldelefanten angewiesen sind.

Hauptsächlich Elfenbeinwilderern ist in nur zehn Jahren zwischen 1979 und 1989 über die Hälfte aller Afrikanischen Elefanten zum Opfer gefallen. Ihr Bestand sank in dieser kurzen Zeit von rund 1,3 Millionen auf etwa 600 000, in Kenia z. B.

verringerten sich die Elefantenpopulationen zwischen 1970 und 1990 von 140000 auf 16000!
Seit im Jahr 1990 eine internationale Konvention den Handel mit Elfenbein verbot, ist die Kugel des Wilderers nicht mehr die Hauptgefahr für das Überleben der Afrikanischen Elefanten. Aber eine andere Gefahr zieht drohend am Horizont herauf, und zwar gleichermaßen für die Afrikanischen wie die Asiatischen Elefanten: Die rasche Zunahme der menschlichen Bevölkerung engt den Lebensraum, den die größten Landsäugetiere der Erde nun einmal brauchen, mehr und mehr ein. Bleiben wir beim Beispiel Kenias, das – hoffentlich — viele Besucher der Ausstellung, zu der dieses Buch erschienen ist, von eigenen Safaris her kennen. Im Jahr 1993 hatte dieses Land etwa 28 Millionen Einwohner. Bei einer Fruchtbarkeitsrate von 8,1 (Geburten je Frau im Alter von 15 bis 49 Jahren) und einer Wachstumsrate der Bevölkerung von 3,9 Prozent sowie nur mangelhafter Familienplanung wird Kenia im Jahr 2010 etwa 50 Millionen Einwohner haben, fast doppelt soviel wie heute! Wird es dann noch Raum für die großen Riesen haben? Das ist die brennende Frage nicht nur für diese Region, nein, weltweit für die Erhaltung der biologischen Vielfalt.
Die Ausstellung ist dem größten Landsäugetier der Erde gewidmet, einem der intelligentesten Tiere zudem, das seit Jahrtausenden in der Kulturgeschichte zahlreicher Völker eine bedeutende Rolle gespielt hat. Heute ist er ein Symbol für die Erhaltung der biologischen Vielfalt und damit für – menschenwürdiges – Überleben der Menschheit.
Denn eines ist gewiß: In einem geschlossenen System, wie es die Erde – abgesehen von der eingestrahlten Sonnenenergie – ist, ist unbeschränktes Wachstum eines Systembestandteils ohne fortschreitende Störung, letztendlich jedoch Zerstörung des Gesamtsystems nicht möglich.
Sicher wird jeder Besucher dieser Ausstellung sie beeindruckt verlassen, noch nachdenklicher wird der Leser dieses Buches sein, dessen bin ich mir sicher.
Kein kultivierter Mensch wird sich heute noch sinnlosen Zierat aus Elfenbein ins Wohnzimmer stellen, und für den Großwildjäger, der stolz seinen Fuß auf das Haupt des aus sicherer Entfernung mit schwerer Kugel getöteten Elefanten setzt, haben wir kein Verständnis. Aber damit sollten wir es nicht bewenden lassen: Jeder kann, und sei es nur mit einem kleinen Beitrag, diejenigen Organisationen unterstützen, die sich in harter Arbeit bemühen, Lebensräume für die Elefanten in Afrika und Asien auch in der Zukunft zu erhalten.

# Zur Biologie der Elefanten

Fred Kurt

Der Afrikanische Elefant *(Loxodonta africana)* ist der größte aller lebenden Landsäugetiere. Zusammen mit seinem einzigen nächsten Verwandten, dem etwas kleineren Asiatischen Elefanten *(Elephas maximus)*, gehört er in die Ordnung der Rüsseltiere *(Proboscidea)*. Die Gattungen *Loxodonta* und *Elephas* entstanden im frühen Pleistozän, also vor ungefähr 1,8 bis 0,7 Millionen Jahren, in Afrika. *Loxodonta* verblieb dort, während *Elephas* im Laufe des Pleistozäns seinen Lebensraum nach Asien verlagerte. Die Tierriesen erreichen Gewichte von vier bis sechs Tonnen bei Schulterhöhen von zweieinhalb bis dreieinhalb Metern. So unterschiedlich diese Arten im einzelnen auch sein mögen (Abb. 1), seien doch zuerst die gemeinsamen Merkmale aufgeführt. Beginnen wir mit dem Rüssel, dem Merkmal der Ordnung.

## Der Elefantenrüssel

Man kann die verlängerte Nase ohne weiteres als fünfte Gliedmaße betrachten, die sich zu einem ebenso feinfühligen wie kräftigen Arbeitsarm entwickelt hat. Der Rüssel ist aber noch mehr: seine Spitze läuft beim Asiatischen zu einem, beim Afrikanischen Elefanten zu zwei Fingern aus. Diesen Greiforganen stehen, wie den Fingern der menschlichen Hand, Widerlager gegenüber. Elefanten können winzige Münzen ergreifen oder dünne Grashalme knicken und abreißen. Wenn sie die Rüsselspitze leicht nach innen rollen, sammeln sie hinter den Widerlagern bündelweise Gräser. Von hier aus transportieren sie dann das Futter direkt in den Mund oder es wird an der unteren Rüsselbasis mit der spitzigen, dreiecksförmigen Unterlippe solange festgeklemmt, bis es von der fleischigen Zunge mit ihrer nach hinten gerichteten Spitze zwischen die riesigen Mahlzähne geholt wird. Futter wird also gleichzeitig gekaut, getragen und gesammelt. Dies alles während des Marsches und ohne Beeinträchtigung des Riechvermögens, denn die beiden Nasenlöcher – sie enden an der Rüsselspitze – werden nur während eines kurzen Momentes beim Zugreifen geschlossen. Ein Elefant kann nicht nur gleichzeitig gehen und Futter beschaffen, sondern auch noch tastend und riechend Spuren lesen und seinen Weg von Dornen und spitzen Steinen säubern. Der Rüssel ist Hand, Tast- und Riechorgan in einem. Damit sind seine Funktionen noch lange nicht vollständig aufgelistet. Dieses Universalorgan ist fürchterliche Schlagwaffe bei Kämpfen, Schnorchel beim Schwimmen, bewegliche Dusche beim Trinken und Baden, liebkosender oder zurechtweisender Arm im Umgang mit Artgenossen.

Zudem ist der Rüssel Resonanzkörper für die im Kehlkopf entstehenden Laute. Er erzeugt selbst kaum hörbare Kontaktlaute in unterschiedlicher Tonhöhe, weil – jedenfalls beim Asiatischen Elefanten – die beiden zu langen Röhren verlängerten Nasenlöcher durch wenigstens eine Öffnung miteinander verbunden sind oder weil eng aneinander geklemmte Rüsselfinger die Luftsäulen in den Nasenröhren zum Schwingen bringen, wenn der Elefant Luft ausstößt.

Möglich macht dies alles eine äußerst komplexe Muskulatur. Sie findet lediglich dort am Schädel Verankerung, wo sich die knöcherne Nasenöffnung befindet. Entstanden ist sie durch Verschiebung der mimischen Gesichtsmuskeln, namentlich der

Abb. 1: Die heutigen Elefantenformen sind kleiner als das Mammut aber größer als ausgestorbene Zwergformen. Über die Existenz eines afrikanischen »Zwergelefanten« herrschen heute noch Zweifel. Darstellung aus U. Sedlag: Was ist das, Elefanten, Bd. 86, 1989. (Umzeichnung Roger Kausch)

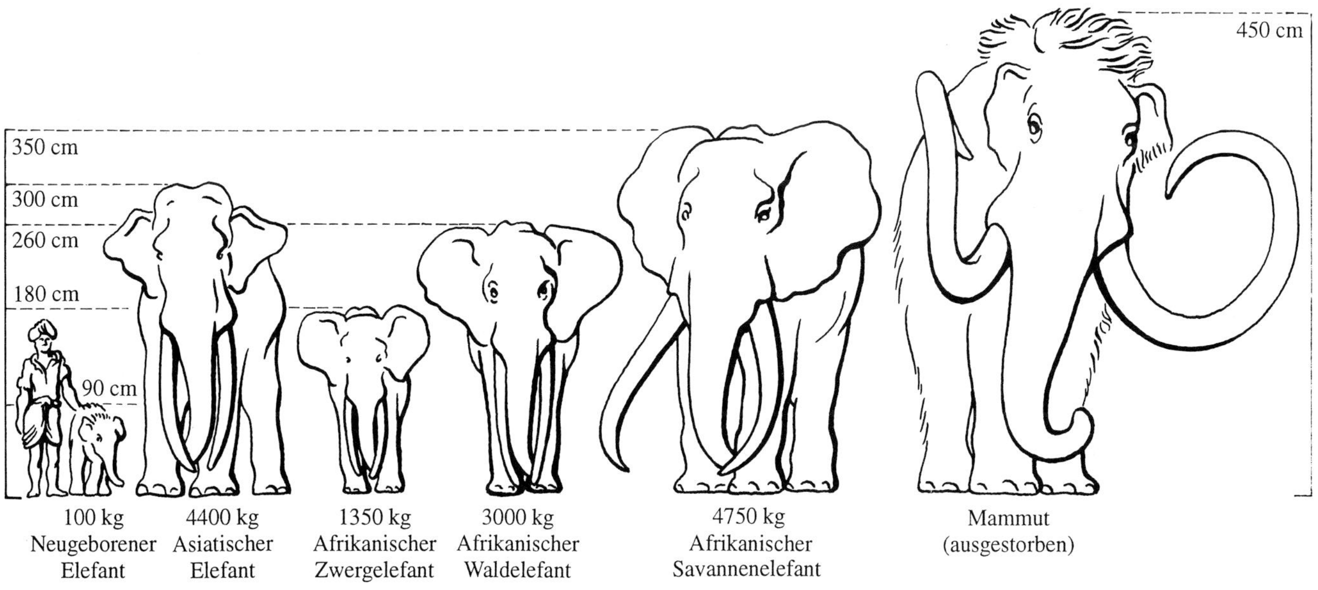

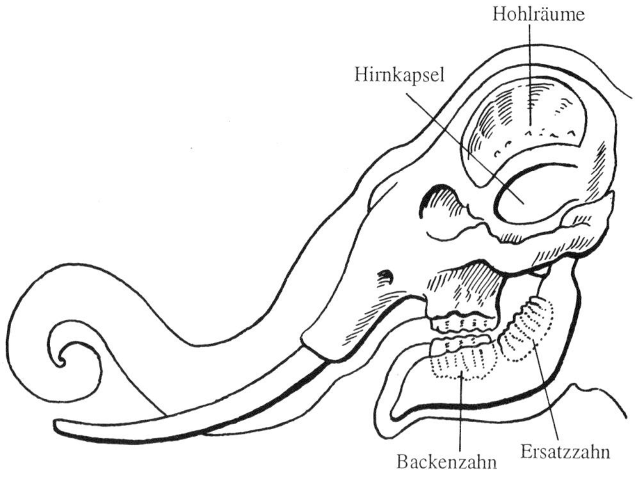


Abb. 2: Das Gehirn des Elefanten ist zwar im Vergleich zu anderen Säugetieren sehr groß, im riesigen Schädel nimmt es aber nur einen kleinen Teil ein. Durch Hohlräume ist der Elefantenschädel stark vergrößert. Damit erhalten die Rüsselmuskeln genügend Ansatzstellen. Zudem wirkt der mächtige Schädel als Gegengewicht zum Rüssel.

Stirn-, Nasen-, Oberlippen- und Wangenmuskeln. Sie liegen in mehreren Schichten übereinander, verlaufen in verschiedenen Richtungen und bewegen den Rüssel dementsprechend vielfältig.

Die Verankerung der Rüsselmuskulatur – auch die der schweren Stoßzähne – erfordert einen riesigen äußeren Schädel. Zwischen seinem Inneren und seiner Oberfläche ist die dicke Schädelwand gewissermaßen »pneumatisiert« (Abb. 2). Diese »Leichtbauweise« ermöglicht immerhin ein Gewicht zu Rüssel und Stoßzähnen, das die gleiche Wirkung hervorruft, wie das Gegengewicht bei einer Eisenbahnschranke.

## Elefantenhaut und Wärmehaushalt (Thermoregulation)

Rüsseltiere wurden einst als »Dickhäuter« bezeichnet. Deshalb einige Worte zur Elefantenhaut. Ein Elefant würde sich zwei-

Abb. 3: a) Das Beinskelett eines stehenden und eines Elefanten, der hinten kniet und sich vorne auf den Ellbogen stützt. b) Elefanten treten meist leise und weich auf. Denn ihren Füßen ($b^2$) ist ein Polster (schraffiert) eingebaut. Zudem gehen sie wie Paarhufer ($b^1$) auf den Zehenspitzen. c) Elefantenspuren sind oft schwer zu erkennen, weil Elefantenfüße das Gewicht auf eine erstaunlich große Standfläche verteilen.

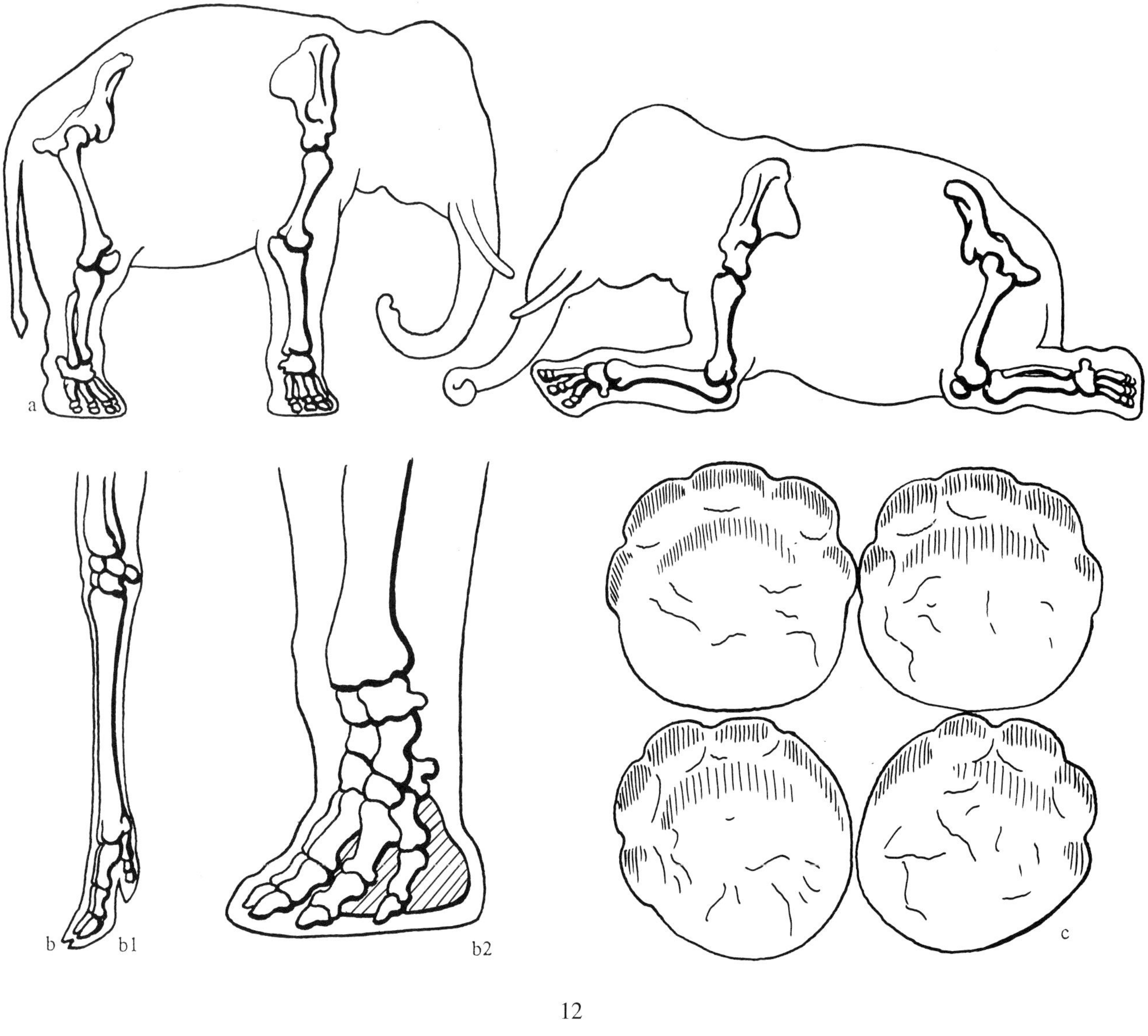

fellos im berühmten Porzellanladen nicht so verhalten, wie dies der Volksmund von ihm verlangt. Erstens sind seine spärlichen Haare äußerst feine Tastorgane, mit denen er fühlt, was er nicht sieht, und zweitens ist seine Haut zwar dick, deshalb aber keineswegs unempfindlich. Elefanten bluten, wenn sie von einer Bremse gestochen werden. Der Haut fehlen Schweiß- und Talgdrüsen, Elefanten können folglich nicht schwitzen. Trotzdem spielt die Haut eine wichtige Rolle bei der Kühlung des mächtigen Körpers. Die steifen Haare halten feuchte Erde und Sand fest, die der Elefant sich nach dem Bade auf den Körper wirft. Verdunstungskälte sorgt dann für Kühlung. Am wirksamsten funktioniert dieses Prinzip beim Afrikanischen Steppenelefanten. Seine besonders tief gefurchte Haut vergrößert die Körperoberfläche wesentlich. Vergrößert wird sie aber in ganz besonderem Maße durch die mächtigen Ohren. Beim Steppenelefanten macht die die Ohren umgebende Haut rund ein Drittel der gesamten Körperoberfläche aus. Unter dieser Ohrenoberfläche verläuft ein dichtes Netz von Haargefäßen. In ihnen kühlt sich das Blut ab, wenn der Elefant seine vorher beim Baden abgeduschten Ohren fächerartig hin und her bewegt.

Abb. 5: Das Gewicht der Elefanten ruht vor allem auf den Vorderbeinen. Beim Bergabsteigen sind sie äußerst langsam, steile Wegstrecken legen sie deshalb rutschend zurück.

# Der Bewegungsapparat

Der mächtige Elefantenkörper ruht auf gestreckten Säulenbeinen mit breiten Füßen, deren Zehenspitzen kleine Hufe oder Nägel tragen (Abb. 3a). Eine dicke, stark verhornte Haut schützt die Fußsohle. Ein pyramidenförmiges Polster aus fetthaltigem Bindegewebe federt das schräg gestellte Fußskelett ab und verteilt gleichmäßig das auf ihm lastende Gewicht (Abb. 3b und 3c; vgl. Grzimek, Bd. 4, 1987:461).

Wie leichtfüßig Elefanten sind, ergaben genaue Messungen. So entspricht zum Beispiel beim Asiatischen Elefanten der doppelte Umfang der kuchenblechgroßen vorderen Fußplatte ge nau der Schulterhöhe (Abb. 4). Ein 2,9 Meter hoher und 4200 Kilogramm schwerer Bulle belastet jeden einzelnen Quadratzentimenter seiner Füße mit lediglich 600 Gramm. Das scheinbar leichtfüßige Mannequin dagegen schreitet mit wenigstens zwei Kilogramm Gewicht pro Quadratzentimeter auf seinen hochhackigen Pumps über den Laufsteg (Kurt 1991a: 13).

Normal gehende Elefanten legen pro Stunde vier bis sechs Kilometer zurück. Angreifende oder fliehende Tiere erreichen kurzfristig Spitzengeschwindigkeiten von rund vierzig Stundenkilometern und sind somit wesentlich schneller als die schnellsten menschlichen Kurzstreckenläufer. Die täglich zurückgelegten Wege hängen vom Wasser- und Nahrungsangebot ab sowie von der Größe und der Zusammensetzung der Gruppe. Kühe, die Säuglinge führen, legen möglicherweise in 24 Stunden lediglich 500 bis 3000 Meter zurück. Gruppen mit Halbwüchsigen fünf bis zehn Kilometer und Einzelbullen gelegentlich dreißig und mehr Kilometer.

Elefanten sind trotz ihres immensen Körpergewichtes erstaunlich gute Kletterer. Dagegen haben sie Mühe, abwärts zu gehen, weil das Hauptgewicht des Körpers auf dem vorderen Beinpaar ruht. Deshalb überwinden sie steil nach unten führende Wegstücke robbend (Abb. 5). Elefanten sind ausdauernde Schwimmer, die bis zu dreißig Kilometer breite Gewässer überwinden können (Abb. 6). Die im letzten Jahrhundert auf einer Andamanen-Insel entlaufenen und dann verwilderten Arbeitselefanten fanden einen günstigen Lebensraum auf einem 320 Kilometer vom indischen Festland entfernten Eiland (Kurt 1991a: 32). Auch die Zwergelefanten, die einst auf Mittelmeerinseln lebten, erreichten diese schwimmend.

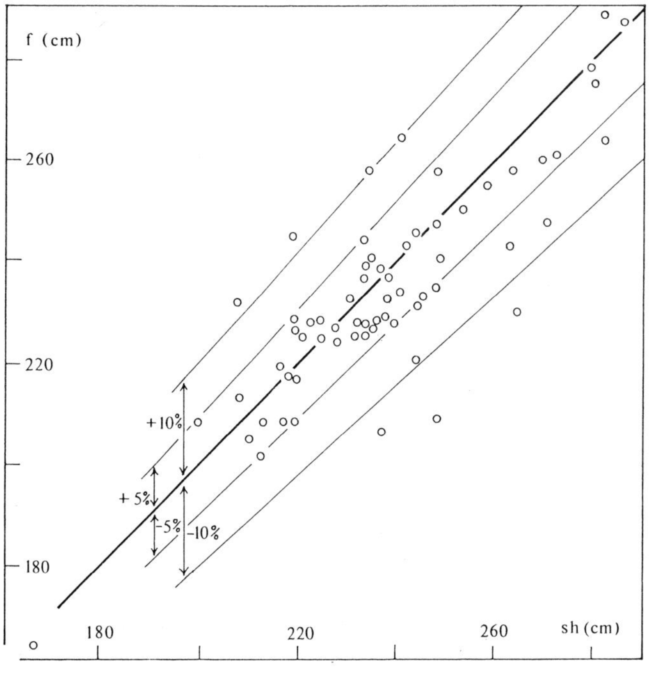


Abb. 4: Vergleich zwischen der Schulterhöhe (sh) und dem doppelten Umfang des linkenVorderfußes (f) in Zentimetern bei 63 Arbeitselefanten auf Sri Lanka. Der doppelte Vorderfußumfang entspricht ungefähr der Schulterhöhe, bei 51 Elefanten mit einer Abweichung von 0 bis 5 Prozent und bei 6 Elefanten mit einer Abweichung von 5 bis 10 Prozent.

Abb. 6: Elefanten sind äußerst ausdauernde Schwimmer.

# Alter, Wachstum und Gewicht

Es heißt, Elefanten würden einhundert und mehr Jahre alt. Unter vielen hundert Zirkuselefanten sind bis heute nur zwei Fälle bekannt geworden, bei denen das Todesalter über sechzig Jahren lag. Die meisten starben zwischen dreißig und fünfzig Jahren. Das gleiche gilt für Arbeitselefanten in Südindien. 1990 starb in Mudumalai (Tamil Nadu) der bisher älteste Elefant im Alter von 74 Jahren. Auch afrikanische Elefanten werden nur ausnahmsweise älter als sechzig Jahre. Über die Todesursache ist bis heute erstaunlich wenig bekannt. Sicher reißen Löwen oder Tiger gelegentlich Neugeborene; sicher verhungern und verdursten Elefanten gelegentlich, sterben infolge irgendwelcher Krankheitserreger – beim Afrikaner sind wenigstens zehn Innenparasiten-Gattungen bekannt – oder durch Verletzungen. Elefanten leiden aber mit zunehmendem Alter an Arterienverkalkung wie der Mensch, obwohl sie – ganz im Gegensatz zum Menschen – keine tierischen Fette und nur wenige pflanzliche Öle zu sich nehmen (Hanks 1979). Arteriosklerose und andere Kreislauferkrankungen nehmen in jenen Gebieten zu, in denen die Tierriesen wenig Futter und Wasser finden, häufig wandern müssen und besonders lange der unbarmherzigen Sonne ausgesetzt sind (Sikes 1971). So ist es nicht erstaunlich, daß besonders die älteren, also die größeren Elefanten sterben, weil die Leistungen von Herz und Kreislauf nicht in gleichem Maße

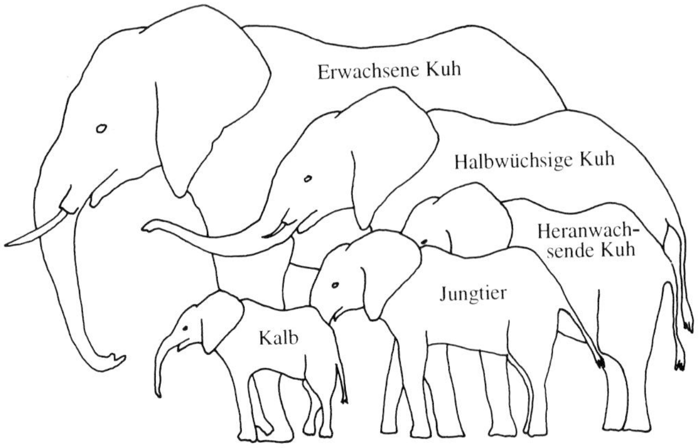


Abb. 7: Verschiedene Altersklassen.

Abb. 8: Wachstumskurven (oben Schulterhöhe, unten Gewicht) des Afrikanischen Elefanten.

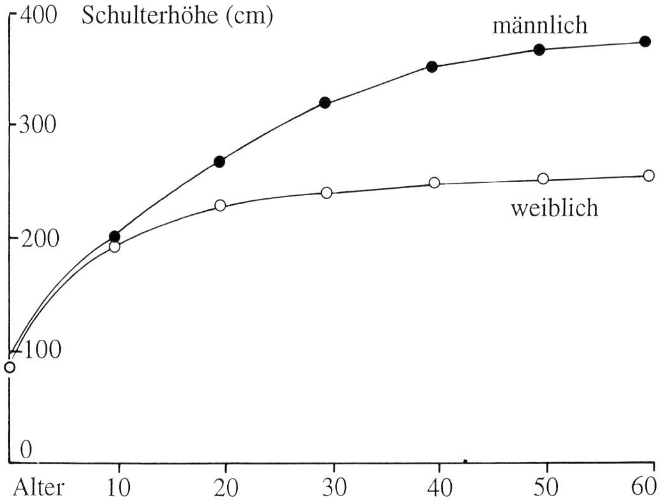


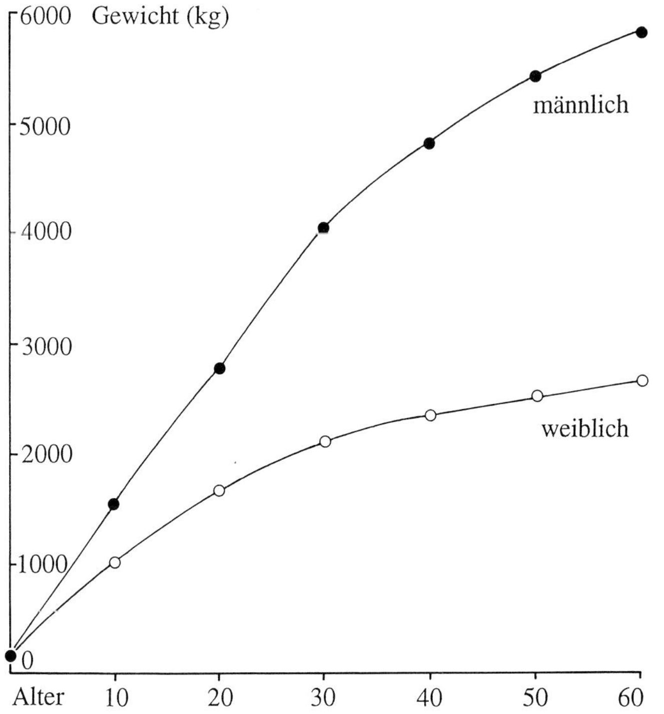

wachsen wie der riesige Elefantenkörper. Kreislauf-Kollaps ist deshalb eine häufige Todesursache.
Elefanten wachsen zeitlebens. Bei der Geburt wiegen sie zwischen sechzig und 160 Kilogramm, bei einer Schulterhöhe von achtzig bis 140 Zentimetern (Abb. 7). Wenn die ältesten Bullen der Afrikaner mit rund sechzig Jahren sterben, sind sie durchschnittlich rund sechs Tonnen schwer und fast vier Meter hoch. (Abb. 8). Asiatische Elefanten erreichen knapp vier Tonnen bei einer Höhe von knapp drei Metern (Abb. 9). Zudem sind Weibchen bei beiden Arten kleiner und leichter als Bullen.
Von 49 im Yala-Nationalpark auf Sri Lanka tot aufgefundenen Wildelefanten war keiner älter als vierzig Jahre. Das durchschnittliche Sterbealter lag bei etwa 35 Jahren (Kurt 1991a: 135), das gilt auch für Afrikanische Elefanten (Hanks 1978). Die Elefantenleichen lagen übrigens weit verstreut umher.

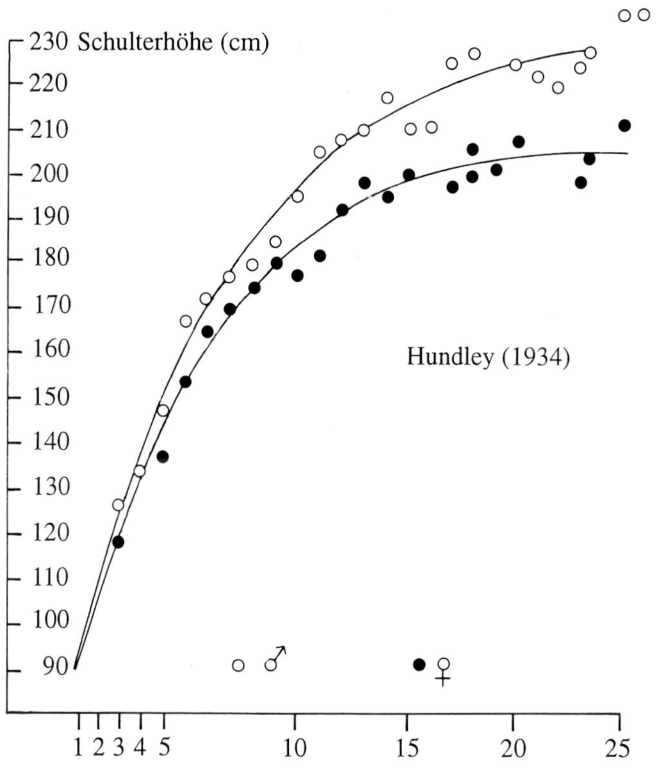

Abb. 9: Wachstumskurve burmesischer Arbeitselefanten.

Sogenannte Elefantenfriedhöfe, auf denen sich die Tierriesen angeblich zum Sterben einfinden sollen, gibt es nicht. Wenn gelegentlich Knochen oder besonders Stoßzähne toter Elefanten auf kleinstem Raum gefunden werden, liegt das darin begründet, daß Elefanten häufig in Wassernähe sterben. Bei späteren Überschwemmungen werden die Knochenreste vom Fluß mitgetragen und an ganz bestimmten flachen Stellen mit schwacher Strömung im Laufe der Zeit massenweise deponiert und später von Elfenbeinsammlern zahlreich gefunden.

# Backenzähne, Stoßzähne und Elfenbein

Elefanten tragen in jedem der vier Kieferäste gleichzeitig höchstens zwei der insgesamt sechs Backenzähne. Bei ihrer Geburt haben Elefantenkälber neben zwei bis vier fingerhutkleinen Milchbackenzähnen bereits den ersten und den zweiten Backenzahn in jedem der vier Kieferäste. Der erste ist etwa so groß wie eine Streichholzschachtel, der zweite wie eine Packung Zigaretten. Durch ständiges Kauen werden die Zähne abgewetzt. Zudem bewegen sie sich immer langsam nach vorne, wo sie schließlich scheibchenweise abbrechen.

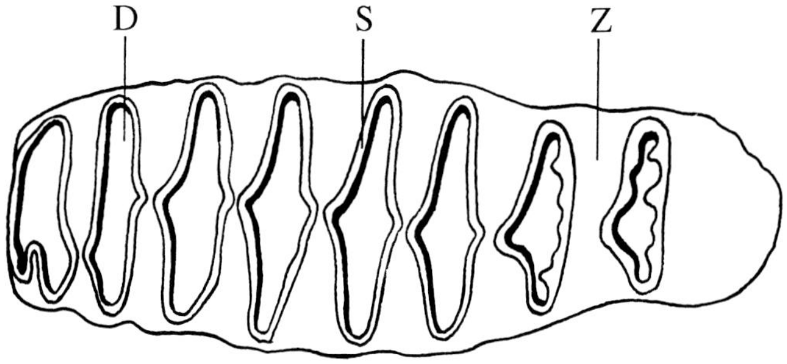

Abb. 10 oben: Aufsicht auf einen Backenzahn des Afrikanischen Elefanten. D: Dentin; S: Schmelzfalten; Z: Zahnzement.

Unten: Ansicht des linken Unterkiefers eines Afrikanischen Elefanten (von innen). Der vierte Molar (links) ersetzt allmählich den dritten (rechts), der lamellenweise abbricht.

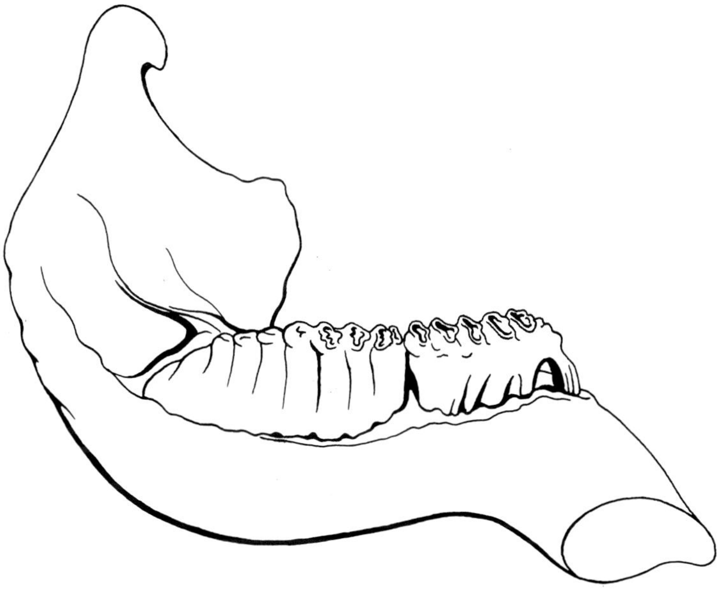

Der erste Backenzahn verschwindet im Alter von ein bis zwei Jahren, der zweite mit drei bis vier Jahren. Zwischen dem vierten und zehnten Lebensjahr ist der dritte Backenzahn (Molar) tätig, der vierte zwischen dem zehnten und fünfundzwanzigsten, der fünfte vom fünfundzwanzigsten Lebensjahr an (Abb. 10). Der letzte und größte Molar ist ungefähr im Alter von 47 Jahren gebrauchsfertig. Mit jedem Zahnwechsel wird die jeweilige Kaufläche größer und reicher an harten Querhöckern und Querleisten. Zuerst hat ein Elefant nur deren vier. Bei den anschließenden Zahnwechseln steigt deren Anzahl auf acht, zwölf, sechzehn und vierundzwanzig. Der letzte Molar ist ungefähr im sechzigsten Altersjahr verschwunden. Damit treten Ernährungsschwierigkeiten auf, die fraglos den Alterstod einleiten. Allerdings sind Fälle selten, in denen ein Elefant überhaupt ein so hohes Alter erreicht.

Elfenbein liefern die Schneidezähne des Oberkiefers – nicht etwa die Eckzähne, denn sie fehlen bei den Rüsseltieren. Kleinfingerlange Milchstoßzähne wachsen bereits beim Elefantenbaby. Sie entsprechen dem ersten Schneidezahnpaar. Im Alter von etwa einem Jahr werden sie von den Dauerstoßzähnen, also dem zweiten Schneidezahnpaar, abgelöst. »Sie sind zu etwa einem Drittel ihrer Länge in den Oberkieferknochen eingebettet und besitzen, als umgewandelte Schneidezähne, einen harten Schmelzüberzug, der sich zu einer harten Spitze auswächst. Dabei schließt sich durch dieses Schmelzwachstum die Zahnhöhle *(Pulpa)* im Spitzenbereich völlig und liefert das Elfenbein« erklärt Rudolf Altevogt (1987: 464).

Die Wachstumsformen der Stoßzähne sind äußerst verschieden. Afrikanische und Asiatische Elefanten können ganz ohne Stoßzähne (Abb. 11) oder als »Einzähner«, sogenannte Ganeshas, geboren werden. Bei beiden Arten gibt es aber auch »Vielzähner«. Ein erster wurde vom Afrikanischen Elefanten 1865 beschrieben. Ein zweiter wurde 1868 erlegt, »der auf der einen Seite fünf und auf der anderen vier (Stoß-)Zähne hatte. Ein 1952 in Uganda zur Strecke gebrachter Loxodont wies auf der einen Seite fünf und auf der anderen sogar acht Zähne auf. Im Kasonogogebiet wurde 1947 ein Bulle getötet, der auf jeder Seite zwei vollkommen ausgebildete, je fünfzig Kilogramm schwere Stoßzähne trug« (T. Sanderson 1960: 154).

Elfenbein – von »Elefantenbein«, was eigentlich Elefanten-

b

Abb. 11: Neun von zehn Ceylonelefanten sind stoßzahnlos (a). Die Stoßzähne der restlichen Bullen wachsen ganz unterschiedlich, beispielsweise nach außen (b) oder über Kreuz (c).

a

c

knochen heißt – ist eine Mischung aus Dentin (Zahnbein), Knorpelstoffen und eingelagerten Kalziumsalzen. Es ist ein hartes aber elastisches Material, das sich als wertvoller und haltbarer Rohstoff für geschnitzte Kunstwerke, für Klaviertasten, Billardkugeln und dergleichen bestens eignet.
Elfenbein kann zart gefärbt sein. Bräunlich erscheint es in den westafrikanischen Regenwäldern, weiß-cremig in der Savanne, rosa im Bambuswald. Das Elfenbein der einst in China lebenden Elefanten war rötlich, weshalb sie Paul Deriyanagala (1955) einer eigenen Unterart *(Elephas maximus rubidens* = Rotzähnige) zuordnete. Elfenbein nimmt im Alter gelbliche Farbe an. Echtes Elfenbein unterscheidet sich von Fälschungen aus Knochen oder Plastik durch ein diamantenschliffartiges Muster.
Das Elfenbein des Asiatischen Elefanten gilt als spröder als das des Afrikaners. Afrikanisches Elfenbein war und ist aber auch deshalb begehrter als asiatisches, weil es leichter verfügbar ist. Beim Asiatischen Elefanten tragen in der Regel nur Männchen die verlängerten Schneidezähne. Gelegentlich kommen auch stoßzahnlose Bullen vor, sogenannte *Maknas* oder *Äthas*, wie sie auf Sri Lanka heißen. Hier sind stoßzahnlose Bullen neunmal häufiger als die stoßzahntragenden *Tuskers. Maknas* und stoßzahnlose Weibchen besitzen lediglich kurze, stiftartige obere Schneidezähne, die sogenannten *Tushes*.
Beim Afrikanischen Elefanten haben beide, Männchen und Weibchen, die verlängerten Schneidezähne des Oberkiefers. Diese Waffen wachsen zeitlebens, bei männlichen Tieren durchschnittlich elf Zentimeter pro Jahr und bei weiblichen etwa 8,5 Zentimeter (Laws et al. 1970). Wenn die Weibchen die Geschlechtsreife erreichen, wiegt einer ihrer Stoßzähne rund drei, wenn sie sterben etwa 18 Kilogramm. Die Stoßzähne der Bullen werden bedeutend mächtiger. In der Pubertät wiegen sie etwa acht, im sechzigsten Altersjahr sind sie mit durchschnittlich 61 Kilogramm mehr als dreimal so schwer wie die der Kühe (Hanks 1979). Stoßzähne sind Waffen gegen Rivalen und Feinde, Erkennungszeichen und Werkzeuge zur Futterbeschaffung. Mit ihnen lösen Elefanten Rinde von Bäumen, mit ihnen brechen sie salzhaltiges Gestein aus Felsen oder graben im feuchten Boden nach Wasser.

## Nahrung und Verdauung

Ein ausgewachsener Elefant trinkt täglich siebzig bis 100 Liter Wassser und frißt 150 bis 170 Kilogramm Pflanzen. Ebenso viel zerstört er bei der Futtervorbereitung. Zur Futtersuche, zur Futtervorbereitung und zum Fressen setzt er täglich 17 bis 19 Stunden ein. Nahrungsbeschaffung beherrscht den Alltag der Tierriesen wie keine andere Verhaltensweise. Nicht von ungefähr, denn Elefanten gelten als äußerst schlechte Futterverwerter. Rund die Hälfte der aufgenommenen Gräser, Blätter, Rinden oder Früchte verlassen den Körper unverdaut. Die Passage durch 25 Meter Dünndarm, sechseinhalb Meter Dick- und vier Meter Enddarm dauert zwischen 21 und 46 Stunden. Die schlechte Verdauungsleistung läßt sich einmal dadurch erklären, daß Elefanten im Gegensatz zu Nagetieren und Wiederkäuern wie Rind oder Hirsch wenig symbiontische Bakterien besitzen, jene Kleinstlebewesen, die dank des Enzyms Zellulase die aus Zellstoff (Zellulose) bestehenden pflanzlichen Zellwände aufschließen. Die Hauptmenge seiner Symbionten lebt zum anderen nicht vorne im Verdauungstrakt wie etwa im mehrteiligen Wiederkäuermagen, sondern vergleichsweise weit hinten, genauer im Blinddarm, der gut anderthalb Meter lang und damit viel größer ist als der Magen. Aber immerhin verdauen Elefanten im Dick- und im Blinddarm Eiweiße, Stärke und Zucker sehr gut (Altevogt 1987). Das erklärt auch ihre Vorliebe für Früchte.
In Südasien stehen Mango, Feigen und Durian (die Stinkfrucht), in Afrika u. a. die Frucht des Marulabaumes an erster Stelle. Feigen, Durian und Marulafrucht haben die Eigenschaft, daß sie – in überreifem Zustand gegessen – im Magen leicht in alkoholische Gärung geraten und dem Tierriesen einen offensichtlich angenehmen Rauschzustand verschaffen (z. B. Kurt 1991b). »Solche Alkoholvorlieben zeigten sieben Afrikanische Elefanten auch 1984 in einem Wahlversuch in einem amerikanischen Zoo, wo sie ansonsten stets geschmacklose Alkohollösungen von sieben Prozent aufnahmen und prompt Trunkenheitssymptome zeigten«, berichtet Rudolf Altevogt (1987: 470). Von dieser »Sucht« wußten offenbar bereits die Karthager und die vielen indischen Heerführer, die mit Kriegselefanten gegen ihre Feinde zogen. Vor der Schlacht wurden die Bullen mit alkoholischen Getränken aufgeputscht.
Elefanten mögen Früchte über alles. Doch Hauptnahrung liefern verschiedene einkeimblättrige Pflanzenarten, vor allem Gräser und Palmen. Bei den zweikeimblättrigen werden jene Arten bevorzugt, deren Blätter eiweißreich, und deren Rinden besonders nährsalzreich sind (Olivier 1978). So entwickelten die Tierriesen ganz bestimmte Futterbeschaffungsstrategien.
In einigen südasiatischen Reservaten weiden Hirsche und Wasserbüffel Gras, das auf trockenen Flächen wächst, rasenkurz ab. Die Elefanten können es dann nicht einmal mit der Rüsselhand erfassen und treten es deshalb samt Wurzeln mit den scharfen Kanten ihrer Vorderfußnägel vom Boden ab. Gleichzeitig sammeln sie es mit der Rüsselhand ein und häufeln es vor sich auf. Dann erfassen sie es bündelweise und schlagen es mehrmals gegen die Nägel eines vorgestellten Vorderfußes. So entfernen sie die in den Graswurzeln festsitzende Erde. Gleiches erreichen sie auch, wenn sie das Gras erfassen und es mehrmals an der rauhen Haut eines Vorderfußes auf- und abreiben. Einigen alten Bullen im Yala-Nationalpark von Sri Lanka sind derartige Methoden offenbar zu kompliziert. Sie stellen sich geschickt so zur Windrichtung, daß sie das aufgehäufelte Gras nur hochheben und fallenlassen müssen. Der Wind bläst dann die trockene Erde aus dem Futter. Wenn Elefanten im Reservat von Periyar im südindischen Kerala grasfressend am Rande des großen Stausees stehen, tragen sie das Gras bündelweise zum Wasser und waschen die Erde aus den Wurzeln. Kompliziert wird das Grasessen bei mehrjährigen, einen halben bis sechs Meter hohen Arten wie wildes Zuckerrohr. Solche Gräser werden zuerst einmal ausgerissen, dann von der Rüsselhand so geschickt gesammelt, daß alle Wurzeln auf der gleichen Seite des Bündels sind. Das ist wichtig, denn von den mehrjährigen Grä-

sern sind die Wurzeln offenbar ungenießbar und müssen von Stengeln und Blättern getrennt werden. Das geschieht nach ganz verschiedenen Methoden. Manche Elefanten klemmen die Wurzeln so fest zwischen die Handgelenke, daß sie mit dem Rüssel die eßbaren Teile abreißen können. Bei einer ganz anderen, allerdings seltenen Methode, werden die verschmähten Wurzeln zuerst in den Mund genommen, abgebissen und ausgespuckt, bevor der Rest der Pflanze vertilgt wird. Am häufigsten führen die Elefanten aber die langen Futtergräser mit der genießbaren Seite, das ist die Spitze, voran in den Mund, beispielsweise von links. Im Mund werden Halme und Blätter zerquetscht, zerbissen und festgehalten. Währenddessen holt der Rüssel von rechts wiederum Futter und schiebt es in den Mund. So werden die langen Halme im Zickzackmuster eingefädelt.
Einzelne Elefanten oder Elefantengruppen können übrigens nicht nur daran unterschieden werden, wie sie bestimmte Futterarten vorbereiten und essen, sondern auch daran, von welcher Seite sie das Futter mit dem Rüssel in den Mund schieben. Es gibt nämlich »Linksesser« und »Rechtsesser« (Kurt 1991a: 129). Offenbar lernen unerfahrene Elefanten von älteren die ökonomischten Methoden der Futtervorbereitung. Mehr noch: Elefanten beschaffen sich Nahrung durch Rollenteilung. Rinde können nur Elefanten mit Stoßzähnen von Baumstämmen lösen. Doch Stoßzähne tragen beim Asiatischen Elefanten lediglich die Bullen. So sind es in den Mutter-Kind-Gruppen dann auch junge Bullen, welche die Rinde aufreißen. Alte Weibchen mit kräftigen Rüsseln besorgen dann den Rest. Hubert und Ursula Hendrichs (1971: 130 ff.) unterschieden in Tansania in Gruppen der Bullen acht verschiedene Rollen. Sie konnten beispielsweise Leitbullen sein, »initiativ und assoziationsfreudig, ruhig, furchtlos, häufig etwas aggressiv, Richtung und Zeitpunkt einer Ortsverschiebung bestimmen«, oder »Vor-Nachbulle«, der sich bei Gefahr still verhält und den Rückzug deckt. Besondere Bedeutung hat der »Baumstoßbulle«, der regelmäßig Bäume umwirft.

## Lebensräume und Unterarten

Futter und Wasservorkommen bestimmen das Leben der Tierriesen. Wo beide häufig sind, kommen sie zahlreich vor – vorausgesetzt der Mensch hat sie nicht schon längst ausgerottet.
Der Afrikanische Elefant, der einst außer Wüsten und Hochgebirgen den ganzen Kontinent bevölkert hat, bewohnt südlich der Sahara immer noch eine Vielfalt von Lebensräumen; von fast baumlosen ost- und südafrikanischen Savannen bis hin zu den zentral- und westafrikanischen Regenwäldern, von den Sümpfen am Akagera westlich des Viktoriasees bis zu den Halbwüsten in Nordkenia, von den Tiefländern der Elfenbeinküste bis zu klimatischen Waldgrenzen am Kilimandscharo.
Dermaßen unterschiedliche Umwelten prägten verschiedene Erscheinungsformen. Afrikanische Steppenelefanten sind bedeutend größer und weniger behaart. Ihre großen Ohren erscheinen dreiecksförmig. Die dicken Stoßzähne wachsen mehr oder weniger parallel zur Lippe und drehen dann nach oben. Tiere mit diesen Eigenschaften werden der Unterart *Loxodonta africana africana* zugeordnet. Bei den zentral- und westafrikanischen Wald- oder Rundohrelefanten, die der Unterart *Loxodonta africana cyclotis* angehören, sind die Ohren vergleichsweise klein und rund, die Stoßzähne sind dünner und zeigen mehr oder weniger senkrecht nach unten (vgl. Abb. 1). Allerdings lassen sich Elefanten in einer breiten Übergangszone, wo sich Savannen und Wälder mischen, weder der einen noch der anderen Form zuordnen (Western et al. 1984).
Der Asiatische Elefant lebt heute zurückgedrängt in Berg- und Hügelzonen, auf unrentabel gewordenem Brachland, in immergrünen Regenwäldern, laubwerfenden Monsunwäldern, gelegentlich in Grasdschungeln und Dornenwäldern. Doch seine einst bevorzugten Lebensräume, die fruchtbaren Schwemmlandebenen entlang der großen Flüsse, verlor er, von ganz wenigen Ausnahmen in Assam, Nepal, Myanmar (ehem. Birma) und Sri Lanka (ehem. Ceylon) abgesehen, längst an den Menschen.
Beim Asiaten werden drei Unterarten unterschieden: eine Festlandform, *Elephas maximus indicus*, und zwei Inselformen, der Ceylonelefant *(Elephas maximus maximus)* und der Sumatraelefant *(Elephas maximus sumatranus)*. Gelegentlich wird eine weitere Inselform beschrieben, der Borneoelefant *(Elephas maximus borneenis)*. Es ist aber bis heute unklar, ob die schätzungsweise 2000 Elefanten, die in den Regenwäldern des Borneostaates Sabah leben, zur ursprünglichen Fauna gehören oder ob sie die Nachkommen entlaufener Arbeitselefanten sind, die die englische *East Indian Company* 1750 dem Sultan von Sulu schenkte.
Die Regenwälder Borneos wachsen auf äußerst nährstoffarmen Böden, die im Grunde genommen ungeeignet sind, Futter für einen Tierriesen wachsen zu lassen, der zudem ein schlechter Nahrungsverwerter ist. Auf Borneo fehlt beispielsweise auch das zweitgrößte Wildtier der Region, das Java-Nashorn, und es fehlt der Tiger. Tiger und Java-Nashörner gibt oder gab es auf Java und Sumatra. Beide Inseln gelten wegen ihrer Vulkane als fruchtbar. Auf Java starb der Elefant vor schätzungsweise 10 000 Jahren aus. Auf Sumatra folgt das Areal des grauen Riesen ziemlich genau der Gebirgskette im Westen. Ihre in jüngerer Erdvergangenheit erloschenen oder heute noch aktiven Vulkane, wie der 3805 Meter hohe Kerenci, versorgen die Regenwaldböden mit wichtigen Nährstoffen aus dem Erdinnern (Kurt 1991b: 226).
Das zweite Vorkommensgebiet regenwaldbewohnender Elefanten liegt in Zentral- und Westafrika. Diese immergrünen Wälder erhalten Nährstoffe durch Vulkane des zentralafrikanischen Bergmassivs und durch Winde aus verhältnismäßig nahen Wüstengebieten. Deshalb kommen hier neben dem Waldelefanten auch Rotbüffel, Zwergflußpferd, Okapi und Gorilla vor (Martin 1989; Reichholf 1990).
Im Regenwald sind Elefanten ebenso selten wie ihre Hauptnahrung, die Gräser. Das Vorkommen dieser einkeimblättrigen Pflanzen, die unauffällig rasenkurz, in doppelter oder dreifacher Menschenhöhe (z. B. wildes Zuckerrohr), ja gar turmhoch (z. B. Bambus) wachsen, bestimmt ganz wesentlich die Bevölkerungsdichte der Elefanten. Dazu einige Beispiele aus Südasien. Bis zur Mitte dieses Jahrhunderts lebten in den

fruchtbaren Savannen entlang des La Ngas im Süden Vietnams während der Regenzeit wenigstens 3000 Elefanten auf einer 650 Quadratkilometer großen Fläche, also etwa vier bis fünf pro Quadratkilometer. Im Kaziranga-Nationalpark von Assam, der zu zwei Dritteln aus Grasländern besteht, schätzen die Wildhüter heute noch neunzig Elefanten auf 100 Quadratkilometern. In Yala-Süd, einem äußerst elefantenreichen Reservat im Süden Sri Lankas, das zu einem Viertel aus Grasländern besteht, sind es fünfzig. In Gal Oya und Wilpattu, zwei anderen Nationalparks im Osten und Süden Sri Lankas, sind es zehn bis zwanzig. Hier ist der Savannenanteil auch geringer als in Yala (Kurt 1991a: 222).

Im tropischen Regenwald, wo Gräser Mangelware sind, leben äußerst selten Elefanten. Im Taman-Negara von Malaysia, der etwa 4300 Quadratkilometer umfaßt, schätzten Gewährsleute für die Jahre zwischen 1961 und 1968 einen Bestand von 24 Elefanten, also etwa einen auf 200 Quadratkilometer (Olivier 1978). In den vergleichsweise fruchtbaren Regenwäldern Sumatras kommen ein bis zwei der Tierriesen pro 100 Quadratkilometer vor (Santiapillai et al. 1990). Der Lebensraum bestimmt aber nicht nur die Bestandsdichte sondern auch die Gruppengröße und die Wanderungen. Während Regenwaldelefanten meist einzeln (Bullen) oder in kleinen Familienverbänden ihre Umwelt nutzen (Abb. 12 a–d), wenig wandern und sich dabei kaum an Jahreszeiten halten, bilden Tierriesen, die in offenen, meist nahrungsreichen Regionen leben, Großverbände, die besonders während der jahreszeitlich bedingten Wanderungen gelegentlich 100 (Asiatischer Elefant) oder bis über 1000 Mitglieder umfassen.

Derartige Wanderungen, die über Distanzen von dreißig und mehr Kilometern führen, genau abgestimmt auf das Vorkommen von Wasser, Futtermenge und -qualität, sind nur möglich dank entsprechender Sinnesleistungen, Traditionen und des Erinnerungsvermögens der Elefanten. Wie es mit dem sprichwörtlich guten Gedächtnis des Tierriesen steht, machten unzählige Beobachtungen deutlich. Wissenschaftlich haben sich vor allem die deutschen Verhaltensforscher Rudolf Altevogt und Bernhard Rensch in den fünfziger Jahren damit beschäftigt (Altevogt 1987).

## Sinnesleistungen und Lautäußerungen

Jahrhundertelang hieß es in Lehrbüchern, Elefanten verfügten im besten Fall über einen nur mäßig ausgeprägten Gesichtssinn. Dies war allerdings ein Irrtum, der auf einem falschen Vergleich zwischen großem Körper und scheinbar kleinen Augen beruhte. In Wirklichkeit sind nämlich die Augen des Tierriesen mit einem Durchmesser von vier Zentimetern erstaunlich groß. Rudolf Altevogt (1987: 480) bestätigte durch Versuche, daß Elefanten etwa die Sehschärfe von Pferden haben und im gleichen Helligkeitsbereich wie der Mensch am besten sehen. »Das bedeutet, daß der Elefant hinsichtlich seiner Augenausrüstung nicht für das nächtliche Tun eingerichtet ist, dazu bedarf es des Gehörs sowie des Geruchs- und Tastsinns.«

Über vorzügliche Geruchs- und Tastleistungen bestehen keine Zweifel. Der Körper trägt viele hartborstige Tasthaare, und auf die Bedeutung des Rüssels wurde bereits hingewiesen. Was den Geruchssinn anbelangt, so kann man in Ermangelung entsprechender Versuche lediglich anführen, daß Elefanten Wasser aus zwanzig und mehr Kilometern Entfernung oder bei ihren Artgenossen den jeweiligen Zustand im Fortpflanzungszyklus von weitem riechen können (Schmid 1988).

Zur Leistung des Gehörsinnes machte Jürgen Reinert, ein Mitarbeiter Altevogts, im Zoologischen Garten von Münster erste Experimente. Nachdem sein Versuchstier siebeneinhalb Monate gelernt hatte, konnte es zwölf reine Töne zwischen 140 und 4000 Hertz unterscheiden, wobei zwischen zweien dieser Töne nur ein einziges Ganztonintervall lag. In Anbetracht der Stimmleistung des Tierriesen erstaunt dies kaum. Zehn bis zwanzig typische Lautäußerungen lassen sich je nach Gehörsinn des Beobachters unterscheiden. Bekannte Artgenossen begrüßen sich meistens mit leisem »Grollen« oder »Schnurren«, beruhigen sich auf Distanz mit lauten Grollauten, die ebenfalls im Kehlkopf erzeugt werden und an laufende Dieselmotoren erinnern. Kälber brüllen laut nach ihren Müttern. Schließlich können ängstliche, angegriffene und angreifende Elefanten trompeten. Auch dieser Laut entsteht im Kehlkopf, wird aber durch die mitschwingende Luftsäule im Rüssel verstärkt.

Bis heute ist immer noch nicht genau bekannt, welche Rolle der Rüssel bei der Lautgebung spielt, obwohl Elefantenkenner wissen, daß Elefanten gewissermaßen melodienreiche Lieder »singen« können. Dies hängt wahrscheinlich mit einem schmalen Verbindungsgang zwischen den beiden Nasenröhren im Rüssel zusammen, den die Anatomen Antony und Coupin bereits 1925 beschrieben haben. Er liegt etwa 13 Zentimeter von der Rüsselspitze entfernt und »könne es dem sehr feinfühlig beweglichen Rüssel ermöglichen, die mit den Lippenfingern in den Nasengängen einschließbare Luft an diesem ›Stimmritzengang‹ zum ›Flöten‹ oder tieftonigen Brummen zu bringen« (Altevogt 1987: 480). Dabei verweist Altevogt auf Frade, der 1931 beim Afrikanischen Elefanten zwar keine solche »Stimmritze« fand, aber festhielt, »dieser könnte seine zwei Rüsselfiguren in geeigneter Weise gegeneinander pressen und so im Wortsinn ›auf den Fingern pfeifen‹.«

1985 machte dann die Amerikanerin Katy Payne bei der berühmten Elefantenherde im Washington Park Zoo von Portland, Oregon, eine geradezu sensationelle Entdeckung. Sie fand zwar, daß sich die grauen Riesen wenig »zu sagen« hatten, fühlte aber bald eine vibrierende Spannung in der Luft, obwohl sie immer noch keinen Ton hören konnte. Derartige Empfingungen haben auch Elefantenjäger in Indien gehabt. Sie beschreiben sie als »Hathi jokar«, als »Elefantenzittern«, das selbst den furchtlosesten Schützen angreift, wenn er in unmittelbarer Nähe von Elefanten steht (Stracey 1963). »Hathi jokar« ist sicher auch Elefantenpflegern aus Zoo und Zirkus seit langem bekannt. Doch sie schwiegen, weil sie das eigenartige Vibrieren der Luft, das sich im Extremfall im menschlichen Körper fortsetzt, nicht erklären konnten. Katy Payne dagegen hatte früher mit Walen gearbeitet und schloß folgerichtig, daß Elefanten sich teilweise mit Tönen verständigen, die unterhalb des menschlichen Hörbereichs liegen. Sie besorgte ein Tona 

Abb. 12: Elefanten organisieren sich in Mutterfamilien. Die kleinste soziale Einheit sind Mutter mit Kind (a), Mutter mit ihrer Tochter und ihrem Kind (b), Mutter und Tochter mit ihren Nachkommen (c). Solche Familien gruppieren sich dann zu größeren Herden (d).

bandgerät, das niederfrequente Töne aufzeichnen konnte und lieferte so den Beweis. Menschliche Ohren nehmen Töne wahr, deren Frequenzen zwischen zwanzig und 20 000 Hertz liegen (1 Hertz = 1 Schwingung pro Sekunde), wobei tiefe Töne, wie z. B. zwanzig Hertz, nur noch von wenigen tatsächlich gehört werden können. Elefantentöne liegen aber oft zwischen 14 und 24 Hertz und ihre Lautstärke zwischen 85 und 90 Dezibel. Erklärend sei festgehalten, daß ein normales menschliches Gespräch bei einer Lautstärke von ungefähr 65 Dezibel stattfindet, während die Verstärker in der Discothek trommelfellgefährdend mit etwa 120 Dezibel rocken.

Elefanten können sich sehr tief aber erstaunlich laut miteinander unterhalten. In Kenias Amboseli-Nationalpark wurden inzwischen bis zu 115 Dezibel gemessen. Mit derartig energiereichen Tonwellen läßt sich leicht über weite Distanzen miteinander reden. Cynthia Moss (1989: 314) rechnet mit rund zehn Kilometern. Das erklärt, warum sich Elefanten selbst in dichter Vegetation aus großer Entfernung zielgerichtet finden und warum sich umgekehrt einzelne Gruppen aus dem Wege gehen können. Und es erklärt eine fast unglaubliche Beobachtung aus Simbabwe. Garth Thompson, ein Wildhüter, kannte hier seit zehn Jahren achtzig Elefanten in seinem kleinen privaten Reservat, das an den Hwange-Nationalpark grenzt. Diese Herden sind an Touristen gewöhnt und leben ständig in der Nähe einer künstlichen Wasserquelle. Im benachbarten Hwange-Nationalpark wurden aber alljährlich die Elefantenbestände durch gezielte Abschüsse um 1000 bis 4000 Tiere verkleinert. »Garth's Elefanten«, so berichtete Cynthia Moss (1989: 316), »verschwanden genau dann, wenn die Abschüsse im 150 Kilometer entfernten Nationalpark einsetzten. Einige Tage später fand er sie eng zusammengedrängt in der hintersten

b 

c

d

Ecke seines Reservates, so weit entfernt wie nur möglich von den Grenzen von Hwange. Irgendwie erreichte sie die Mitteilung von Gefahr und Tod über diese große Distanz.« Und was käme da anderes in Frage, als die weitreichenden tiefen Töne, die Menschen nicht hören, im besten Falle nur fühlen können?

## »Elefantengedächtnis«

Über das angeblich sagenhafte Gedächtnis des Tierriesen wurde viel geschrieben, diskutiert und spekuliert. Rudolf Altevogt fand beispielsweise durch seine Versuche, »daß der Elefant ein absolutes Tongedächtnis besitzt – eines jeden Musikers Traum. Auch Melodien von drei aufeinanderfolgenden Tönen konnte der Elefant leicht erlernen und erkannte sie auch nach Transposition um eine Oktave nach oben und unten und Einkleidung in Akkorde sicher wieder. So überraschte es nicht, daß er diese Melodien auch trotz der sehr verschiedenen Klangfarben (Nebentonreichtum) von Violine über Klavier und Cembalo bis Blockflöte, Trompete oder sogar Xylophon richtig erkennen konnte« (1987: 474).
Allerdings sprechen nicht alle Versuche mit Zoo- oder Zirkuselefanten für ein ausgesprochen langes Gedächtnis. Zwar erkannte eine inzwischen vierzig Jahre alt gewordene Elefantin im Zoo von Münster nach 32 Jahren noch die Experimentatoren, doch kaum noch die Versuchsanordnung. Im bereits erwähnten Zoo von Portland erinnerte sich aber ein ehemaliger »Versuchselefant« noch nach acht Jahren sicher an das Erlernte. Doch Bernhard Grzimek (1987: 481) mußte feststellen, daß es Asiatischen Elefanten »nicht möglich war, sich in einer Reihe von fünf gleichartigen Kästen längere Zeit den zu merken, in dem vor ihren Augen und mit belohnter Dressur begehrtes Futter untergebracht war. Während Wolf und Hund den richtigen Kasten noch nach Tagen herausfanden, behielten Elefanten das nur 15 Sekunden lang.« Und hier die richtige Interpretation: »Im Futterleben des Elefanten spielt eben das Wissen um verstecktes Futter keine Rolle: Pflanzennahrung ist im Freileben nie verborgen wie etwa ein kleines Beutetier für Wolf und Hund, sondern hat sozusagen öffentlich am Wegrand zu stehen.« Man könnte wohl auch sagen, daß derartige Versuche den Elefanten ganz einfach unsinnig vorkämen, was ja auch wieder auf hohe Intelligenz schließen läßt. Intelligenz läßt sich, wenn auch sehr ungenau, aus der vergleichenden Sicht von Hirntheoretikern abschätzen. Sie berechnen aus dem Gewicht des Neuhirns (*Neopallium*) der Säugetiere und dem Gewicht der stammesgeschichtlich älteren Hirnteile (Stammhirn) einen sogenannten Cerebralisationsindex. Dieser Wert gilt als Maß für die Bedeutung des »Denkhirns«. Beim Wildschwein beträgt er beispielsweise 14, beim Pavian 48, beim Menschenaffen 49, beim Weißlippendelphin 121 und beim Menschen 170. Beim Asiatischen Elefanten, dessen Gehirn viermal so schwer ist wie das des Menschen, ergab sich ein Wert von 104. So gesehen gehört er tatsächlich zu den intelligentesten Lebewesen.
Von intelligenten Elefanten mit gutem Gedächtnis kennen Wildhüter in Afrika, Elefantenführer in Asien, Pfleger aus dem Zoo und Trainer aus dem Zirkus unzählige Geschichten, von denen hier lediglich einige glaubhafte Beispiele angeführt werden können. Auf Sri Lanka und in Südindien versuchen Bauern ihre Ernten mit Elektrozäunen zu schützen, die bei Berührung kurzfristige Hochspannungsstöße von 4000 Volt verabreichen. Das merken Elefanten sofort. Leitkühe treten dann ganz einfach die Pfähle um, zwischen denen die Leitungen gespannt sind, oder Bullen zerreißen sie mit ihren nichtleitenden Stoßzähnen (Sukumar 1990). So halten sie sich die Wege frei, die bereits ihre Vorfahren festgelegt und an spätere Generationen vermittelt haben. Auch Zirkuselefanten verfügen über ein erstaunliches Ortsgedächtnis. Die älteren vom Schweizer Nationalzirkus der Gebrüder Knie kennen beispielsweise den Weg zwischen der Verladestation am Bahnhof und ihren Spielplätzen in sechzig Schweizer Städten sehr genau. Hinzu kommen noch einige Großstädte im Ausland, wo der Zirkus gelegentlich im Winter gastiert. Das fast unheimlich anmutende Ortsgedächtnis machte dann alljährlich die Elefantenkuh Rosa deutlich. »Irgendwann in den dreißiger Jahren muß Rosa, damals noch ein kleines Elefantenmädchen, erstmals zusammen mit den anderen Knie-Elefanten vom Aarauer Bahnhof zum Spielplatz marschiert sein. Der Weg führte durch eine Bahnunterführung. An solche Wegstücke waren die Elefanten längst gewöhnt. Doch einige Tage später, auf dem Rückweg in den Bahnwagen, brauste genau in dem Moment, als die Elefanten die Unterführung passierten, ein Schnellzug darüber. Das ungewohnte Geräusch erschreckte den Zirkusneuling Rosa dermaßen, daß sie ausbrach. Die Folge: Jahrzehntelang – Rosa war inzwischen zum Routinier herangewachsen – verweigerte sie, die sonst willig allen Befehlen ihres Meisters gehorchte, die Passage der Aarauer Bahnunterführung« (Kurt und Knie 1980: 27)

## Herden, Gruppen, Einzelgänger

Elefanten wissen also immer, wo sie sind und höchstwahrscheinlich auch, wo sich ihre nächsten Artgenossen aufhalten. Weitreichende Laute, Duftmarken der *Musth*-Bullen, von denen im nächsten Abschnitt die Rede sein wird, und genaue Ortskenntnis machen dies möglich. Elefanten achten aber auch immer darauf, mit wem sie durch wilde Wälder oder Savannen ziehen. Meist sind es Familienverbände: Mütter mit einem älteren, wenigstens vierjährigen, und einem wenigstens einjährigen Jungen. Werden Mütter und Töchter älter, so bleiben sie, wenn es das Nahrungsangebot erlaubt, zusammen. Jedenfalls bleiben sie in Kontakt und bilden, wenn die Herde wandert, einen geschlossenen Verband. Solche Großfamilien, Sippen oder Clans stehen unter der Führung besonders alter und erfahrener Matronen (Abb. 13 und 14). Sie umfassen wenigstens achtzig, meist aber rund 200 Mitglieder, die sich nur selten mit anderen Clans vermischen. Jeder Clan bewohnt einen eigenen Lebensraum, der sich zum Teil mit den Lebensräumen anderer Clans überschneidet (Abb. 15).
Aber nicht nur enger Verwandschaftsgrad verbindet. Elefanten, die sich persönlich mögen, vielleicht auch nur, weil sie sich bei der Futtersuche oder bei der Säuglingsaufzucht ergänzen, schließen sich mit ihren Angehörigen gelegentlich zusammen.

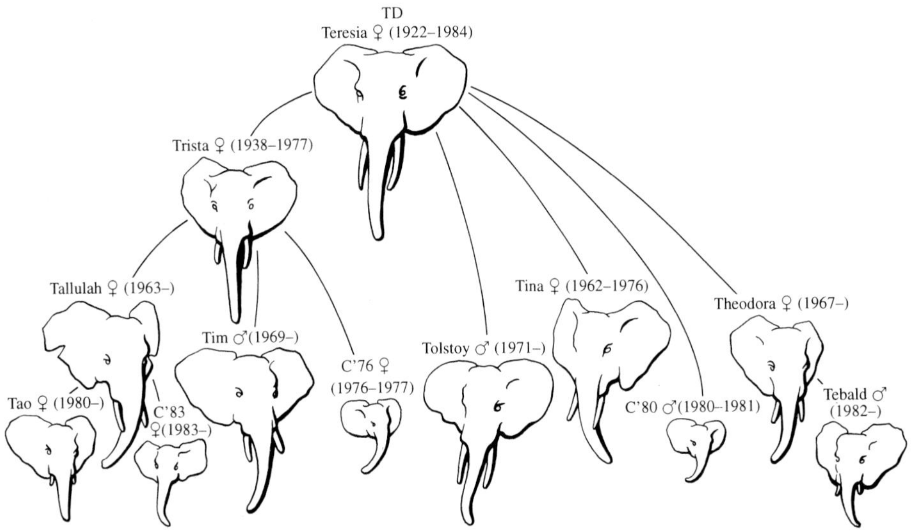


Abb. 13: Afrikanische und Asiatische Elefanten sind in Mutterfamilien organisiert. Geführt werden die Familienverbände von der jeweils ältesten Kuh. Sie ist Großmutter oder gar Urgroßmutter der jüngsten Kälber in ihrer Großfamilie.

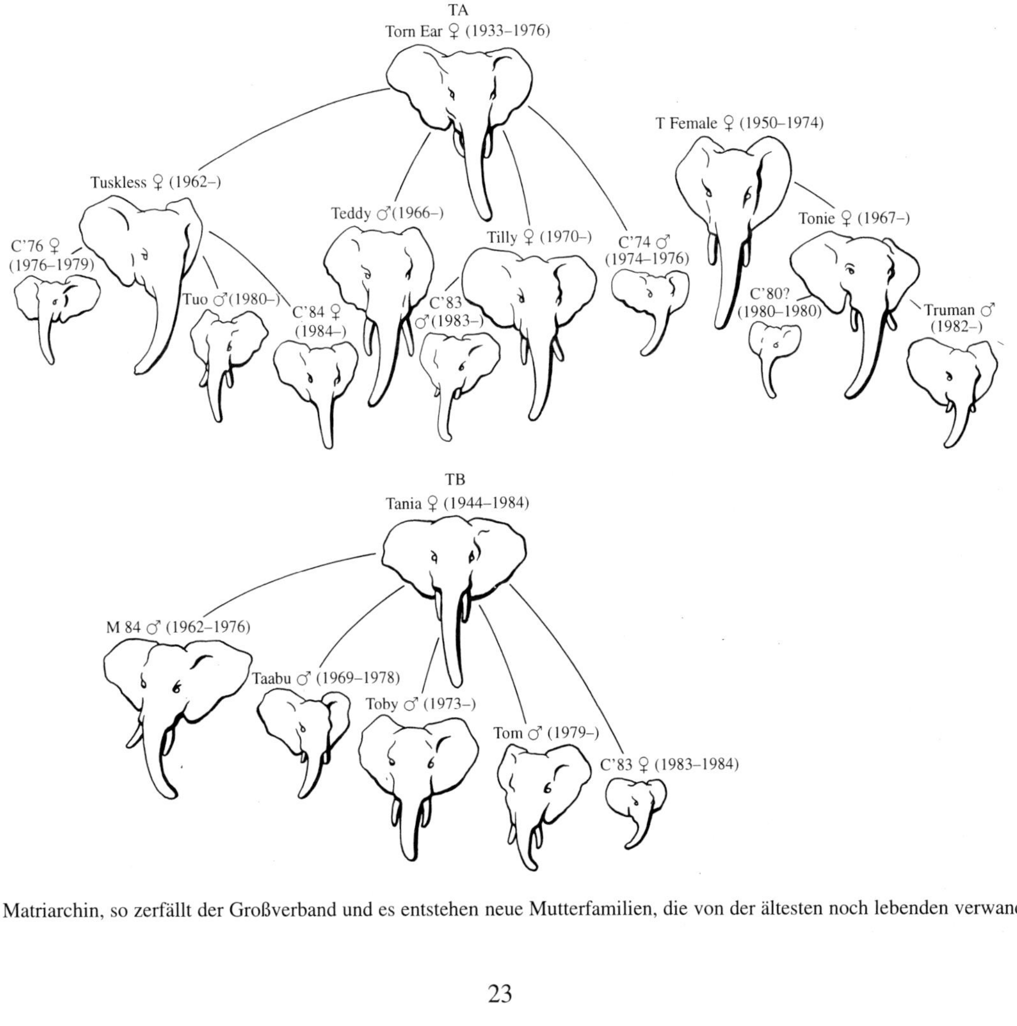


Abb. 14: Stirbt die Matriarchin, so zerfällt der Großverband und es entstehen neue Mutterfamilien, die von der ältesten noch lebenden verwandten Kuh geführt werden.

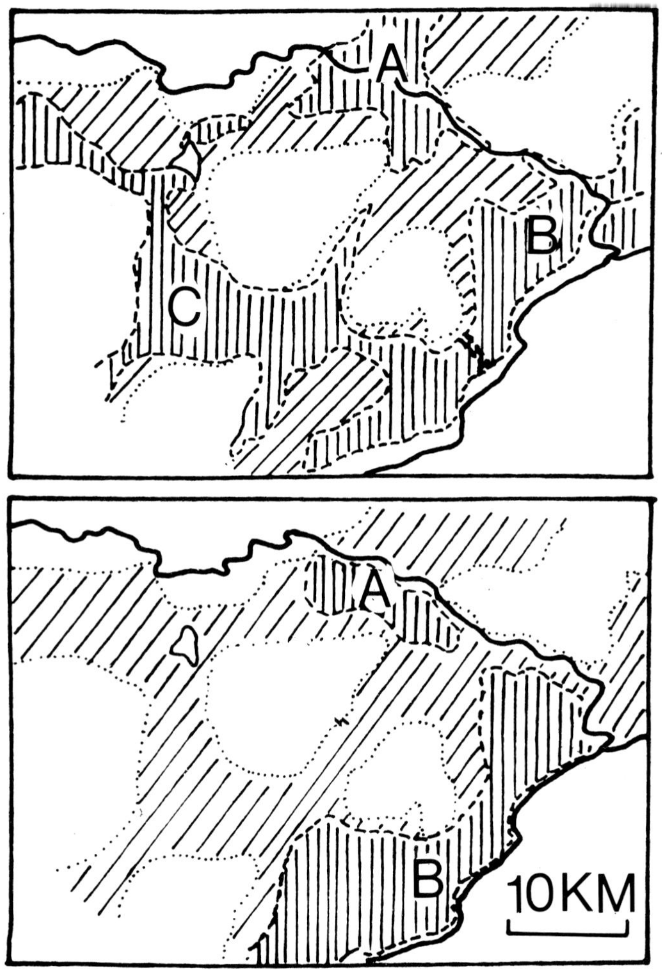


Abb. 15: Die Wohnräume einzelner Elefantenclans verschieben sich im Jahresablauf. Das zeigt diese Abbildung aus dem Yala-Nationalpark an der Südküste von Sri Lanka. Oben Beginn der Regenzeit (November), unten Ende der Regenzeit (Februar, März). Clan A blieb immer in Flußnähe, Clan B breitete sich aus, Clan C verschwand vorübergehend aus dem Beobachtungsgebiet. Senkrecht schraffiert: Von Elefanten bevorzugte Gebiete. Schräg schraffiert: Waldgebiete. Punktiert: Elefantenfreie Zonen.

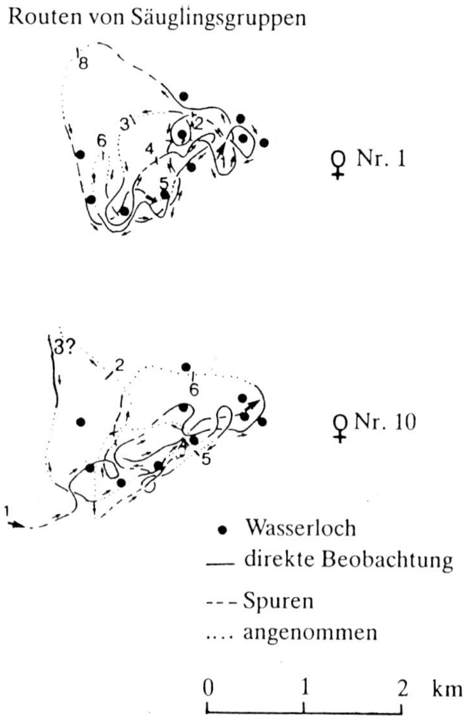


Abb. 16: Tagesrouten von S- und J-Gruppen:
Routen von zwei verschiedenen Säuglingsgruppen (1967). Oben: Gruppe mit Weibchen Nr. 1 zwischen dem 28. September (1) und dem 5. Oktober (8); unten: Gruppe mit Weibchen Nr. 10 zwischen dem 6. Oktober (1) und dem 11. Oktober (6).

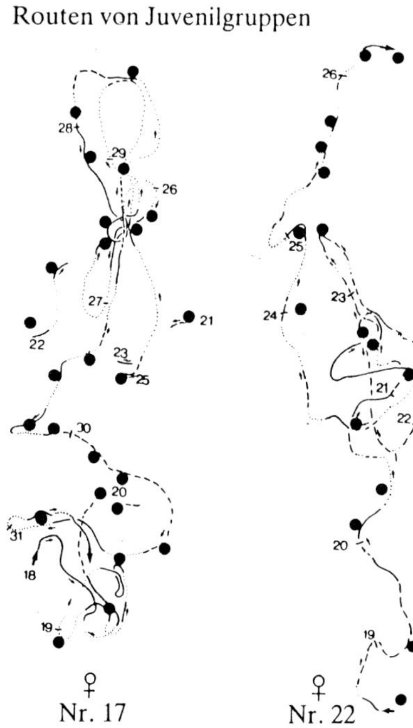


Abb. 17: Routen von zwei verschiedenen Juvenilgruppen (1969). Links: Gruppe mit Weibchen Nr. 17 zwischen dem 18. und dem 31. Januar, rechts: Gruppe mit Weibchen Nr. 22 zwischen dem 19. und dem 26. Februar.

In diesen Verbänden vermitteln die erfahrensten Weibchen ihren Verwandten und Freunden die Kenntnisse über bevorzugte Futterpflanzen, Routen, Salzlecken, Trinkstellen und dergleichen. Nicht zuletzt sind die vier- bis zwanzigköpfigen Gruppen Schutzverbände. Denn Elefanten, so groß und mächtig sie auch sein mögen, kennen Raubfeinde. Das sind Großkatzen wie Tiger in Asien oder Löwen in Afrika. Gelegentlich reißen auch Rudel des asiatischen Rotwolfes oder des afrikanischen Hyänenhundes Neugeborene. Und gerade diese gilt es zu schützen, denn die Fortpflanzungsleistung des Tierriesen ist bescheiden. So zählt jedes Mitglied für die Arterhaltung.
Betrachtet man die soziale Raumorganisation einzelner Clans, so fällt auf, daß »Säuglingseinheiten«, das sind Gruppen mit Weibchen, deren jüngste Nachkommen nicht älter als zwei Jahre sind, bestmögliche Gebiete bewohnen, das heißt solche, in denen Wasser und Futter häufig und eng nebeneinander vorkommen (Abb. 16). Elefantenkühe, die Neugeborene führen, sind anderen Weibchen überlegen oder von diesen geachtet oder zumindest gemieden. So halten sich Juvenileinheiten, das sind Gruppen mit Weibchen, deren jüngste Nachkommen zwischen zwei und vier Jahre alt sind, in weniger günstigen Gebieten auf, die aber immer noch reichlich Wasser und Nahrung

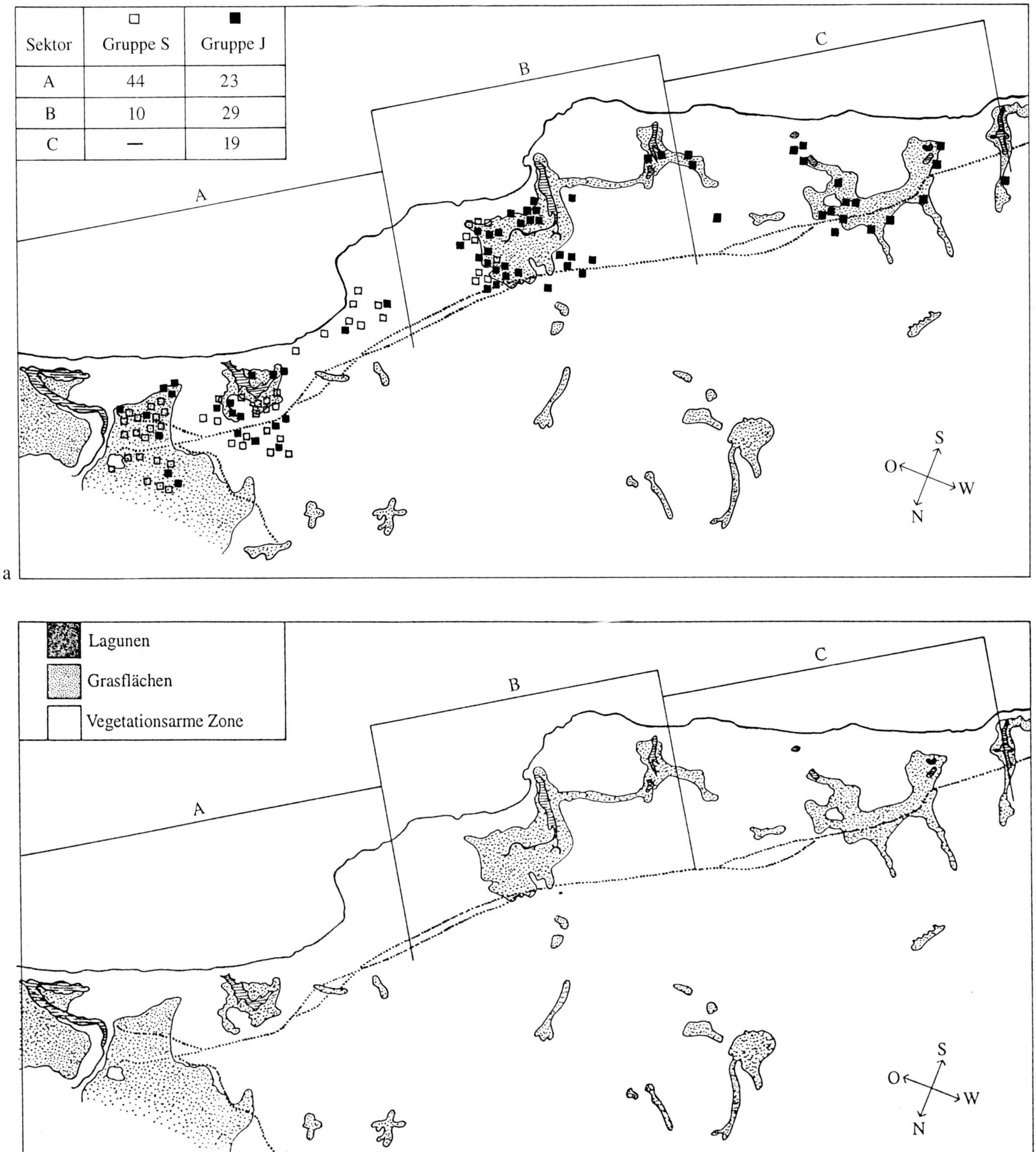


| Sektor | □ Gruppe S | ■ Gruppe J |
|---|---|---|
| A | 44 | 23 |
| B | 10 | 29 |
| C | — | 19 |

Abb. 18a: Soziale Raumorganisation des Asiatischen Elefanten. Elefanten leben – als Weibchen oder Jungtiere – in Weibchengruppen. Halbwüchsige und erwachsene Bullen verschieben sich meist einzeln oder in kleinen Männchenverbänden. Wie sie sich in ihrem Lebensraum organisieren, erläutern die folgenden Abbildungen.

Abb. 18b: Säuglingsgruppen (S-Gruppen) bewohnen Gebiete, die reicher sind an Gras und Wasser als jene Zonen, in denen sich J-Gruppen aufhalten (a und b).

bieten. Ihre stärksten Mitglieder, die Zwei- bis Vierjährigen, sind mobiler als Neugeborene, müssen nicht mehr gestillt werden und finden die Nahrung weitgehend selber. So sind die Tagesmärsche der Juvenilgruppen auch bedeutend länger als die der Säuglingsgruppen (Abb. 17).

Während aber Elefantenkühe fast nie alleine auf Nahrungs-

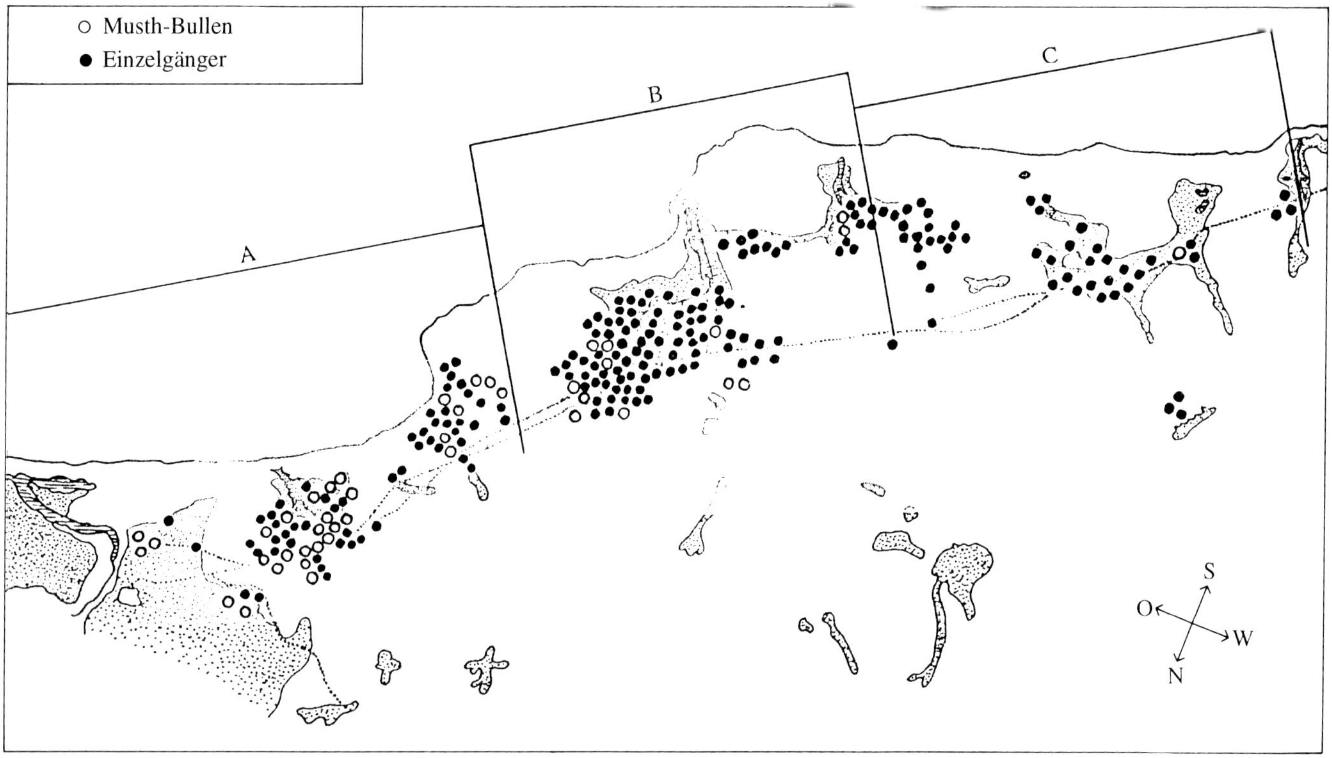


Abb. 18c: Musthbullen halten sich häufiger in Zonen auf, in denen Weibchen vorkommen.

suche ziehen, werden Bullen zu Einzelgängern. Sie halten sich am Rande der Familienverbände und der von ihnen gebildeten Herden auf und wagen sich auf der nimmermüden Suche nach Futter in gefährliche Gebiete, wie etwa Sümpfe, Mangrovenzonen, Steilhänge oder Reisfelder, wo sich Weibchen und Jungtiere kaum hintrauen. Die meisten Bullen beginnen schon als Vierjährige mit diesem gefährlichen und risikoreichen Dasein. Das ermöglicht ihnen aber auch exklusive Nahrung, die sie mit niemandem zu teilen haben und damit rascheres Wachstum. Risikoreiches Leben birgt die Gefahr in sich, von Menschen verletzt zu werden. Durch Fehlschüsse verwundete Elefantenbullen werden dann leicht zu sogenannten *Rogues* oder Killern, weil sie offenbar genau wissen, wem sie ihr Leiden zu verdanken haben. Sie rächen sich gewissermaßen, greifen Menschen bei jeder Gelegenheit an, ja führen kämpferische Begegnungen sogar herbei, indem sie an Straßen lauern. Auch sogenannte *Musth*-Bullen greifen gelegentlich Menschen an. *Musth* ist aber eine durchaus natürliche Erscheinung; sie ermöglicht übrigens auch die Raumorganisation in der Herde (Abb. 18 a-c). Um was es sich bei *Musth* wirklich handelt, soll jetzt kurz besprochen werden.

## Musth

Elefanten tragen über dem Jochbogen, ungefähr in der Mitte zwischen Auge und äußerer Ohröffnung, beiderseits eine Schläfendrüse, die unmittelbar unter der Haut liegt und in einer schlitzförmigen, ein bis drei Zentimeter langen Öffnung mündet. Ist die Drüse aktiv, schwillt sie an, gelegentlich bis zur Größe eines halben Fußballes. Später tritt ein klebriges, helles und dünn- bis dickflüssiges, teerartiges Sekret aus. Es schmeckt bitter und riecht intensiv nach Moschus. Meist bedeckt das Sekret als breites Band Teile der Wangen (Abb. 19). Gelegentlich fließt es sogar in den Mund. Beim Afrikanischen Elefanten können die Schläfendrüsen bei Bullen, Kühen und Kälbern aktiv werden, beim Asiatischen nur bei Bullen.

Die Zeitspanne, in der die Schläfendrüsen aktiv sind und in der sich das Verhalten merkbar ändert, heißt *Musth.* Welche Ursachen und Bedeutungen diesem außergewöhnlichen Zustand zukommen, wurde besonders intensiv beim Asiatischen Elefanten untersucht (z. B. Eisenberg et al. 1971; Kurt 1974). Elke Scheurmann und M. R. Jainudeen faßten 1972 den Ablauf der *Musth*, den sie bei Arbeitselefanten auf Sri Lanka intensiv beobachtet haben, wie folgt zusammen:

> Das erste Stadium beginnt langsam, dauert zwei bis drei Wochen und ist charakterisiert durch eine Vergrößerung der Temporaldrüsen (Schläfendrüsen), die äußerlich als eine Anschwellung in der Schläfengrube sichtbar ist. Das Tier reibt sich häufig diese Region mit der Rüsselspitze. Außerdem kommen Übererregbarkeit und Hypersexualität hinzu. In den Arbeitspausen erigiert das Tier häufig den Penis und masturbiert. Gegen Ende dieses Stadiums ist eine leichte Sekretion aus den Ausführgängen der Temporaldrüsen festzustellen. Der Beginn des zweiten Stadiums ist außerordentlich plötzlich und gekennzeichnet durch profuse Sekretion der Temporaldrüsen. Anfangs ist das Sekret

viskös, es wird aber zunehmend wäßrig und fließt an den Seiten des Gesichtes herab. Die Intensität des aggressiven Verhaltens und die Menge des Temporaldrüsensekrets nehmen zu. Während dieser Zeit ist das Normalverhalten beim Harnabsatz nur sehr selten zu beobachten. Statt dessen erfolgt ein Tag und Nacht andauerndes Harnträufeln. Der Penis bleibt dabei im Präputium retrahiert.

M. R. Jainudeen und sein Team beschränkten sich aber nicht nur auf Verhaltensstudien. Sie bestimmten auch den Gehalt an männlichem Geschlechtshormon (Testosteron) im Blut. Vor einer *Musth*-Periode ist der Testosteronspiegel entweder überhaupt nicht meßbar oder beträgt höchstens 1,43 Nanogramm pro Milliliter (ng/ml). In der ersten *Musth*-Phase beträgt er 4,33 bis 13,77 ng/ml, in der zweiten Phase 29 bis 66 ng/ml. Nach Abklingen der *Musth* fällt er wieder auf 0 bis 1,17 ng/ml. Während des Höhepunktes der *Musth* ist der Spiegel des männlichen Geschlechtshormons vierzig- bis sechzigmal höher als sonst. Ein Schluß drängt sich auf: *Musth* bedeutet Brunft. Das stimmt beispielsweise bei Hirschen, deren Männchen sich nur während einer bestimmten Jahreszeit, zu der ihr Testosteronspiegel besonders hoch ist, fortpflanzen können. Beim Elefanten trifft dies nicht in diesem Maße zu.
Das machen Beobachtungen aus zoologischen Gärten deutlich. Die meisten Väter von Elefantenkindern, die hinter Graben und Gitter zur Welt kamen, waren nicht einmal alt genug, um erstmals in *Musth* zu kommen (Dittrich 1967). Diese Periode tritt erstmals zwischen dem 15. und 20. Lebensjahr ein. Auch wilde

Abb. 19: Musthbulle an einem Wasserloch. Das Sekret der Schläfendrüse markiert die Schläfen dunkel.

Abb. 20: Dauer der Musthperioden von elf erwachsenen Bullen im Yala-Nationalpark zwischen April 1968 und Februar 1969. Oben: Dicke Linien: Bullen, die in Musth sind; dünne Linien: Bullen, die nicht in Musth sind. Mit Balken sind die einzelnen Beobachtungsperioden abgetrennt. Unten: Anzahl der Männchen, die gleichzeitig in Musth sind. Fazit: Zur gleichen Zeit ist meistens nur ein Bulle in Musth.

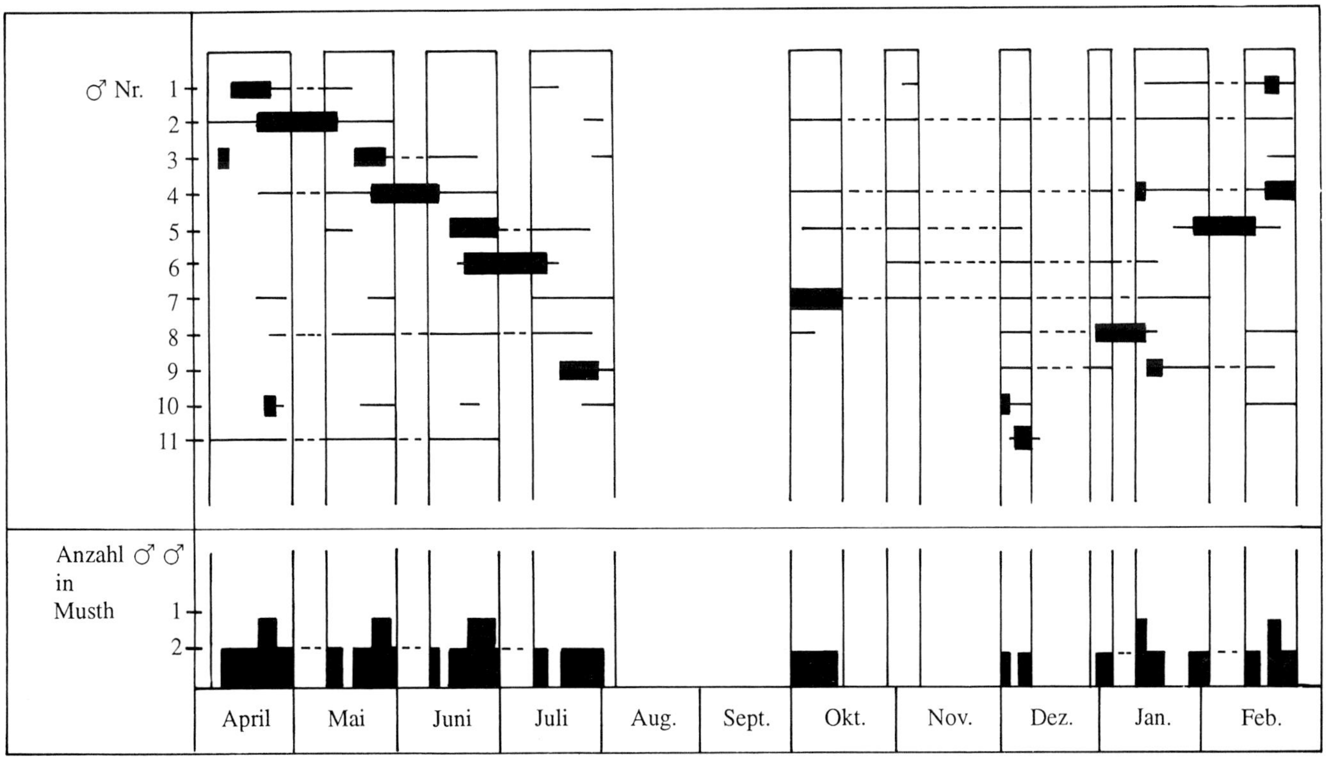

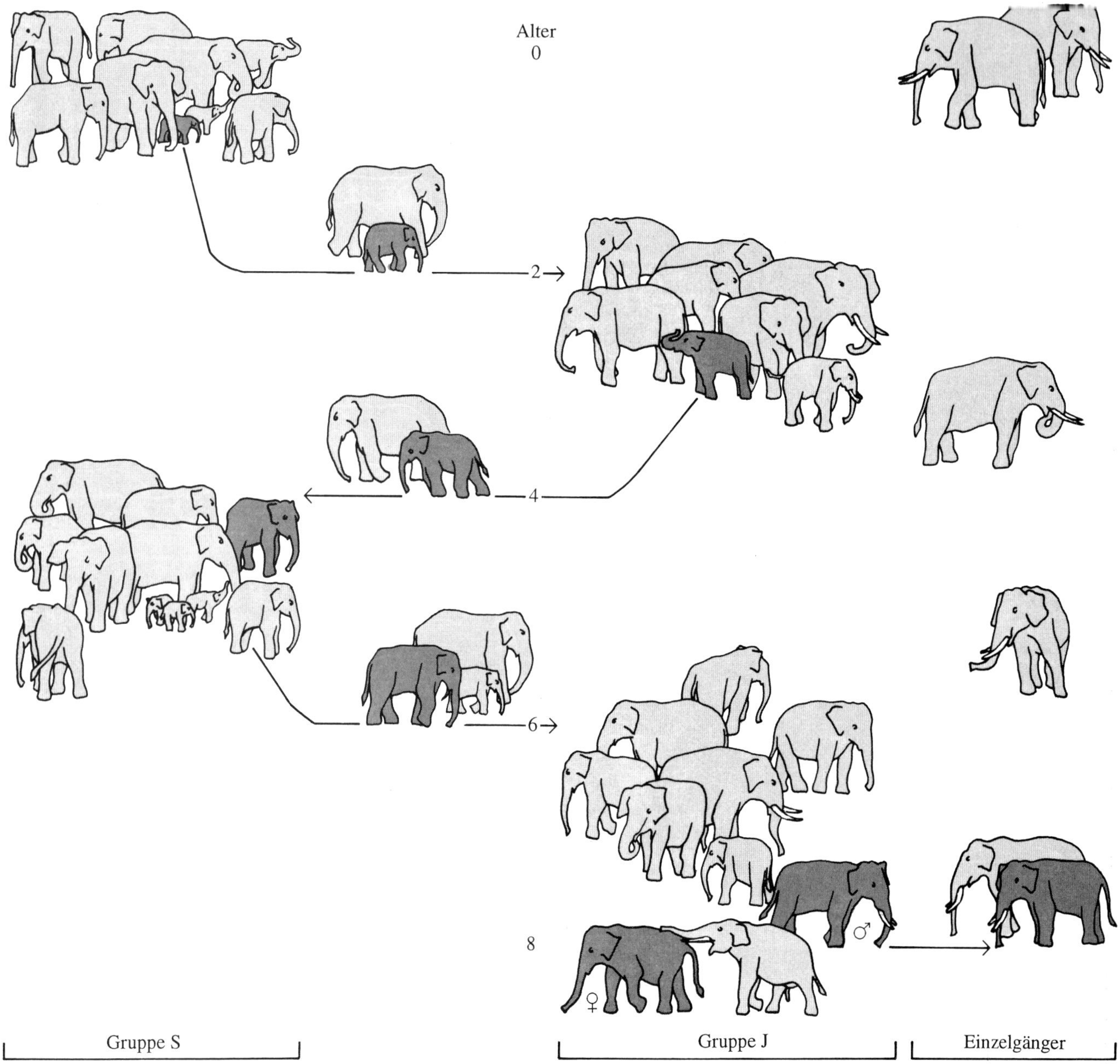


Abb. 21: Hier wird das Schicksal eines bestimmten Elefanten verfolgt. Er wird in einer Säuglingsgruppe (S-Gruppe) geboren. Im Alter von zwei Jahren verläßt er diese mit seiner Mutter. Beide begeben sich in eine Juvenilgruppe (J-Gruppe). Hier wird die Mutter wieder schwanger, denn in J-Gruppen hält sich immer ein Musthbulle auf. Wenn das Junge drei oder vier Jahre ist, kehrt es mit seiner Mutter wieder in eine S-Gruppe zurück. Hier setzt die Mutter wiederum ein Junges. Zwei Jahre später kehrt das inzwischen sechsjährige Bezugstier mit seiner Mutter wiederum in eine J-Gruppe zurück. Handelt es sich um ein Weibchen, so wird es erstmals gedeckt, handelt es sich um einen Bullen, so begibt er sich jetzt zu den anderen Bullen.

Bullen haben längst pubertiert, bevor sich bei ihnen erstmals *Musth*-Symptome zeigen. Bei ihnen dauert die *Musth*-Periode zwar nicht wochen- oder gar monatelang wie bei gefangenen Bullen, sondern nur wenige Tage bis höchstens einige Wochen (Abb. 20). Trotzdem läßt sich die wirkliche Bedeutung der *Musth*-Periode nur aus Beobachtungen an Wildelefanten erklären.

## Bullenkämpfe

Nach Ablauf des vierten Lebensjahres verlassen Bullen immer häufiger die Familiengruppen und ziehen mit anderen halbwüchsigen Männchen umher. Später, wenn sie geschlechtsreif werden, führen sie ein ziemlich einzelgängerisches Leben, und ihr Aktionsraum deckt sich kaum oder überhaupt nicht mehr mit dem der Weibchen und ihren Kälbern (Abb. 21). Diese halten sich in den besten Gebieten auf, will heißen, in den nahrungs- und wasserreichsten, wo sich mit geringstem Aufwand am besten leben läßt. Warum drängen die Bullen aber nicht in diese bevorzugten Räume? Sie sind körperlich ja den kleineren und leichteren Weibchen, die zudem keine Stoßzähne haben, eindeutig überlegen. Des Rätsels Lösung: Bei den Weibchengruppen steht meistens ein *Musth*-Bulle. Er ist kampflustig und vertreibt nötigenfalls andere Bullen.

Ernsthafte Kämpfe sind selten im Alltag der Tierriesen, die meistens Futter suchen und fressen. So ist es nicht erstaunlich, daß Rangunterschiede zwischen Bullen häufig bei der Nahrungsaufnahme ausgetragen werden. Während eines solchen »Freßkampfes« stehen sich Bullen frontal gegenüber und bereiten, als wäre nichts geschehen, Futter vor. Schritt für Schritt kommen sie sich näher und schachten ihre Penise halb aus – ein Zeichen von Nervosität. Schließlich fressen sie von derselben Stelle. Zweifellos beginnt jetzt ein Nervenkrieg. Der Überlegene nimmt dem Unterlegenen solange vorbereitetes Futter weg, bis dieser abzieht.
Auch heftige Kämpfe verlaufen ohne schwere Folgen (Abb. 22). Anfangs stehen sich die beiden Kontrahenten mit gesenkten Rüsseln und abstehenden Ohren gegenüber, heben plötzlich die Rüssel hoch, legen die Rüsselbasen gegeneinander, verschränken die Rüssel miteinander und beginnen zu stoßen. Über den Kampfausgang entscheidet neben der Stärke auch die Geschicklichkeit, denn jeder versucht, den anderen mit einem Stoßzahn zu verletzen oder – was noch wirksamer ist – ihn mit seinen ziegelsteingroßen Backenzähnen in die wie ein schmales Dreieck auslaufende Unterlippe zu beißen.
Nach einem derartigen schmerzvollen Biß rennt der Besiegte brüllend vom Kampfplatz. Der Unterlegene kann aber auch plötzlich abdrehen. Der Überlegene versucht dann, ihn noch in Nacken und Rücken zu beißen und steigt dabei von hinten auf. Diese Überlegenheitsdemonstration, die häufig zwischen Bullen stattfindet, mag dazu geführt haben, daß gelegentlich von »homosexuellen« Bullen die Rede ist, zumal kämpfende Bullen ihre Penisse ausschachten.
Bullenkämpfe haben viel Groteskes an sich. Manchmal bekommt der Überlegene das Schwanzende seines Gegners mit dem Maul zu fassen und beißt es kurzerhand ab. Von 22 Bullen im Yala-Nationalpark auf Sri Lanka trugen 15 keine Schwanzquasten mehr. Zwischen diesen 22 individuell bekannten, erwachsenen Männchen kam es während einer elfmonatigen Beobachtungszeit zu 26 Kämpfen. In elf Fällen waren es Konflikte zwischen zwei Bullen, die nicht in *Musth* waren. Zweimal kämpften zwei *Musth*-Bullen gegeneinander.
Dreizehnmal fand die Auseinandersetzung zwischen einem *Musth*-Bullen und einem erwachsenen Männchen statt. In diesen 13 Kämpfen siegte immer der *Musth*-Bulle. Der Zustand der *Musth* verleiht einem Bullen demnach erhöhte Kampfbereitschaft, Kraft, Geschicklichkeit und Ausdauer (Kurt 1991a). Seinen außergewöhnlichen Zustand teilt er den Rivalen auch auf große Distanz mit. Nach dem Baden vermischt er das Sekret seiner Schläfendrüsen mit nasser Erde und Wasser und reibt es an bestimmte Bäume. Auf diese Weise kennzeichnet er seinen Lebensraum, setzt weitreichende Duftmarken und versucht so, andere Bullen fernzuhalten. Und weil jahrein, jahraus, immer ein Bulle in *Musth* ist und damit im Herdenzentrum steht, halten sich die anderen Bullen von dort fern.

Abb. 22: Beim Asiatischen Bullen sind Kämpfe zwischen Bullen selten. Kommt es dennoch dazu, versucht jeder, den anderen auf die Unterlippe oder in den Schwanz zu beißen.

## Musth und Fortpflanzungserfolg

*Musth* bedeutet für jeden erwachsenen Bullen eine zeitlich beschränkte Periode von nahezu absoluter Dominanz über alle anderen Artgenossen, auch über die alten Weibchen. Sie lassen sich nur von größeren, stärkeren Bullen decken. Das ergaben Beobachtungen im Yala-Nationalpark von Sri Lanka und Erfahrungen, die mit Zoo- und Zirkuselefanten gemacht wurden. Siam vom Zirkus Knie, Mothi aus dem Zoo von Hannover oder Maxi aus dem Zoo von Zürich pflanzten sich nur mit Kühen fort, die kleiner und meist auch jünger waren als sie selbst (Kurt 1991a: 181). Gleiches gilt übrigens auch für wildlebende Afrikanische Elefanten. Bei 87 Prozent aller Paarungen ist ein *Musth*-Bulle beteiligt (Moss 1989).

Cynthia Moss hat als erste auf *Musth*-Phänomene beim Afrikanischen Elefanten hingewiesen. Es mag erstaunen, daß bei dieser Art, die im Vergleich zum Asiaten viel besser studiert worden ist, erst verhältnismäßig spät entsprechende Beobachtungen gemacht wurden. Das hängt mit der Tatsache zusammen, daß beim Afrikanischen Elefanten die Schläfendrüsen auch bei den Weibchen und Kälbern aktiv sind, ja sogar viel häufiger als bei den Bullen. »Es kann ein Mittel sein, um die Familien- und Gruppenmitglieder zusammenzuhalten, wenn sie getrennt voneinander in dichtem Busch Futter suchen oder ziemlich weit entfernt voneinander stehen«, vermutet Cynthia Moss (1989: 110).

»Wahrscheinlich hat das Sekret einen individuellen Geruch, und Elefanten mit ihrem hervorragenden Geruchssinn können sich so gegenseitig finden. Wenn ein einzelner Elefant von der Gruppe getrennt steht, sind seine Schläfendrüsen nahezu immer aktiv.«

Die Schläfendrüsen der afrikanischen Bullen sind meist nur während der *Musth*-Periode aktiv. Auch bei ihnen ist dann der Testosteronspiegel wesentlich höher als sonst, wie Urinproben ergaben. Sie gehen und stehen auffälliger als andere Bullen und es scheint, als würden ihre regelmäßigen Ohrbewegungen den Geruch des Schläfensekretes vor ihnen verteilen. Zudem geben *Musth*-Bullen andere Laute von sich als die übrigen Elefanten. Es sind sehr tiefe, weitreichende Töne, die das menschliche Ohr kaum noch wahrnehmen kann, auch wenn der Bulle in der Nähe steht.

Töne, Duft und auffälliger Gang signalisieren paarungsbereiten Weibchen die Anwesenheit eines erwachsenen Bullen in bester Kondition, denn nur Gesunde und Besternährte kommen überhaupt in *Musth*. »Sie sind voller Testosteron und kampfwillig, und sie kämpfen bis zum Tode für ein östrisches Weibchen oder auch nur, um ihren Status aufrecht zu erhalten. Schließlich sind Elefanten langlebige Tiere. Was in der Zukunft passiert kann wichtiger für sie sein, als ein einziges paarungsbereites Weibchen«, interpretierte Cynthia Moss (1989: 11&9). Dies alles bringt Vorteile für paarungswillige Weibchen und ihre Nachkommen. Deshalb folgen sie zielstrebig *Musth*-Bullen auf deren Duftspuren.

Kurzfristiger Vorteil ist etwa, daß *Musth*-Bullen brünftige Kühe vor Belästigungen durch andere Männchen schützen. Ihr sozialer Status und ihr Kampfesmut sind vorübergehend so erhöht, daß schwächere Freier auf Distanz gehalten werden. Drei oder vier Tage lang von verschiedenen Männchen getrieben zu werden, erschöpft die Weibchen, stört das Familienleben, reduziert die Zeit der Futteraufnahme und könnte zu Verletzungen der Weibchen und ihrer jüngsten Kälber führen. Ein weiterer Vorteil, sich mit *Musth*-Bullen zu paaren, besteht darin, daß Männchen mit hohem Testosteronspiegel mehr besamungsfähige Spermien ausbilden. Für Elefantenweibchen, die selten oder nur während weniger Tage brünftig werden, garantieren *Musth*-Bullen gewissermaßen eine fruchbare Begattung. Auch langfristige Vorteile bringt die Paarung mit *Musth*-Bullen. Es sind ältere, etwa vierzigjährige Männchen, die am auffälligsten und längsten die Symptome zeigen und die meisten Weibchen anziehen. Allein schon durch die Tatsache, daß sie solange überlebt haben und sich Futterquellen erschließen konnten, die ergiebig genug waren, um sich einen beachtlichen Testosteronschub »anzufressen«, liefert den Nachweis eines hervorragenden genetischen Materials. Zudem meint Cynthia Moss (1989: 117): »Wenn Langlebigkeit vererbbar ist, ist es vorteilhaft für ein Muttertier, diese Eigenschaften ihren Söhnen und Töchtern weiterzugeben. Die Fähigkeit, lange zu leben, ist wichtig für Elefantenweibchen; denn je länger sie leben, umso mehr Kälber gebären sie. Und sie ist noch viel wichtiger für Männchen, weil sie sich erst mit etwa dreißig Jahren erfolgreich fortpflanzen.«

In Anbetracht der Tatsache, daß alte Bullen wenigstens doppelt so groß und viel stärker sind als erwachsene Weibchen, könnte man zu dem Schluß kommen, daß Elefantenweibchen ihre Fortpflanzungspartner gar nicht auslesen können, also »jeden nehmen müssen«.

Ganz im Gegenteil! Einmal sind kleine Elefanten schneller als größere (eine paarungsbereite Kuh kann jederzeit ihrem Freier kurzerhand davonrennen) und zudem ist die Paarung der Elefanten eine hochkomplizierte Angelegenheit, die nur gelingt, wenn das Weibchen wirklich will. Und das will es offenbar nur, wenn ihr der Partner gefällt. Weibchen werden höchstwahrscheinlich nur dann schwanger, wenn sie mit einem ganz bestimmten, von ihnen überaus geschätzten Bullen zusammen waren. Womit wir beim äußerst komplexen Fortpflanzungsverhalten der Tierriesen wären.

## Paarung

Elefantenweibchen pubertieren bei günstiger Ernährung zwischen dem sechsten und siebenten Altersjahr, bei schlechter Ernährung später. Von nun an reift ungefähr alle drei Wochen wenigstens ein Ei im Eierstock und »springt« in den Eileiter. An seiner Stelle wächst im Eierstock der Gelbkörper, eine innersekretorische Drüse, die das Hormon Progesteron bildet und die Schwangerschaft dadurch erst ermöglicht. Offenbar muß ein Elefantenweibchen mehrere »Eisprünge« durchmachen, bis sich genügend Progesteron gebildet und angesammelt hat, damit eine Schwangerschaft überhaupt eintreten kann (Smith et al. 1969). Jedenfalls ist eine Elefantenkuh pro Jahr lediglich

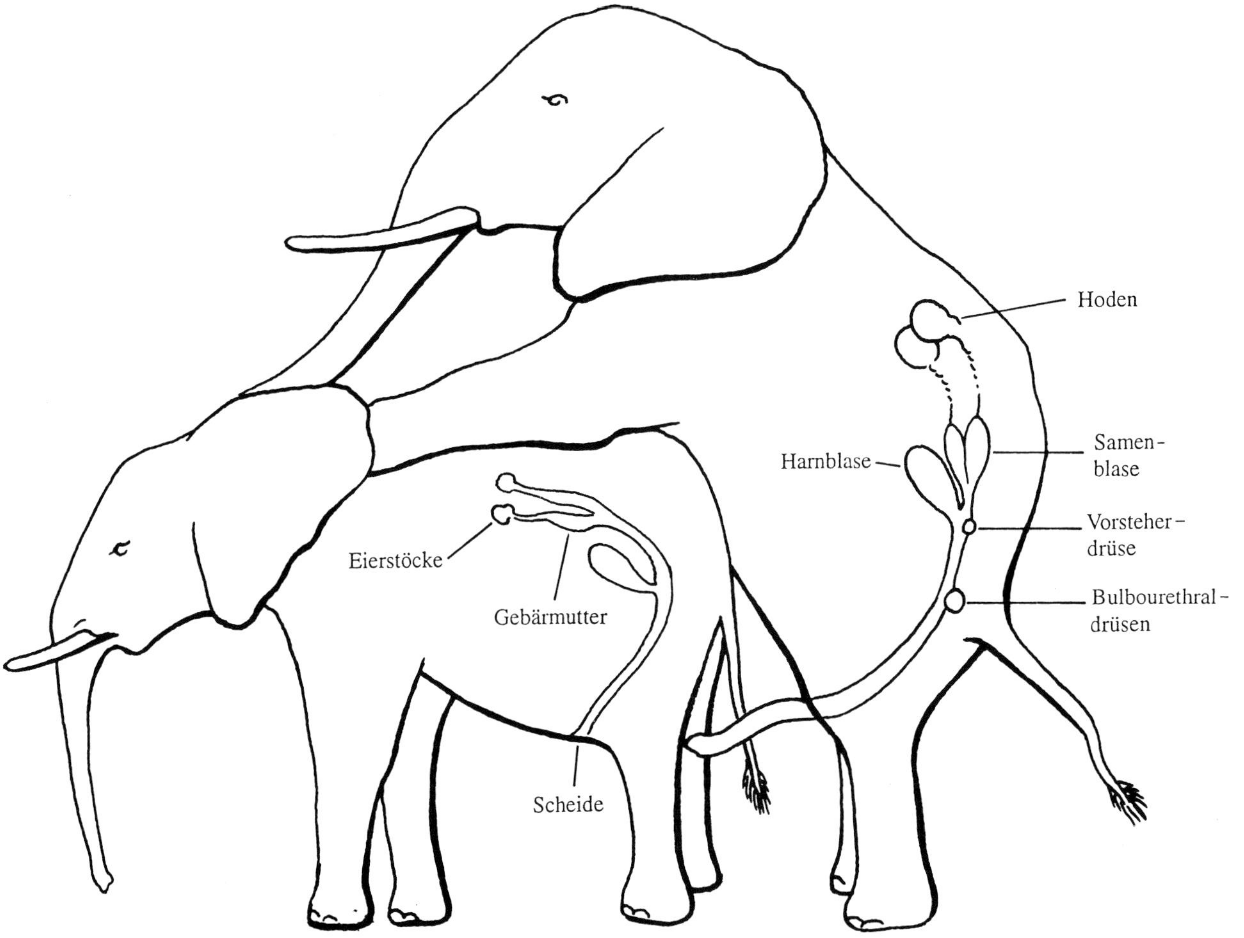


Abb. 23: Schematische Darstellung der Fortpflanzungsorgane.

viermal während vier bis fünf Tagen empfängnisbereit (Kurt 1987; Olivier 1984).
Die Hoden liegen, anders als bei den meisten Säugetieren und dem Menschen, nicht in einem äußerlich sichtbaren Hodensack, sondern an dem von der Stammesgeschichte der Wirbeltiere zugewiesenen Platz in der Bauchhöhle, schwanzwärts von den Nieren. Die weiblichen Geschlechtsteile liegen ganz im Unterschied zu anderen Säugetieren am Hinterbauch (Abb. 23). Die Klitoris mißt gelegentlich bis zu vierzig Zentimetern und kann wie ein Penis versteift werden. Der fehlende Hodensack bei Männchen und die ausgeprägte Klitoris bei Weibchen haben bei Elefanten zu manchen Fehlbestimmungen des Geschlechts geführt.
Die eigentliche Paarung verläuft nach folgendem Ritual: Zuerst kontrollieren sich Männchen und Weibchen. Dabei betasten ihre Rüssel die Geschlechtsteile, die Schläfendrüsen und den Mund des Partners. Dann versucht der Bulle von hinten aufzureiten. Anfänglich gelingt dies nicht, denn das Weibchen läuft weg. Nun legt der Bulle sein Kinn auf die Kruppe des Weibchens und drückt sie nach unten, gelegentlich beißt er sie in den Nacken. So demonstriert das Männchen seine physische Überlegenheit. Während der vier- oder fünftägigen Brunft des Weibchens werden die Annäherungsversuche des Bullen immer häufiger. Schließlich flieht die Kuh vor ihm und der Bulle folgt mit aufgelegtem Kinn. Endlich bleibt das Weibchen stehen und macht die Hinterbeine breit. Der Bulle richtet sich fast senkrecht auf seine Hinterbeine auf und stellt seine Vorderbeine auf das Hinterteil der Partnerin. Von dort schiebt er sich über ihren Rücken nach vorne auf ihre Schultern. Die beiden Vorderfüße bleiben dabei eng aneinandergepreßt.
Nun erfolgt der schwierigste Teil dieses komplizierten Vorganges, der nicht mehr als zwei Minuten dauert, nämlich das Einführen des ungewöhnlich langen Gliedes in die an der hinteren Bauchseite gelegene Geschlechtsöffnung des Weibchens. Wenn der s-förmige Penis sie durch eigenartige Suchbewegungen gefunden hat, knickt der Bulle auf seinen Hinterbeinen ab und richtet dabei seinen Vorderkörper steil auf, so daß die Penisspitze etwa dreißig Zentimeter tief eindringen kann. Der eigentliche Begattungsvorgang ist äußerst kurz und dauert lediglich zehn bis fünfzehn Sekunden. Angeblich werden während einer Paarung ein bis anderthalb Liter Samenflüssigkeit ausgestoßen. Ein Bulle kann ein und dieselbe Kuh mehrmals täglich begatten (Kurt 1987: 495–496).

## Geburt

Bei beiden Elefantenarten beträgt die Tragzeit durchschnittlich 22 Monate. Meist wird ein einziges Kalb geboren, lediglich in einem Prozent aller Trächtigkeiten finden Zwillingsgeburten statt. Beim Asiatischen Elefanten werden, wenn auch ganz selten, Drillingsgeburten gemeldet. Begattung und Geburt können zu jeder Jahreszeit eintreten. Allerdings werden bei afrikanischen Beständen, je weiter sie vom Äquator entfernt leben, Brunft- und Setzzeiten immer ausgeprägter. Butch Smuts (1975) beobachtete im südafrikanischen Krüger-Nationalpark, daß siebzig Prozent aller Paarungen in den sechs Monaten zwischen November und April stattfinden, wenn 81 Prozent der Niederschläge fallen. Zudem kommt es beim Asiatischen Elefanten häufig vor, daß verwandte oder befreundete Weibchen ihre Kinder ziemlich genau zur gleichen Zeit zur Welt bringen (Kurt 1991a: 192).

Bis heute haben nur wenige Feldforscher die Geburt eines der sechzig bis 160 Kilogramm schweren Elefantenbabys mitverfolgen können. Zu ihnen gehören die beiden Züricher Verhaltensforscher Walter und Barbara Leuthold (1975). Im Samburu Game Reserve von Kenya trafen sie eine Gruppe von zwölf Elefanten. Unter ihnen sahen sie plötzlich ein Weibchen, das langsam rückwärts ging und die Knie beugte, als wollte es sich hinsetzen. Dann ertönte plötzlich lautes Rumpeln, Grollen und Trompeten und die Leutholds waren überaus erstaunt, ein Neugeborenes im kurzen Gras liegen zu sehen. Mit schwachen Bewegungen versuchte es sich von den Embryonalhüllen zu befreien.

Diese Geburt verlief blitzschnell. Die anderen Elefanten versammelten sich um das Neugeborene, streckten ihre Rüssel nach ihm aus, schienen äußerst aufgeregt, doch bis auf die Mutter und die größte Kuh der Gruppe ging keiner ganz nahe zum winzigen Baby heran. Die Mutter löste mit Rüssel, Stoßzähnen und Vorderfüßen ihr Kind vorsichtig aus den Embryonalhüllen, liebkoste es und versuchte es aufzurichten. Es schien, als wollte sie es so schnell wie möglich auf seine eigenen Beine stellen. Das gelang erstmals zwanzig Minuten nach der Geburt. Das Neugeborene stand für wenig Sekunden und fiel dann wieder hin.

Weitere Stehversuche wurden immer erfolgreicher und die Mutter wandte sich den Embryonalhüllen zu und fraß einen Teil davon auf. Dann geschah Unerwartetes. Die Mutter und zwei andere Weibchen der Gruppe begannen wild den Boden aufzuscharren. Den Leutholds schien es, als wollten die Elefanten die Spuren der Geburt vergraben, damit nicht etwa Raubtiere auf das Neugeborene aufmerksam würden.

Eine halbe Stunde nach der Geburt suchte der kleine Elefant nach der Milchquelle zwischen den Vorderbeinen seiner Mutter. Die anderen Elefanten verloren allmählich das Interesse am Neuzugang, begannen weiter zu fressen und ließen die Mutter mit einer jungen Elefantin und einem fünf oder sechs Jahre alten Bullen zurück. Diese drei nahmen dann das Neugeborene in ihre Mitte und verschwanden zwischen den Akazien.

Faßt man die bis heute bekanntgewordenen Geburtsprotokolle zusammen, ergibt sich folgendes Bild. Die werdende Mutter ist unruhig, steht und liegt abwechselnd. Dann rutscht der Fötus in den »Sack«, jenen mehr als meterlangen Abschnitt zwischen Muttermund und äußerer Geschlechtsöffnung. Minuten später wird das Kind Kopf voran geboren. Die Nabelschnur reißt entweder ab, wenn die Mutter bei der Geburt steht oder wird von ihr oder anderen Weibchen zerrissen. Nach rund einer halben Stunde steht das Kalb auf wackligen Beinchen. Die Mutter putzt es. Gelegentlich gibt es aber Muttertiere, die nicht wissen, was mit dem Nachwuchs geschehen soll. Ja es gibt sogar Kühe, die ängstlich werden, zu fliehen versuchen oder gar das Neugeborene angreifen. Dem wirken aber »Ammen« oder »Tanten« entgegen. Bei jungen, erstmals gebärenden Weibchen sind es vor allem alte, besonders erfahrene Weibchen, häufig die Mutter oder die ältere Schwester. Umgekehrt amtieren bei älteren Muttertieren jüngere Weibchen als Geburtshelferinnen und üben so gewissermaßen die Betreuung des Neugeborenen. Bei der Aufzucht junger Elefanten spielt offenbar »Vetternwirtschaft« eine bedeutende Rolle. Davon soll jetzt die Rede sein.

## Rollenspiel

Ammen führen selbst Neugeborene oder werden, kurz nachdem sie bei einer Geburt mitgeholfen haben, selber wieder Mütter. So ist jede Amme gleichzeitig auch Mutter, die wiederum auf Ammen angewiesen ist. Durch eine derartige soziale Organisation können stillende Elefantinnen zwei scheinbar unvereinbare Verhaltensmuster miteinander in Einklang bringen. Einerseits das extreme Ruhebedürfnis der Neugeborenen und andererseits ihren eigenen, fast unersättlichen Hunger, der noch wächst, wenn sie stillen. Möglich wird dies, weil sie ihren Alltag entsprechend koordinieren, das heißt, abwechslungsweise eine von ihnen alle Neugeborenen betreut und überwacht, während die anderen auf Futtersuche ziehen. Die Kälber, die meist im Pulk eng beieinander stehen und sogar wie junge Ferkel »Schlafhaufen« bilden oder zusammen spielen, werden regelmäßig an Wasserlöchern von der einen an die jeweils nächste »Kindergartentante« übergeben.

Das ist nur deshalb möglich, weil verwandte oder miteinander gut bekannte Weibchen ihre Jungen ziemlich genau zur gleichen Zeit zur Welt bringen. Derartige Befunde lieferte zunächst Richard Laws (1969) aus Kenias Tsavo-Nationalpark. Bestätigt wurden sie dann von Cynthia Moss (1989), die über 13 Jahre hinweg die Afrikanischen Elefanten im Amboseli-Nationalpark beobachtet hat. Beim Asiatischen Elefanten wurde das gleiche im Gal Oya- und Yala-Nationalpark auf Sri Lanka gefunden (Kurt 1974; MacKay 1973).

Wie Elefantinnen, die ja nicht wie Rehe oder Wildschweine aus der gemäßigten Zone ganz bestimmte, zeitlich eng begrenzte Setzzeiten kennen, ihre Geburtstermine miteinander koordinieren, ist bis heute nicht bekannt. Sicher dagegen ist: Wenn sich ältere hochschwangere Kühe in »Säuglingsgruppen« zusammenfinden, bringen sie ihre rund vierjährigen weiblichen Kälber mit. Der Abstand zwischen zwei aufeinanderfolgenden Geburten, das muß hier erklärend eingefügt werden, beträgt deshalb vier Jahre, weil die Jungen nach einer fast zweijährigen Tragzeit ungefähr zwei Jahre lang gestillt werden. Solange aber Elefantinnen stillen, werden sie nicht brünftig.

Bis zur Geburt eines neuen Kalbes umsorgen Weibchen ihren immer älter und selbständiger werdenden Nachwuchs. Die plötzliche Geburt eines jüngeren Geschwisters ist für sie ein Schock. Junge Bullen verlassen dann oft die Mutter, die jetzt nur noch Zeit hat für das Neugeborene und auch die vier Jahre älteren Nachkommen vertreibt. Allerdings finden die Vierjährigen bald Mittel und Wege, wiederum in die Nähe ihrer Mutter zu kommen, was sie übrigens auch müssen, denn die Alte findet immer das beste Futter, das sicher auch den Halbwüchsigen schmeckt. Wie schaffen sie es also, von ihrer Mutter wieder in nächster Nähe geduldet zu werden? Ganz einfach dadurch, daß sie ihre Mutter entlasten. Sie spielen mit den Jüngsten, wachen mit der »Kindergartentante« wenn sie schlafen. Noch mehr: Sie beginnen ihnen bei der Futterbeschaffung zu helfen. Beispielsweise bereiten sie Gras oder Laub mundgerecht vor. Der Nachwuchs darf sich bedienen, ja sie schieben den Kleinen gelegentlich sogar rüsselweise Nahrungsportionen in den Mund.

Indem sie sich um ihre jüngeren Geschwister kümmern, lernen junge Elefantenweibchen, lange bevor sie selber erstmals Muttertiere werden, wie der Nachwuchs zu betreuen ist. Solche Tantenrollen übernehmen gelegentlich sogar Jungbullen. Stirbt die Mutter, so führen sie ihr jüngeres Geschwisterchen zur Nahrungssuche und bewachen es. Waisen werden dann von Ammen gestillt, die mit der Mutter entweder nahe verwandt oder gut bekannt waren.

In der Elefantenherde gibt es neben Ammen und Tanten weitere Rollen. Leitkühe, zum Beispiel, entscheiden darüber, wann sich die Herde in welcher Richtung zu verschieben hat. Die entsprechenden Initiativen überlassen sie aber jüngeren Mitgliedern des Verbandes, die ihn meistens auch anführen. Allerdings koordinieren die Leitkühe Flucht und Abwehr. Fühlt sich eine Herde Asiatischer Elefanten durch die Nähe eines Tigers beunruhigt, flieht sie nicht einfach planlos von dannen. Alle bilden vorerst einen »Igel« und nehmen die Kälber in ihre Mitte. Jungbullen oder nervöse Weibchen versuchen dann den Widersacher anzunehmen. Damit aber der Verband nicht nervös wird, beginnen die alten Leitkühe unruhige Mitglieder zu besänftigen. Das geschieht, indem sie Futter abreißen, vorbereiten und den aufgebrachten Unerfahrenen in den Mund schieben. Es sind dann die Leitkühe, die den geordneten Rückzug einleiten. Welche wichtige Bedeutung einzelne Rollen, ganz besonders die Ammen und Tanten für die Arterhaltung spielen, bewiesen die Elefantenschlächtereien der letzten Jahrzehnte auf makabere Weise. Nachdem in Afrika Bullen wegen ihrer größeren Stoßzähne immer seltener oder verschiedenenorts gar ausgerottet waren, verfolgten die Wilderer nun auch Muttertiere und Halbwüchsige. Schließlich ließen sich auch kleinere Stoßzähne auf dem schwarzen Markt verkaufen. So kamen immer mehr Mütter und Tanten um. Sterben jedoch die Leitkühe, so zerfallen auch die Mutterfamilien. In Mikumi, einem Gebiet Kenias, wo besonders viel gewildert wurde, ist dies in drei Viertel aller Gruppen der Fall. Mit dem Tod eines Muttertieres verhungert wenigstens ein Jungtier. Auch der Tod von halbwüchsigen Weibchen drosselt die Fortpflanzungsleistung, denn die Aufzucht eines Elefantenkalbes ist, wie erwähnt, mitbestimmt von der Anwesenheit von Tanten. Fehlen solche Tanten, so stirbt jedes dritte Kalb, bevor es zweijährig ist. Sorgen sich ein bis zwei Tanten um den Nachwuchs, so überleben bereits vier von fünf Säuglingen. Sind mehr als vier Helferinnen vorhanden, so stirbt lediglich eines von sieben Kälbern. Das ergaben langfristige Untersuchungen von Cynthia Moss (1989).

## Umweltzerstörung und Bevölkerungskontrolle

Das komplexe Sozialsystem der Elefanten reagiert auch unter natürlichen Bedingungen sehr sensibel auf äußere Störungen. Die treten besonders dann auf, wenn ein Bestand nach Jahrzehnten dermaßen angewachsen ist, daß er an die Grenzen seiner Nahrungsressourcen stößt. Seit Menschen große Teile des natürlichen Lebensraumes für sich in Anspruch genommen haben, dabei den Elefanten die traditionellen Jahreswanderungen unmöglich machten und die Tierriesen in Reservate verbannten, kann er selbst ganz wesentlich zur Zerstörung seines verbliebenen Lebensraumes beitragen. Das bekannteste Beispiel dieser Art stammt aus Kenias Tsavo-Nationalpark (Kurt 1983: 112 ff.).

Das Reservat entstand kurz nach dem Zweiten Weltkrieg. Seine Fläche mißt 21 000 Quadratkilometer. Tsavo ist somit halb so groß wie die Schweiz. Tsavo, die Baumsavanne, so schien es, war ein geeignetes Rückzugsgebiet für die Elefanten Kenias, die zwar auf dem Papier überall geschützt waren, in Wirklichkeit aber nur noch in einem kleinen Teil ihres einst großen Lebensraumes leben durften.

Ihre besten Gebiete nahm ihnen der Mensch weg und nutzte sie als Weideflächen für seine Herden und als Ackerland. Es gab zwar noch gleich viele Elefanten, doch ihr Lebensraum wurde kleiner, denn Reservate und Ackerfläche trennte der Mensch mit klaren Grenzen. Damit schloß er einen der natürlichen Regulationsmechanismen bei örtlichem Überbestand aus – die Wanderungen.

Im Jahre 1960 schätzten die Wildhüter den Elefantenbestand in Tsavo auf 20 000 Köpfe. 1970 waren es bereits 35 000. Doch das nicht etwa weil sich der ansässige Bestand vermehrt hätte. Der Zuwachs erfolgte vielmehr durch Einwanderung von Tieren aus Gebieten, die sich der Mensch nach und nach erschlossen hatte. Zu jener Zeit hatten sich vielerorts in Ostafrika die Elefantenherden zu neuen Weidegründen aufgemacht, die sie kaum noch fanden und die ihnen kaum noch entsprachen. Regulierende Wanderungen, die einst naturgewollt die Übernutzung von Futtergebieten verhinderten, hatten damit ihre ausgleichende Wirkung verloren.

So ist der weltberühmte Serengeti-Nationalpark eigentlich kaum geeignet für Elefanten. Er wurde von ihnen auch erst 1955 besiedelt. Zwölf Jahre später lebten aber bereits 2200 Flüchtlinge dort, denen der Mensch durch Landerschließung den Lebensraum entzogen hatte. Um 1970 hatten die Elefanten ein Drittel der Akazienbäume im Park zerstört.

Im Tsavo-Nationalpark wurde bereits um 1965 zur Gewißheit, daß die Tierriesen mehr Nahrung verzehrten als gleichzeitig nachwachsen konnte. Der britische Elefantenfachmann Rich-

Abb. 24: Kratzbaum wilder Elefanten. Er steht »schief« und trägt scharfe Kanten.

ard Laws begann damals, die unnatürlich zur hohen Bevölkerungsdichte gezwungene Elefantenbevölkerung zu verkleinern. Bei Reduktionsabschüssen wurden Bullen, Kühe, Halbwüchsige und Jungtiere genau in dem Verhältnis erlegt, wie sie im Gesamtbestand vorkamen. Die Jäger hielten sich an ganze Gruppen und vermieden damit, daß verwaiste oder kinderlose Elefanten, die Anschluß an intakte Gruppen suchten, unnötig litten oder gar das Verhalten des ganzen Bestandes störten. Derartige Reduktionsabschüsse werden übrigens heute noch in Simbabwe und Südafrika durchgeführt. Im Tsavo-Nationalpark gelang es 1967 Tierschützern, sie zu stoppen. Diese Tierfreunde sahen vor lauter Elefanten die ökologischen Probleme der gesamten Lebensgemeinschaft nicht. Und diese Probleme verschärften sich zusehends.

Immer mehr hielten sich die mächtigen Rüsseltiere an Bäume, traten sie um und rissen Rinde von den Stämmen, denn diese enthält Calcium und Ballast, die zur Verdauung der Grasnahrung wichtig sind (Abb. 24). Als sich der Wald in Tsavo zu lichten begann, der Boden vermehrt der gleißenden Sonne ausgesetzt war und der Grundwasserspiegel absank, gruben die Tierfreunde Wasserlöcher. Damit konnten sie noch einmal die unausweichliche Katastrophe, das Massensterben der Elefanten, aufschieben. Schließlich hatten sie einen der natürlichen Regulatoren ausgespielt, indem sie das in Savannen seltene Requisit »Wasserstelle« künstlich schufen. Die Katastrophe kam trotzdem.

Als wenig später eine Dürre über die inzwischen kargen Savannen zog, mußte sich Tsavos Elefantenbestand entlang des Galana-Flusses und weniger anderer Gewässer verdichten, weil nur noch hier etwas Nahrung wuchs. Und das provozierte schließlich die Katastrophe. Mehrere tausend Elefanten verhungerten, weil sie in Reichweite des Wassers kein Futter mehr fanden. Die Hälfte der Überlebenden verblieb im Reservat. Der Rest, so hieß es, wanderte aus. »Die Natur hat sich selber geholfen«, meinten blauäugig Tierfreunde. Half sie aber auch den Elefanten? Wohl kaum, denn Pflanzungen und Haustierweiden, Siedlungen und Fernstraßen, die zunehmend mittels Gräben und Wächtern »elefantensicher« gemacht werden, versperrten alte Wanderrouten in neue Futtergebiete.

So blieb auch den aus Tsavo vertriebenen Herden nichts anderes übrig als die Rückkehr in die selbstgeschaffene Halbwüste, wo abgestorbene Bäume Steppenbrände fördern und die löchrige Grasnarbe weder Wind noch Wasser widersteht und den Boden deshalb der Erosion preisgeben muß. Weniger als zwanzig Jahre brauchten die im geradezu riesigen Tsavo-Nationalpark eingekesselten und von unwissenden Tierfreunden überhegten Elefanten, um die Verwüstung einer Baumsavanne einzuleiten. Mehr als ein Menschenleben wird aber vergehen, bis im verkarsteten Boden Bäume wiederum eine Chance haben aufzuwachsen.

Bei den überlebenden Elefanten von Tsavo machte sich Unterernährung in ihrer Kondition bemerkbar, etwa dadurch, daß die Muttertiere nicht mehr alle vier Jahre ein Junges zur Welt brachten, sondern nur mehr alle acht bis zwölf Jahre; und die Weibchen pubertierten nicht mehr mit sechs bis acht Jahren, sondern mit zwölf oder noch später. Die Senkung der Fortpflanzungsrate war eine Folge der Nahrungsverknappung und keine Anpassung an die neuen Verhältnisse. Herden, in denen keine Neugeborenen mitgeführt werden müssen, sind mobiler und können unwirtlich gewordene Gebiete schneller verlassen.

## Elefanten gestalten die Umwelt

Lange bevor die riesigen Regenwälder Westafrikas und Südasiens gerodet worden waren, bewegten sich Menschen als Jäger und Sammler sicher auf den Elefantenstraßen durch die Dschungel. Sie sind zum Teil so breit, daß man sie mit geländegängigen Fahrzeugen befahren kann. Zudem sind sie nach äußerst ökonomischen Prinzipien angelegt. Sie folgen bestehenden Geländelinien, beispielsweise Flüssen im Talboden oder Hügelkuppen, und halten sich, wenn immer es geht, an eine ganz bestimmte Höhe. So werden zwar Umwege in Kauf genommen, energiezehrende Auf- oder Abstiege dagegen vermieden. Sind diese unausweichlich, so »bauen« Elefanten parallel zum Berghang verlaufende Treppen.

Als im letzten Jahrhundert europäische Kolonialmächte in Burma (heute Myanmar), in Indien oder auf Sri Lanka die fruchtbaren Hochländer, wo sie Gemüse, Tee oder Kaffee anbauten, mit den Küstenstädten durch befahrbare Straßen oder Eisenbahnlinien zu verbinden suchten, erübrigten sich meistens teure Berechnungen über die beste Trassenführung. Unzählige Generationen wilder Elefanten hatten Jahrhunderte und Jahrtausende früher die ökonomischten Routen festgelegt. Nicht von ungefähr schmücken Elefanten häufig die Embleme von Eisenbahn- und Straßenbaudepartements. Zum Leidwesen der Menschen haben Elefanten aber auch dann nicht auf ihre Wegrechte verzichtet, als ihre Wechsel – so nennen Jäger die Tierstraße – längst Geleise oder Teerbeläge trugen. Deshalb sind Kollisionen zwischen Fahrzeugen und Tierriesen auch heute noch an der Tagesordnung.

Hie und da kreuzen Elefantenwechsel Flüsse. Solche Furten sind leicht zu erkennen, denn an beiden Ufern trägt der Boden keine Vegetation, und es lassen sich Treppen erkennen. Übrigens sind Elefanten ausgesprochen gute Schwimmer, die Dutzende von Kilometern im Meer zurücklegen können. Die Mütter stützen dabei ihre Jungen mit dem Rüssel oder tragen sie gar auf dem Rücken mit sich.

Tausende von Kilometern Elefantenstraßen haben Savannen und Wälder erschlossen. Sie führen zielsicher zur klimatischen Waldgrenze auf 3000 oder 4000 Meter Höhe, zu Badeplätzen, Salzlecken, Schlafquartieren oder Zonen, wo zur einen oder anderen Jahreszeit das bestmögliche Futter wächst. »In den Wäldern des Südwestens von Ghana ist das Zentrum der Elefantenstraßenkreuzungen nicht selten ein mächtiger Makoré-Baum«, schreibt Claude Martin (1989: 151). »Dieser Riese erreicht Höhen von sechzig Metern und einen Stammdurchmesser von bis zu drei Metern. Er liefert den Elefanten große grüngelbliche Früchte.« Viele der Kreuzungen sind Fixpunkte, die sich Elefanten selber bauen. Gemeint sind damit Zisternen und Salzlecken. Während der Trockenzeit graben Elefanten mit Stoßzähnen, Rüsseln und Vorderfüssen vier bis fünf Meter tiefe Löcher an Stellen, wo sie offenbar Grundwasser riechen. Sie legen auch salzhaltige Gesteinsadern frei. Viele Generationen von Elefanten haben im Laufe vieler Jahre Hügel förmlich entzweigeschnitten. Derartige Salzbergwerke sind bekannt aus Südindien und aus Sumatra. Eine geradezu imposante Salzlecke findet sich bei Nodi, am Südrand des Leuser-Reservates. Hier haben die Tierriesen drei Meter tiefe und vier Meter breite Bahnen durch einen flachen Hügel getrieben. Von ihnen aus bohrten sie dann waagrechte Rinnen durch besonders salzhaltige Gesteinsschichten. Obwohl der Dschungel um diese Salzlecke längst gerodet ist, besuchen sie die Tierriesen heute noch regelmäßig (Kurt 1979; 1991b). Das eindeutig größte von Elefanten erstellte »Bauwerk« sind die Kavernen in den Bergen im Mount Elgon Nationalpark von Kenia. Diese Kavernen sind breiter als der Gotthardtunnel und mehrere hundert Meter lang.

Wo immer die Tierriesen Landschaften verändern, finden sich Nutznießer. Auf Elefantenstraßen bewegen sich nicht nur Menschen. Hier zieht auch der Tiger oder das Löwenrudel auf die Jagd. Ihre Schlafhallen im Regenwald Sumatras sind Tanzplätze für den Argusfasan. Stößt ein hochspezialisierter Bulle in der Serengeti eine Akazie um, so finden hier später auch kleinere Pflanzenfresser, Antilopen und Gazellen, frische Nahrung. Und vom Salz, das die Rüsseltiere im Mount Elgon erschlossen haben, naschen Paviane, Buschböcke und Hyänen.

Nun überleben aber Regenwald, Savanne oder Grasdschungel nicht nur trotz, sondern zu einem gewissen Grad just wegen der Elefanten.

## Elefanten als Gärtner

Elefanten sind, wie bereits erwähnt, schlechte Futterverwerter. In ihren brotleibgroßen Kothaufen finden Dschungeljäger kleingehacktes Feuerholz. Diese verhältnismäßig energie- und nährstoffreichen »Visitenkarten« bieten vielen Insekten und anderen wirbellosen Tieren Lebensraum und Nahrung. Hier fliegen Unmengen von Mistkäfern an, tragen gewissermaßen als blinde Passagiere Milben und Fadenwürmer mit sich, die sich – kaum sind die großen Käfer gelandet – ans Werk machen, die Abfallstoffe zersetzen und damit dem Boden Nährstoffe zuführen. Auch die Käfer sind nicht untätig. Sie bohren Löcher in den Boden – Bruträume für Eier und Larven. So gelangen Nährstoffe wiederum rasch in den Boden.

Im Elefantenkot tauchen ganz besonders in den Trockengebieten regelmäßig Termiten auf, junge Königinnen und ihre Männchen, die das unverdaute Holz und andere unverdaute, zellstoffreiche Nahrungsreste zur Gründung eines neuen Volkes verwenden, oder Arbeitstiere aus einem nahegelegenen Termitenbau, die den Kotballen unterirdisch finden und weiter verarbeiten. Dank Insektenfraß und Kleinstlebewesen sind die im Dung des Tierriesen enthaltenen Nährstoffe schnell zerlegt.

Die Nährstoffe aus dem Ast eines Teakbaumes, der zum Beispiel in Südindien von einem Elefanten abgerissen und gegessen wird, sind so in knapp drei Wochen wieder in den Nährstoffkreislauf des Systems integriert. Fällt der Ast aber lediglich zu Boden, nachdem ihn ein Regensturm abgerissen oder irgend ein Schädling zum Absterben gebracht hat, braucht es Monate, wenn nicht Jahre. Kurz, der unersättliche Tierriese mit seiner schlechten Verdauung beschleunigt den Nährstoffkreislauf in seinem Lebensraum. Und er bewirkt noch mehr.

Elefanten mögen Früchte, fressen viel und verdauen schlecht. Deshalb passieren viele Samen unbeschädigt seinen mehr als dreißig Meter langen Verdauungstrakt. Dazu gehören auf ostafrikanischen Savannen zum Beispiel die Samen bestimmter Akazienarten. Diese meist mit wehrhaften Dornen geschützten Bäume und Sträucher verdanken ihre Verbreitung und Häufigkeit dem Tierriesen, der ihr Laub und ihre bohnenähnlichen Früchte verzehrt. Kurz bevor dies geschieht, »werden ihre Samenkörner von Kornkäfern *(Bruchidus)* angebohrt, so daß die Verdauungssäfte des Elefanten rascher eindringen können, was den Samenkörnern ein rasches Keimen nach dem Absetzen des Kotballens ermöglicht«, berichtet Rudolf Altevogt (1987: 470).

Auf Sri Lanka wirkt der Asiatische Elefant genau so auf die Verbreitung des *wood-apple*, des Holzapfels *(Feronia limonea)*, der bis vor kurzem bezeichnenderweise noch *Feronia elephantorum* hieß. Von kleinen Insekten abgesehen, deren

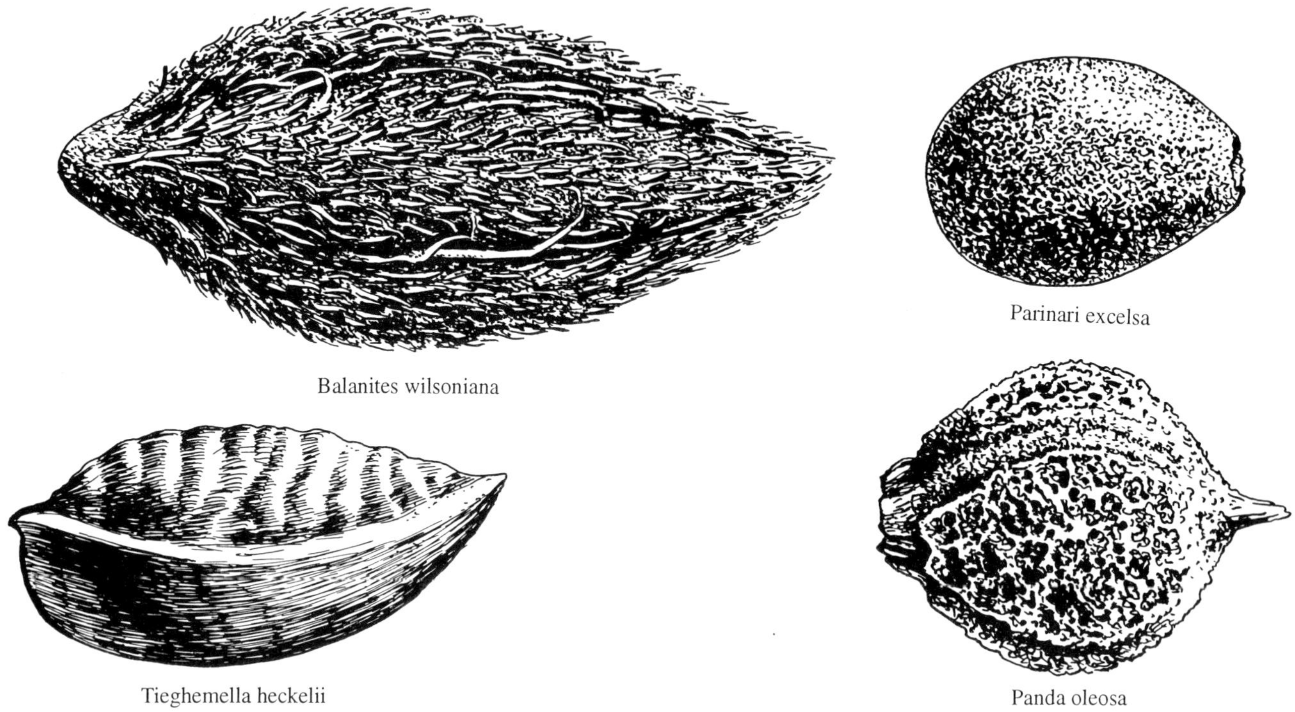


Abb. 25: Eine Reihe von großsamigen Pflanzen aus dem Regenwald Westafrikas ist für ihre Verbreitung auf den Elefanten angewiesen. Das geht auch aus den besonders großen, hartschaligen Samen hervor.

Larven im Fruchtinneren leben, und vom Menschen, sind die Elefanten die einzigen Wesen, die das nach Limonen schmeckende süßsaure Fruchtfleisch verzehren. Zwischen ihren mächtigen Backenzähnen knacken sie die hartholzfeste Schale der gut tennisballgroßen Frucht. Die Schößlinge, die aus winzig kleinen Samen keimen, wurden bisher nur im Elefantenkot gefunden.

## Ohne Elefanten kein Makoré-Baum

Im Laufe Tausender von Elefantengenerationen und Zehntausender von Pflanzengenerationen kam es zwischen dem »Holzapfel« und dem Asiatischen Elefanten zur gegenseitigen Anpassung, zur Symbiose, die beiden Parteien Vorteile bringt. Der Elefant hat in der großen, hartschaligen Frucht exklusive Nahrung, der »Holzapfel« einen Transporteur mit ausgesprochen weiter Reichweite von einigen Dutzenden Kilometern, der die unverletzten Samen in einem für sie offenbar zusagenden Milieu aussät (Kurt 1991b: 265).

Aus den Regenwäldern in Westafrika sind eine ganze Reihe derartiger Symbiosen zwischen Pflanzen und Waldelefanten bekannt. Die Früchte der stacheligen Liane *Strychnos aculeata* gleichen gelben Kanonenkugeln. Sie wachsen hoch oben auf dem Dach des Dschungels. Wenn sie reif sind, donnern sie zu Boden. Geräusch und Geruch ziehen die Elefanten an, denn die gut einen Zentimeter dicke Schale verbirgt rund zwanzig sternförmig angeordnete falsche Samen, umgeben von seifigem Schleim. Fischer an der Elfenbeinküste betäuben übrigens mit der schleimigen Masse ihre Beute und Medizinmänner verabreichen zerquetschte Samen als Brechmittel. Ob aber die Strychnos-Früchte auf Elefanten betäubend oder berauschend wirken, ist nicht bekannt. Jedenfalls halten sie sich an die gelben Kugeln, deren Samen in Elefantenkot rasch zu keimen beginnen. Offenbar hat sich auch die Strychnos-Liane in einem koevolutiven Prozeß dem Elefanten angepaßt, denn: »Es ist tatsächlich schwer vorstellbar, daß irgendein anderes Tier des Waldes eine derart unhandliche Frucht fressen oder auch nur aufbrechen könnte. Nur ein Elefantenkiefer scheint dazu noch fähig zu sein«, meint der Schweizer Ökologe Claude Martin (1989: 151 ff.) der jahrelang in Westafrika gearbeitet hat. Auch jene Forscher, die in westafrikanischen Regenwäldern die Samenverbreitung durch ganze Tiergruppen nachwiesen und von einem »Affen-Vogel-Syndrom« sprechen, räumen ein, daß für bestimmte Arten eigentlich nur ein Elefant in Frage kommen kann (Abb. 25).

Mehr noch: Samen aus Früchten, die regelmäßig von Elefanten gegessen werden, keimen am besten in Elefantendung und treiben in spätestens drei Monaten kräftigere Schößlinge. Das bewiesen Forscher wie Aubreville, Hall und Swaine bei Versuchen mit 48 Regenwaldpflanzen. Elefanten wirken also wie Gärtner, die für sie wichtige Gewächse in bevorzugtem Milieu aussäen (Kurt 1991b: 266).

Auch die Rundohrelefanten in den westafrikanischen Regenwäldern sind keine Nahrungsspezialisten sondern eher Opportunisten. Sie nutzen einen beträchtlichen Teil der Pflanzenvielfalt, halten sich vor allem aber an Zweitwuchs, besonders an Lianen, die am Rande der Lichtungen emporklettern. Auf ihren schier endlosen Wanderungen verschlingen sie eher zufällig viele kleine Früchte, was Kotuntersuchungen deutlich machen. In neun von zehn Dunghaufen finden sich Samen. »Doch die

Hauptmasse dieser Samen sind große harte Nüsse aus Steinfrüchten, die alles andere als zufällig ins Verdauungssystem gelangt sind«, findet Claude Martin. »Des Fruchtfleisches wegen, das sie umgibt, unternehmen Waldelefanten einzeln oder gruppenweise Wanderungen, die sie weit von den besonnten Lücken weg in den geschlossenen Wald hineinführen.« Eine dieser Arten ist der Makoré-Baum. Er liefert ein hartes, im Exportgeschäft begehrtes Rotholz.

Im Jahre 1958 meldete der Franzose Aubreville, ein Experte für westafrikanische Wälder, daß der Makoré-Baum überall entlang von Elefantenwegen keime. Seither ist der Baumgigant aber längst zur Seltenheit geworden. Bereits 1970 fanden Botaniker in Ghana kaum noch Schößlinge und führten das Verschwinden des wichtigen Hartholzes auf Elefantenmangel zurück. Tatsächlich sind Westafrikas Rundohrelefanten vielerorts völlig ausgerottet worden und selbst in den Reservaten selten. Im Tai-Nationalpark (Elfenbeinküste) war der Bestand 1980 von ehemals 1800 auf 800 zusammengebrochen. Heute leben dort noch schätzungsweise 100 Elefanten. Wenn Elefanten einmal völlig verschwunden sind, verschwinden wahrscheinlich auch über vierzig Prozent jener Baumgiganten, deren Krone das Dach des Urwaldes bilden. Daß der Tierriese für sie ein wahrscheinlich einmaliger Samenverbreiter ist, bewies der Botaniker D. Y. Alexandre (1978). »Die Tage des Waldelefanten sind gezählt«, weiß auch Claude Martin, »wenn Waldzerstörung und Jagddruck noch einige Jahre anhalten. Und damit wird die theoretische Frage, ob nun gewisse Pflanzenarten sich in koevolutivem Prozeß einzig oder vor allem an die Samenverbreitung durch die Elefanten angepaßt haben oder nicht, fast etwas nebensächlich. Eine Antwort verdient sie trotzdem« meint er. »Welches andere Tier, welcher andere Faktor könnte den Selektionsdruck erzeugt haben für die Evolution von Steinfrüchten mit Samenbehältern von vier bis fünf Zentimetern Durchmesser und sechs Millimeter dicken Wänden, wenn nicht das größte Landsäugetier?« Und von Früchten mit derart mächtigen Samen werden die Tierriesen unbändig angezogen. »Die koevolutive Anpassung einiger afrikanische Baumarten, die große Steinfrüchte tragen, an den Elefanten als praktisch einzigem Samenverbreiter ist offensichtlich«, schließt Claude Martin (1989: 156).

*Literatur*


Alexandre. D. Y.: Le rôle disséminateur des éléphants en forêt de Tai, Côte d'Ivoire. La Terre et la Vie 32; 1978, S. 47–72.

Aubreville, A.: A la recherche de la forêt en Côte d'Ivoire. Bois Foret Trop. 57: 1958, S. 12–27.

Abu'l-Fazl' Allami: A'in-i Akbari (Translation: H. Blochmann und D. C. Phillot). Calcutta 1927.

Altevogt, R.: Rüsseltiere-Einleitung. In: Grzimek, B. (Ed), Grzimeks Enzyklopädie, Bd. 4. pp. 462–481. München 1987.

Deraniyagala, P. E. P.: Some Extinct Elephants, their Relatives and the Two Living Species. Colombo 1955.

Dittrich, L.: Beitrag zur Fortpflanzung und Jugendentwicklung des Indischen Elefanten, Elephas maximus, in Gefangenschaft mit einer Übersicht über die Elefantengeburten in europäischen Zoos und Zirkussen. In: Der Zoologische Garten (NF), Bd. 34, 1967.

Douglas-Hamilton, I. und O. Douglas-Hamilton: Among the Elephants, London 1975.

Eisenberg, J. F., G. M. McKay und M. R. Jainudeen: Reproductive Behavior of the Asiatic Elephant (Elephas maximus maximus L.). In: Behaviour 37, 1971, S. 193–225.

Grzimek, B. (Ed.) Grzimeks Enzyklopädie Bd. 4, München 1987.

Hanks, J.: A Struggle for Survival – The Elephant Problem. Johannesburg 1979.

Hendrichs, H. und U. Hendrichs: Dikdik und Elefanten, Ökologie und Soziologie zweier afrikanischer Huftiere. München 1971.

Jainudeen. M. R., C. B. Katongole und R. V. Short: Plasma Testosterone Levels in Relation to Musth and Sexual Activity in the Male Asiatic Elephant. J. Reprod. Fert. 29, 1972, S. 99–103.

Jainudeen, M. R., G. M. McKay und J. F. Eisenberg: Observations on Musth in the Domesticated Asiatic Elephant. Mammalia 36 (2), 1972, S. 247–261.

Kurt, F.: Remarks on the Social Structure and Ecology of the Ceylon Elephant in the Yala Nationalpark. In: IUCN: The Behaviour of Ungulates and its Relation to Management. S. 618–634. Calgary 1974.

ders.: Naturschutz – Illusion und Wirklichkeit. Hamburg und Berlin 1983.

ders.: Asiatischer Elefant. In: Grzimek, B. (Ed.) Grzimeks Enzyklopädie, Bd. 4, pp. 529–532. München 1987.

ders.: Das Elefantenbuch. München 1991.

ders.: Die Gärtner von Eden. Hamburg und Zürich 1991.

Kurt. F. und L. Knie: Elefanten und Tiger im Zirkus Knie, Zürich und München 1980.

Laws, R. M.: Aspects of Reproduction in the African Elephant, Loxodonta africana. E. Afr. Wildl. J. 5, 1969, S. 46–52.

Laws, R. M., I. S. C. Parker und R. C. B. Johnstone: Elephants and Habitats in North Bunyoro, Uganda. E. Afr. Wildl. J. B, 1970, S.163–180.

Leuthold, W. und B. M. Leuthold: Parturition and Related Behaviour in the African Elephant. Z. Tierpsychol. 39, 1975, S. 75–84.

Martin, C.: Die Regenwälder Westafrikas, Basel und Berlin 1989.

McKay, G. M.: Behaviour and Ecology of the Asiatic Elephant in Southeastern Ceylon. Smithsonian contribution to zoology, Nr. 125, 1973.

Moss, C.: Elephant Memories, Harmondsworth 1989.

Oliver, R. C. D.: On the Ecology of the Asian Elephant. Diss. Oxford 1978.

ders.: Asian elephant. In: Mason I. L. (Ed.): Evolution of Domesticated Animals, pp. 185–193. London und New York 1984.

Payne, K. B., J. H. Poole und W. R. Langbauer: Infrasonic Calls in Free-ranging African Elephants. In: Elephant Memories (C. Moss) 1989.

Reichholf, J. H.: Der unersetzbare Dschungel, München 1990.

Rensch, B. und R. Altevogt: Visuelles Lernvermögen eines Indischen Elefanten. Zeitschrift für Tierpsychologie 10(1), 1953, S. 119–134.

Sanderson, G. P.: Thirteen Years among the Wild Beasts of India, Edinburgh 1907.

Sanderson, I. T.: Dynastie of Abu, Bern 1960.

Santiapillai, C. und P. Jackson: The Asian Elephants. An Action Plan for its Conservation, Gland 1990.

Scheuermann, E. und M. R. Jainudeen: »Musth« beim Asiatischen Elefanten (Elephas maximus). 700 f. Garten, N. F. 42, 1972, S. 131–142.

Schmid, M. J.: Breeding Strategies for Domesticated Elephants. In: Santiapillai, C. (Ed.): Proceedings of the Asian Elephant Specialist Group Meeting, Chiangmai, App. 5., 1980.

Sikes, S. K.: Habitat and Cardiovascular Disease: Observations Made on Elephants (Loxodonta africana) and other Free-living Animals in East Africa. Trans. zool. Soc. London (1969), 32, 1969, S. 1–104.

dies.: The Natural History of the African Elephant, London 1971.

Smith, J. A., J. Hanks und R. V. Short: Biochemical Observations on the corpora lutea of the African Elephant, Loxodonta africana, J. Reprod. Fert. 20, 1969, S. 111–117.

Smuts, G. C.: Reproduction and Population Characteristics of Elephants in the Krüger National Park. J. South African Wildlife Management Ass. 5(1), 1975, S. 1–10.

Stracey, P. D.: Elephant Gold, London 1963.

Sukumar: The Asian Elephant, Ecology and Management. Cambridge 1989.

ders.: Ecology of the Asian Elephant in Southern India. II. Feeding Habits and Crop Raiding Pattern. Journ. Trop. Ecology, 6, 1990, S. 33–53.

Western, D. und W. K. Lindsay: Seasonal Herd Dynamics of a Savanna Elephant Population. Afr. J. Ecology, 22, 1984, S. 229–244.Aufmarsch indischer Arbeitselefanten. Assam, Ende 19. Jh.

Ohne Stoßzähne unfähig zu effektiver Verteidigung gegen Rivalen, handelte sich dieser Elefantenbulle eine schwere, mittlerweile vernarbte Verletzung ein.

Kotballen ablegender Elefant, Felszeichnung.

Afrikanischer Elefant beim Absetzen eines Kotballens.

Bestimmte Grünpflanzen und Pilze keimen und wachsen offenbar nur im Elefantenkot.

# Bedrohung und Schutzmöglichkeiten

Fred Kurt

## Zur Bedrohung des Afrikanischen Elefanten

625 000 Elefanten lebten 1990 noch in Afrika. Am Ende des letzten Jahrhunderts sollen es noch zehn, um 1960 noch zwei Millionen gewesen sein. 1979 schätzten Experten wenigstens 1,3 Millionen. In zehn Jahren verschwand demnach die Hälfte des Bestandes. Parallel dazu schrumpfte auch das Verbreitungsgebiet der Elefanten, das vor drei Jahrtausenden noch vom Mittelmeer bis zum Kap der Guten Hoffnung reichte (also noch ganz Afrika umfaßte), auf ein Fünftel des afrikanischen Kontinentes, das sind sechs Millionen Quadratkilometer.
Die Elefanten wichen auf ihrem Rückzug vor den sich immer rascher ausbreitenden Wüsten zurück. Vor allem aber wurden sie durch Bauernvölker verdrängt. Denn Elefanten bevorzugen, wie der Mensch, Gebiete mit fruchtbaren Böden und sie ernähren sich, wie er, in erster Linie von Gräsern. Wo immer Reis, Hirse, Weizen, Gerste oder Zuckerrohr wächst, stellen sich die nimmersatten Tierriesen ein. Ernte- und Flurschäden sind unausweichlich. Doch die tonnenschweren Konkurrenten, die von allen Bauernvölkern rücksichtslos mit Waffen, Fallen und Gift bekämpft wurden und heute noch werden, lieferten seit Jahrtausenden auch kostbare Güter: Arbeitstiere, Haut und Fleisch, ganz besonders aber Elfenbein.
Seit der Altsteinzeit gilt das Dentin der beiden oberen Schneidezähne als wertvoller, feinkörniger und ebenso harter wie elastischer Werkstoff, der sich leicht bearbeiten läßt. Bereits im 15. vorchristlichen Jahrhundert bezogen die Pharaonen Elfenbein aus Westasien. Denn in Ägypten selbst waren die Tierriesen damals bereits ausgerottet worden. Im klassischen Griechenland wurden Methoden entdeckt, Elfenbein vorübergehend aufzuweichen und zu dünnen Platten zu verarbeiten. Mit ihnen ließen sich bis zu zwölf Meter hohe Statuen, wie etwa die berühmte Minerva im Parthenon von Athen, überziehen. Die Nachfrage nach Stoßzähnen war im Altertum so groß, daß spätestens mit dem Ende des großrömischen Reiches die Elefantenbestände in den Küstenländern des Mittelmeeres ausgerottet waren, in Westasien ebenso wie in Nordafrika, wo der Karthager Hannibal einst die Kriegselefanten fangen ließ, mit denen er über die Alpen gegen Rom zog.
Aus den elfenbeinernen Schreibtafeln der römischen Konsuln entwickelte sich das frühchristliche Diptychon, die Reliefs der Reliquienkästchen und die Hostienbüchsen. Byzanz wurde Zentrum einer hochentwickelten Elfenbeinschnitzkunst, die die mittelalterlichen Schulen von Metz und Köln oder die hervorragenden Leistungen des Mönches Tutilo im Kloster von St. Gallen stark beeinflußte. In der Gotik entstanden besonders in Frankreich neue Zentren der Elfenbeinverarbeitung. Im deutschen Barock erfreuten sich Kleinplastiken und Prunkgegenstände aus dem mattweißen Material höchster Beliebtheit. Nach Gründung erster Handelsniederlassungen an den Küsten Südafrikas konnten holländische Kaufleute bereits zu Beginn des 17. Jh.s jährlich 23 Tonnen Elfenbein direkt nach Europa liefern. Damit waren die europäischen Elfenbeinschnitzer nicht mehr von arabischen Händlern abhängig. Diese lieferten seit Jahrhunderten Stoßzähne auch nach Asien. Die Elfenbeinschnitzer in China, Japan oder Südindien verarbeiten traditionell afrikanisches und nicht etwa Elfenbein vom Asiatischen Elefanten, dessen Stoßzähne als spröder gelten. Vor allem aber sind sie kleiner und seltener. Denn beim Asiatischen Elefanten tragen die Weibchen nie Stoßzähne und stoßzahnlose Bullen, sogenannte Maknas, sind in einzelnen Beständen sogar die Regel. Auf Sri Lanka beispielsweise trägt höchstens einer von zehn Bullen die mächtigen Inzessiven im Oberkiefer.
Bis Ende des 18. Jh.s rotteten europäische Siedler die Elefanten in weiten Teilen des südlichen Afrika aus. Im 18. und 19. Jh., ganz besonders aber um die letzte Jahrhundertwende, brachen die westafrikanischen Bestände im Kugelhagel der Elfenbeinsammler zusammen. Von diesem Schock haben sie sich bis heute nicht erholt und überleben nur noch auf winzigen Vorkommensinseln.
Mit dem Aufkommen des Sklavenhandels nahm auch das Geschäft mit den Stoßzähnen zu. Durch Sklavenkarawanen wurde Elfenbein aus dem Inneren des von Europäern immer noch unerschlossenen tropischen Afrika in die Hafenstädte am Atlantik gebracht. »Jedes Pfund Elfenbein hat das Leben eines Mannes, einer Frau oder eines Kindes gekostet«, stellte der amerikanische Afrikareisende Henry Morton Stanley 1850 bitter fest: »Für alle fünf Pfund ist eine Hütte niedergebrannt worden; alle zwanzig Zähne haben einem ganzen Distrikt mit allen seinen Bewohnern, Dörfern und Pflanzungen Verderben gebracht.« (Sanderson 1966: 152)

## Auch »legales Elfenbein« wurde gewildert

Erst gegen Ende des letzten Jahrhunderts begannen strikte Jagd- und Handelsgesetze der Kolonialmächte den Elfenbeinhandel einzudämmen und wegen des Ersten Weltkrieges fielen Nachfrage und Preise. Die Bestände in Ost-, Zentral- und Südafrika konnten sich erholen und verdichteten sich vielerorts dermaßen, daß Naturschutzbehörden Reduktionsabschüsse organisieren mußten, um weiträumige Zerstörungen der natürlichen Vegetation und schwerwiegende Konflikte zwischen Bauern und Elefanten zu vermeiden. Auf den Markt gelangte vor allem Elfenbein aus solchen Aktionen.
Das Bild änderte sich Mitte der siebziger Jahre: die Nachfrage

nach Elfenbein stieg infolge weltweiter Währungsinstabilität schlagartig an. Dementsprechend entwickelten sich die Preise: Während zwischen 1960 und 1969 das Kilogramm des wertvollen Werkstoffes für 5,45 US-Dollar gehandelt wurde, kletterte der Preis 1970 auf 7,44 US-Dollar. 1978 lag er bei 52, 1987 bei 100 und 1988 nahezu bei 200 US-Dollar.
Lediglich 22 Prozent der tatsächlich verschobenen Elfenbeinmengen werden von der Zentrale des CITES (Convention of International Trade in Endangered Species of Wild Fauna and Flora) in Lausanne registriert. Das geht aus vorsichtigen Schätzungen von UNEP (United Nations Environment Programms), IUCN (International Union for Conservation of Nature and Natural Ressources) und anderer Naturschutzorganisationen hervor. 94 Prozent des in der Zeit von 1978 bis 1987 gehandelten Elfenbeins (jährlich zwischen 650 und 1200 Tonnen) stammten von gewilderten Rüsseltieren. Denn beim größten Teil der »legal« gehandelten Stoßzähne handelte es sich um solche, die durch Beamte konfisziert worden waren. Im Sommer 1989 setzte dann Kenias Präsident Arap Moi ein Zeichen: Er verbrannte öffentlich konfisziertes Elfenbein. Staatlich genehmigte Elefantenjagden finden heute nur noch in wenigen afrikanischen Staaten statt (z. B. in Simbabwe und Südafrika).
Während der letzten beiden Jahrzehnte kam gewildertes ebenso wie legal erworbenes Elfenbein vermehrt nach Hongkong, wo es verarbeitet und wieder exportiert wurde, und nach Japan, wo Verträge und andere wichtige Dokumente nicht handschriftlich, sondern mit persönlichen Siegeln, den Hankos, signiert werden. Jährlich werden davon eine Million aus Elfenbein geschnitzt. In den Jahren 1984 und 1985 gelangten siebzig Prozent des gehandelten Elfenbeins nach Japan, in die USA gingen zwölf Prozent. Der Rest floß vor allem in die EG-Staaten.

## Alle fünf Minuten starb ein Elefant

Wilderer töteten bis 1989 jährlich rund 100 000 Afrikanische Elefanten, also alle fünf Minuten einen. Diese völlig außer Rand und Band geratene Jagd nach dem »weißen Gold« überforderte die natürlichen Ressourcen bei weitem, wie schon aus den nationalen Bestandszählungen hervorgeht. Dazu drei Beispiele:
In Tansania ließ seit 1978 gut die Hälfte aller Elefanten wegen ihrer wertvollen Zähne das Leben. Zur Zeit schätzt man hier noch 81 000 Tiere. In Kenia, dem liebsten Safariziel der Bundesbürger, gibt es heute nur noch 19 000 der Rüsseltiere. Vor 15 Jahren waren es noch wenigstens 130 000. In Uganda, wo heute noch 1800 der Tierriesen leben, reduzierten Wilderer, allen voran die marodierenden Soldaten Idi Amins, in 15 Jahren den Bestand um neun Zehntel! Dieses unglaubliche Massaker wurde fast ausschließlich von Armeeangehörigen betrieben, die mit dem Elfenbeinhandel ihre Kriegsführung finanzierten.

Leiche eines gewilderten Ceylonelefanten.

Längst töteten die Wilderertrupps ihre wehrhafte Beute nicht mehr mit Giftpfeilen oder Schlingen – ein Unternehmen, bei dem der Jäger leicht zum Gejagten werden konnte. Jetzt setzten sie sich aus kampferfahrenen Soldaten zusammen, die mit automatischen Waffen und geländegängigen Fahrzeugen ausgerüstet waren, von eigenen Flugzeugen mittels Funkgeräten über die jeweiligen Standorte der Herden orientiert wurden, rasch zuschlugen und verschwanden. Selbstverständlich machten derartig ausgerüstete Wilderer auch vor den fast ausnahmslos schlecht geschützten Reservaten nicht halt.
In Zaires Garamba Nationalpark sackte der Bestand von 25 000 im Jahr 1976 bis heute auf 3000 Tiere ab. Kenias Tsavo-Nationalpark, halb so groß wie die Schweiz und eines der größten Schutzgebiete der Welt, beherbergte 1969 wenigstens 45 000 Elefanten. Heute sind es noch 5000 Tiere. Wilderer aus Somaliland sind für die meisten Verluste verantwortlich. Im Mount-Elgon-Nationalpark im Norden Kenias rechnen Wildhüter mit einem fünfzigprozentigen Verlust jener Elefantenherden, die wöchentlich ein- bis zweimal selbstgegrabene Höhlen aufsuchen, um ihren Bedarf an Steinsalz zu decken. Die Hunderte von Metern tiefen Kavernen waren zu tödlichen Fallen geworden, seit Wilderer aus Uganda die Tierriesen mit Hand- und Panzerabwehrgranaten angriffen.
Selbst in Tansanias weltberühmter Serengeti starben Hunderte von Elefanten. Infolge von Landerschließungen außerhalb des Nationalparkes wanderten sie hier erst um 1955 ein. Zwischen 1975 und 1980 wurden 2500 Elefanten geschätzt. 1986 waren es nur noch 500. Ähnliches ließe sich auch aus den meisten anderen Reservaten schildern. Zwischen 1979 und 1989 starben in den Schutzgebieten Ostafrikas 56 Prozent aller Elefanten. Gleichzeitig töteten Wilderer drei Viertel jener Tierriesen, die außerhalb von Reservaten lebten. Sichere Rückzugsgebiete, wie etwa Kenias Amboseli-Nationalpark oder die Schutzgebiete Südafrikas und Simbabwes, umfassen lediglich anderthalb Prozent des heute noch von Elefanten bewohnten Areals. Hält die rücksichtslose Verfolgung an, muß befürchtet werden, daß Ostafrikas Elefanten bereits 1995 praktisch ausgestorben sind. Entsprechende Computermodelle rechnen mit dem Artentod des Afrikanischen Elefanten im Jahre 2015. Dieses Schicksal könnte den Tierriesen auch schon früher erreichen. Zur trüben Prognose geben allein schon die Analysen über Gewichte der gehandelten Stoßzähne Anlaß: wogen die abgesägten Zähne 1960 im Schnitt 22,5 und 1979 noch zehn Kilogramm, so lag ihr Durchschnittsgewicht 1989 bei 4,5 Kilogramm. Das bedeutet: 1979 starben für eine Tonne Rohelfenbein »nur« fünfzig Elefanten; 1989 waren es bereits 110 Tiere, 55 noch stoßzahnlose Babies nicht eingerechnet, die nach dem Tod der Mutter elendiglich verhungerten.

## Rückläufiger Elfenbeinpreis

Nicht von ungefähr verlangten im Mai 1989 Tansania und Kenia als erste afrikanische Nationen das totale Handelsembargo für Elfenbein und damit das »Aus« für die Elefantenwilderei: der Wildtiertourismus spielt in der Wirtschaft dieser beiden Länder eine ausschlaggebende Rolle. 350 Millionen US-Dollar fließen daraus jährlich allein in Kenias Staatskasse. Und Touristen wollen Elefanten sehen. Elfenbein, das zum größten Teil außerhalb der Staatsgrenze geschmuggelt und, wenn überhaupt, zu höchstens zehn Prozent des tatsächlichen Wertes deklariert wurde, trug in den verschiedensten Ländern Afrikas kaum zu einem Prozent des Staatseinkommens bei.
Später schlossen sich zehn weitere afrikanische Nationen der Initiative von Tansania und Kenia an und in der Sitzung der CITES-Vertragsstaaten vom 15. Oktober 1989 in Lausanne wurde der Afrikanische Elefant von »Liste 2« auf »Liste 1« des Washingtoner Artenschutzabkommens gesetzt. Das heißt: von diesem Zeitpunkt an galt er als eine von der Ausrottung bedrohte Art.
Für den Handel mit Elfenbein, ebenso wie mit Häuten oder lebenden Elefanten, sind dann zwei Dokumente notwendig: in einer Ausfuhrbewilligung muß das Herkunftsland nachweisen, daß die Ausfuhr dem Überleben der Art nicht schadet. Ferner hat auch das Einfuhrland glaubhaft festzustellen, daß der Handel nicht artgefährdend ist und zudem das eingeführte Individuum oder das von ihm stammende Produkt nicht für gewerbliche Zwecke verwendet wird.
Vorher genügten für den Elfenbeinhandel gewöhnliche Ausfuhrpapiere, die zudem in verschiedenen afrikanischen Ländern gefälscht wurden. Der Zwergstaat Burundi, in dem es nachweislich seit Jahrzehnten keinen einzigen wilden Elefanten mehr gibt, exportierte z. B. bis 1989 jährlich 20 000 bis 30 000 Stoßzähne, wohlversehen mit gefälschten Dokumenten! Gewildertes Elfenbein wurde auch in Somaliland, in der Zentralafrikanischen Republik, im Sudan sowie in der Volksrepublik Kongo »gewaschen«.
Auf den ersten Blick versprach also das angestrebte Handelsembargo den Schutz der letzten wilden Elefanten Afrikas, da das verschobene Elfenbein fortan doppelt geprüft wurde. Allerdings verging zwischen dem Vorschlag und der Ratifizierung der neuen Verordnung wertvolle Zeit. Man befürchtete, daß sie von Wilderern, Schmugglern und Händlern entsprechend genutzt würde. Dem traten inzwischen die Regierungen der USA, der EG-Staaten und der Schweiz mit einem sofortigen Importstop von Elfenbein entgegen.
Unwahrscheinlich dagegen schien, daß Staaten des Fernen Ostens, besonders Hongkong und Japan, ganz auf Elfenbein verzichten wollten und könnten. Zu tief sind sie traditionell mit dem wertvollen Werkstoff verbunden, zu viel haben Handel und Industrie in das Elfenbeingeschäft investiert. Japan, so die Befürchtungen der Artenschützer, würde – gleich wie schon bei den Waldschutzprogrammen – ausscheren und weiterhin Produkte höchst gefährdeter Tierarten importieren.
Immerhin hatten aber Japan und Hongkong erklärt, fortan nur noch »legales« Elfenbein einzuführen. Bis 1987 hieß das sehr wenig. Denn längst hatten die Elfenbein verarbeitenden Betriebe und ihre Zweigniederlassungen in Dubai und anderen arabischen Staaten Fuß gefaßt, die nahe genug an der afrikanischen Küste liegen, um Schmuggelware aufzunehmen, vorzuverarbeiten und zu »waschen«. Die Zwischenstationen lagen immer in Staaten, die nicht der CITES angehören.

Dieser Spuk scheint heute vorbei zu sein. Was niemand zu erwarten hoffte, geschah bereits im Winter 1989/1990: der Elfenbeinpreis sank ins Bodenlose. Im Juni 1991 konnten die Elefantenschützer in Nairobi einen ersten Erfolg melden: die Wilderei in großen Teilen Afrikas war gestoppt.
Zwar gehören auch heute noch nicht alle Staaten Afrikas der CITES an, so daß Handel und auch Schmuggel von Elfenbein nie gänzlich unterbunden werden können, ebensowenig wie die Elefantenwilderei. Immerhin hoffen aber alle internationalen Naturschutzorganisationen wenigstens die Hälfte der heute noch lebenden Afrikanischen Elefanten erhalten zu können. Voraussetzung dafür sind die nötigen Mittel, um entsprechende Reservate zu schaffen und auch schützen zu können.

## Asiatischer Elefant: hoffnungslos eingekesselt

Nach Angaben der IUCN leben heute schätzungsweise zwischen 32 000 und 54 000 freilebende Asiatische Elefanten. Die Art gilt als vom Aussterben bedroht und wird seit 1978 im Anhang A des Washingtoner Artenschutzabkommens geführt.
Vom einst riesigen Verbreitungsgebiet, das seine Westgrenze im Tigris- und Euphratbecken hatte, südlich des Himalaya nach Südostasien verlief und in China am Gelben Fluß seine Ostgrenze fand, sind heute lediglich kleine Inseln übriggeblieben. 1980 schätzte die IUCN für einzelne Staaten oder Vorkommensgebiete folgende Bestände: Bangladesch (205–222), Burma (5200–7200), China (100), Indien und Bhutan (14 880–16 690), Laos, Kambodscha und Vietnam (3500–5000), Malaysia (700–900); Nepal (22–34), Sabah (2000), Sri Lanka (2000–4000), Sumatra (300) und Thailand (2600–4450).
Die meisten Asiatischen Wildelefanten konnten nur in jenen Gebieten überleben, die sich der Erschließung durch den Menschen widersetzten. Das sind vor allem Hügel- und Bergländer, gelegentlich auch Brachländer, deren Nutzung aufgegeben worden ist. Landhunger einer rasch wachsenden menschlichen Bevölkerung und moderne Technologien erzwingen jetzt immer häufiger die Nutzbarmachung der letzten Elefantengebiete. Immer mehr werden die übriggebliebenen wilden Herden eingekesselt.
Welches Schicksal der Asiatische Elefant im Laufe der letzten Jahrhunderte erlitt und wie man versuchte, ihn zu schützen, mag das Beispiel von Sri Lanka zeigen:
Um 1505 ordnete der portugiesische König an, auf Sri Lanka – »wo alle Elefanten Indiens sind« – solle ein Fort gebaut werden. Nachdem die aufstrebende Seemacht zu Beginn des 17. Jh.s schließlich die Herrschaft über einen Teil der Insel, das Reich von Kotte, übernommen hatte, wurde ihr per Dekret vom 3. Januar 1612 auch ein Elefantenmonopol übertragen. Die Portugiesen, die auf Sri Lanka wahrscheinlich das Khedda- und Kralfangsystem eingeführt hatten, fingen jährlich 37 Elefanten und verkauften sie nach Indien. Der Erlös aus dem Elefantenhandel stand hinter dem Erlös aus Zimt und Arekanüssen an dritter Stelle des Exporteinkommens.
1638 ließen sich auch die Holländer auf Sri Lanka nieder und verdrängten die Portugiesen. Aus den »Corales« wurden die »Kraals«: festinstallierte, oft fußballfeldgroße Fanganlagen. Denn die Ostindische Kompanie verlangte nach immer mehr Elefanten. Die beiden Gewährsleute La Combe und Strachan erwähnen in den Jahren 1681 und 1690 Fangquoten von 13, 104, 160 und gar 240 Tieren bei jeweils einer einzigen Aktion. Selbstverständlich ließen auch die Singhalesenkönige weiterhin auf dem Kronland zahlreiche Elefanten fangen. Um 1671 soll der Herrscher von Kandy allein 300 Stoßzähne tragende Bullen besessen haben (Knox 1966).
Um 1769 begann sich das Schicksal der Elefanten weiter zu verschärfen. Die Briten beendeten die niederländische Herrschaft über Sri Lanka und gliederten 1815 die Insel in ihr Weltreich ein. Selbstverständlich übernahmen sie auch das Elefantenmonopol. Kralanlagen entstanden vor allem im Südwesten und Süden. Das Gebiet des heutigen Yala-Nationalparks heißt auf der Karte von De l'Isle (1792) »le pays où on chasse les éléphants«. Nahe dabei liegt die Stadt Matara, das ehemalige Zentrum des britischen Elefantenfanges. 1797 und 1805 ergaben je zwei Kralfänge 576 und 370 Frischfänge. Bis zu 400 Tiere wurden in einer einzigen Operation gefangen (Tennent 1861), und 1829 gingen bei der letzten Khedda von Matara immerhin noch 149 Tiere in die Falle.
Entsprechend hoch waren auch die Exportziffern: Allein zwischen 1865 und 1884 wurden 1850 Elefanten exportiert. Zieht man die hohen Verlustziffern beim Fang in Betracht und berücksichtigt, daß die Briten auch auf der Insel selber Arbeitselefanten beim Straßenbau und dergleichen einsetzten, müssen jährlich Hunderte, wenn nicht Tausende, gefangen worden sein. Zudem ging es den Briten auch gar nicht mehr darum, lediglich genügend Nachschub für ihre Elefantenställe zu beschaffen. Sie nahmen aus dem Kral soviele Elefanten, wie sie gebrauchten, der Rest wurde erschossen (Tennent 1861).

## Sportjäger

Durch Fangoperationen wurden die Elefanten vor allem im Westen und Südwesten Sri Lankas dezimiert oder örtlich ausgerottet. Als aber die britischen Kolonialherren zwischen 1870 und 1880 das zentrale Hochland rodeten, zunächst Kaffee- und später Teesträucher anbauten, setzte eine verheerende Vernichtungswelle ein. Einmal wurden die Kralfänge weiter verstärkt und zudem fiel die Erschließung des Hochlandes zeitlich auch mit der Entwicklung verhältnismäßig moderner, weitreichender Vorderlader zusammen: jetzt hatten die britischen Sportjäger endlich die passende Zerstreuung.
Herden, die den Schlächtereien in den Bergen entkommen waren, mögen versucht haben, sich in der Trockenzone im Osten, einem ohnehin elefantenfreundlichen Gebiet, zu etablieren. Aber auch hier fanden sie keine Ruhe, unermüdlich stellten ihnen die »Nimrode« nach.
Britische Großwildjäger und ihnen nacheifernde sri-lankische Feudalherren erlegten zu Fuß mit einschüssigen Vorderladern an einem Tag oft Dutzende von Elefanten. Als Initiator dieses

Vergnügens gilt vor allem Sir Samuel Baker (1821–1893), der spätere Erforscher der Nilquellen und Entdecker des Albertsees (1864). Seine Bücher wurden in Jäger- und Abenteurerkreisen schon bald zu Bestsellern, und wohl zu Recht schreibt der Verleger der letzten Auflage von »Eight Years in Ceylon« (1966), Baker habe während seines Aufenthaltes auf der Insel mehr Elefanten erlegt, als es dort heute noch gebe.

Aber Baker war nicht der einzige Rekordjäger. Besonders die Offiziere des englischen Heeres verzeichneten ungeheure Jagdbeuten. Ein Major Rogers soll über 1400 Elefanten erlegt haben, ein Captain Gellway und ein Major Skinner (ein Straßenbauer) je etwa 700 der Tierriesen (Kurt 1968). Zwischen 1846 und 1848 wurden allein in der Nordprovinz 3500 Tiere erschossen und zwischen 1852 und 1855 waren es 200 in der Südprovinz (Olivier 1978).

In der Mitte des 19. Jh.s verschwanden die Elefanten von der Westküste bei Colombo; sie lebten noch in der ersten Hälfte des 20. Jh.s in kleinen Restbeständen im Hochland zwischen Kandy und Nuwara Eliya (Olivier 1978). Dies machte wahrscheinlich eine Regierungsbestimmung von 1891 möglich, die der gezielten Tötung des Elefanten entgegentrat, aber Abschüsse von schadenstiftenden Elefanten durchaus erlaubte.

Von einer kleinen, heute geschützten Regenwaldtasche abgesehen, dem Sinharaja Forest, überlebten Sri Lankas Elefanten praktisch nur in der Trockenzone. Das mag erstaunen, weil dieses Gebiet eigentlich als besonders lebensfeindlich gilt. Die Elefanten fanden aber just hier vorzügliche Lebensräume, nachdem singhalesische Hochkulturen das Land mit Staudämmen und Rodungen erschlossen hatten und es dann wegen Seuchen verlassen und den Wildtieren überlassen mußten.

## Erste Hoffnungsschimmer

In der ersten Hälfte des 20. Jh.s wendete sich dann das Schicksal zugunsten der letzten 2000 bis 5000 wildlebenden Ceylonelefanten. So wurde beispielsweise der Handel unterbunden: Während zwischen 1863 und 1894 noch 2182 Elefanten exportiert wurden (Jahresdurchschnitt: 66), waren es zwischen 1925 und 1930 nur noch 59 (Jahresdurchschnitt: knapp neun). Indien war auch nicht mehr Hauptabnehmer der einst so begehrten Tierriesen, sondern jetzt wurden sie von europäischen Tierhändlern aufgekauft. Die meisten der Frischfänge blieben jedoch auf der Insel. So wirkten sich die neuen Schutzbestimmungen auch auf die Fangquoten aus, denn Fanglizenzen waren immer schwerer zu bekommen: durften zwischen 1951 und 1955 mit Schlingen noch 49 Elefanten gefangen werden, so waren es zwischen 1956 und 1960 nur noch 19 Tiere (Kurt 1991a: 40). Aktiv geschützt wurden die Ceylonelefanten nun aber auch in Reservaten.

Neben dem im Jahr 1937 gegründeten Yala- oder Ruhunu-Nationalpark (1449 km$^2$) im Süden – dem angeblich ältesten derartigen Reservat in Asien – entstanden 1938 der Wilpattu-Nationalpark (1316 km$^2$) im Norden und 1954 der Gal-Oya-Nationalpark (629 km$^2$) im Einzugsgebiet des Senanayaka Samudera im Osten der Insel. Daneben wurden aber auch weitere kleinere Reservate geschaffen, in denen der Wald zwar weiter genutzt werden konnte, das Wild aber nicht angetastet werden durfte. Die Bemühungen des neugegründeten Departments of Wildlife und der Nature Protection Society führten 1960 dazu, daß die Unterart auf die rote Liste der IUCN und des WWF gesetzt wurde. Man suchte nach ausländischen Elefantenexperten. So begannen 1966 die Studien der »Smithsonian Institution of Washington« und einer Reihe von modernen Studien über Verhalten und Ökologie des Elefanten, seinen Lebensraum und die Schutzmöglichkeiten (Kurt 1967 und 1968).

Derartige Studien waren für Sri Lanka auch dringend notwendig. Denn seit der Inselstaat 1948 zu einem selbständigen Mitglied des Commonwealth geworden war, hatte sich die Regierung ehrgeizig das Ziel gesteckt, das Land innerhalb kürzester Zeit autark zu machen. So zog eine neue Gefahr für die letzten Herden auf. Der größte Teil jener Wälder, die auf der Osthälfte der Insel vor Jahrhunderten Besitz von den verlassenen Reisfeldern und Stauseen ergriffen hatten und zum scheinbar sicheren Rückzugsgebiet der Elefanten geworden waren, sollte Reisfeldern, Zuckerrohrplantagen und Gemüsekulturen weichen.

Das ehrgeizigste Projekt, die Aufstauung des größten Flusses, des Mahaweli, nahm 1979 seinen Anfang. Es soll dereinst 3600 Quadratkilometer fruchtbare Felder bewässern und damit Nahrung und Arbeit für 200 000 Familien bringen. Dafür sollte je nach Lesart 1250 bis 2600 Quadratkilometer Wald- und Sumpfgebiet weichen (Kurt 1991b: 133). Konflikte zwischen Elefanten, die Reisfelder und andere Kulturen plündern, und Siedlern waren damit vorprogrammiert.

Sri Lankas Naturschützer schliefen jedoch nicht und rangen den Planern ein beachtliches System von Reservaten ab, so etwa den Somawathiya- (210 km$^2$), den Wasgamuwa- (338 km$^2$) und den Maduru-Oya-Nationalpark (515 km$^2$), die Naturreservate von Trikomadura (250 km$^2$) und Minneriya-Giritale (420 km$^2$). Der Floodplain-Nationalpark (210 km$^2$) folgt dem Mahaweli durch die Tiefebene und schließt den Lebensraum des sagenhaften großwüchsigen »Sumpfelefanten« ein. Zudem sollten, so die natur- und elefantenfreundlichen Planer, bestimmte Waldstreifen nicht angetastet werden, etwa der Nilgala Jungle Corridor (280 km$^2$), damit Wildtiere, ganz besonders Elefanten, zwischen einzelnen Schutzgebieten hin und her wandern können (Kurt 1991b: 133). Das »Department of Wildlife and Nature Conservation« plante teure elektrische Schutzzäune und Umsetzaktionen, um Problemelefanten in Reservate zu überführen. Doch alles kam ganz anders.

## Politische Unruhen und Kriege

Seit 1983 herrscht offener Bürgerkrieg zwischen Tamilen und Singhalesen auf Sri Lanka. Ethnische Minderheiten, extremistische Terrorbanden und rachsüchtige Todesschwadronen von Polizei und Armee verfolgen einander mit gnadenloser Härte. Längst ist die Wirtschaft Sri Lankas ruiniert. Der unsinnige Vielfrontenkrieg machte auch vor den Reservaten nicht halt. In jedem wird heute gewildert, in jedem wird Wald zerstört, in jedem verschanzen sich Terroristen oder üben Militär und Polizei. Die traditionell naturfreundliche Staatsgewalt Sri Lankas wich zwangsläufig überall dem Einfluß kurzsichtiger, stimmenhungriger Lokalpolitiker, die verzweifelten Menschen mehr versprachen, als der karge Boden des arg gebeutelten Waldes in der Trockenzone langfristig geben kann, oder sie wich erpresserischen Rebellen, die sich am Geschäft mit Drogen, Elfenbein und blauen Saphiren schadlos halten. Der Traum weiser Planer, die Ende der siebziger Jahre den Frieden zwischen urwüchsiger Natur und moderner Kulturlandschaft suchten, ist ausgeträumt – wenn nicht ein Wunder geschieht.

Nicht nur auf Sri Lanka, sondern auch in den Grenzstaaten im Nordosten des indischen Subkontinents, in Nagaland, Mizoram, Manipur und Tripura, haben politische Unruhen jahrzehntelang praktisch alle Naturschutzbestrebungen zunichte gemacht. Gleiches läßt sich aus den Grenzgebieten zwischen Myanmar, Thailand, Laos und China sagen. Was Krieg für bedrohte Arten, insbesondere für die Elefanten bedeutet, wurde zwischen 1960 und 1970 in Vietnam deutlich: nicht nur wurden wenigstens 30 000 Quadratkilometer wilder Wald, der Lebensraum der Elefanten, mit Bomben, Herbiziden und Entlaubungsmitteln vergiftet, sondern die USA schossen auch gezielt Tiere ab, um den Vietcong an der Verwendung von Elefanten als Lasttiere oder als Fleischlieferanten zu hindern.

Politische Unruhen, die sich leicht zu bewaffneten Konflikten verschärfen, schwelen in Zentralsumatra, wo Hunderttausende von armen Siedlern aus Java und anderen übervölkerten Gebieten Indonesiens mitten im Regenwald angesiedelt werden, ebenso wie in Atjeh an der Nordspitze Sumatras. Hier kämpfen bereits Guerillas für einen unabhängigen islamischen Staat. In Atjeh liegt das Leuser-Reservat, eines der größten noch einigermaßen intakten Regenwaldschutzgebiete der Alten Welt, das wichtigste Rückzuggebiet für Orang-Utan, Sumatranashorn und Sumatraelefant. Im Manas-Reservat im Nordosten Indiens an der Grenze zwischen Assam und Bhutan haben im Februar 1988 Extremisten des Bodostammes die Wildhüter erschossen, Gebäude und Geräte verbrannt, zu roden begonnen und Wilderern das Reservat geöffnet. Mit 2600 Quadratkilometern ist Manas eines der größten südasiatischen Schutzgebiete, ein Zentrum für letzte wilde Elefantenherden wie auch Kaziranga am Brahmaputra. Als die Unruhen in Assam begannen, haben Wildererbanden hier 100 Panzernashörner getötet und ihre Hörner zu Höchstpreisen verschachert. Wieviele Elefantenbullen sie wegen des Elfenbeins erlegten, ist nicht bekannt – sowenig wie es bekannt ist, wieviele Elefanten, vor allem Bullen, in anderen Gebieten Indiens gewildert werden. Was es für eine bedrohte Tierart bedeutet, wenn erwachsene Männchen selten werden oder gar fehlen, wenn Bestände zu lächerlich kleinen Verbänden zusammenschmelzen, die nicht mehr wandern dürfen, weil ihnen Plantagen, Felder, Straßen und Siedlungen den Weg versperren, darauf sei im Folgenden eingegangen.

## Verinselung und ihre Folgen

In Malaysia, so der oberste Naturschützer Mohammed Khan bin Momin Khan (1985), leben in einzelnen, einst wald- und elefantenreichen Staaten weniger der grauen Riesen als in einem mittleren zoologischen Garten. So etwa im Staate Perlis: gezählt wurden sechs Elefanten – eine fünfköpfige Weibchen-Jungtier-Gruppe und ein einzelgängerischer Bulle. Ebenso viele leben heute noch in Selangor. Im Staate Tranganu gibt es noch sechs Gruppen mit insgesamt 37 Mitgliedern.

Nicht viel besser wird es den Elefanten in Thailand ergehen, wenn nicht in allerletzter Minute Schutzbestimmungen greifen. Robert Dobias vom WWF vermutete 1986 im gesamten Königreich noch 4500 wildlebende Elefanten. Davon hielten sich aber höchstens 650 bis 900 in staatlichen Schutzgebieten auf, der Rest lebte in ungeschützten Arealen, wo trotz aller Verbote gerodet und gewildert wird. Ob die Reservate Thailands auch nur einen verschwindend kleinen Teil der Tierriesen erhalten können, ist fraglich. Denn nur in 13 der 95 offiziellen Schutzgebieten leben heute mehr als zwei Dutzend Tiere, und nur in sieben Schutzgebieten wurden mehr als 100 Elefanten gezählt. Und nicht nur in Thailand und Malaysia sind die Gruppen heute oft zu klein, um erfolgreich Junge aufzuziehen.

In Südindien dagegen überlebten bis heute noch vergleichsweise große Bestände, die aber immer mehr Bullen verlieren. Verursacht wird das »Bullensterben« durch Wilderei, der sieben von zehn Männchen zum Opfer fallen (Sukumar 1989). Bullen sind wesentlich verantwortlich für Schäden an Kulturen und sie tragen die begehrten Stoßzähne. Einheimisches Elfenbein wurde in Südindien, wo traditionell Elfenbein verarbeitet wird, immer begehrter, nachdem die Preise für eingeführte afrikanische Ware, die sich leichter verarbeiten läßt, ins Unbezahlbare angestiegen waren. Im Periyar-Tiger-Reservat von Kerala zum Beispiel waren bald 200köpfige Gangs hinter jedem männlichen Elefanten her – mit beachtlichem Erfolg, wie Zählungen 1979 ergaben. Im 777 Quadratkilometer umfassenden Schutzgebiet lebten unter 600 Elefanten, einem Zehntel des südindischen Bestandes, lediglich noch zwölf erwachsene Bullen. In den Reservaten der Anamalai-Hügel (3800 $km^2$) waren es damals noch 30 auf 100 Weibchen, im Norden der Nilgiris, wo die Reservate von Nagarholle, Bandipur und Mudumalai immerhin eine Fläche von rund 10 000 Quadratkilometern umfassen, kamen 55 Bullen auf 100 Weibchen. Das hat sich längst verschlechtert. R. Sukumar (1989) rechnet in seinen Computermodellen bereits die Konsequenzen vor, wenn unter 100 Elefantenkühen nur noch ein Bulle leben wird.

Das Ergebnis haben Studien am Afrikanischen Elefanten längst vorweggenommen (AECCG 1988/1989). Skrupellose Elfenbeinbanden hatten bis 1989 dafür gesorgt, daß vielerorts die meisten der mächtigen Bullen mit Stoßzähnen von mehr als 15 Kilogramm verschwanden. Sie sind mindestens 25 Jahre alt und kommen regelmäßig in »Musth«, also in jene Phase, während welcher der Spiegel des männlichen Geschlechtshormons Testosteron stark ansteigt, die Schläfendrüsen aktiv sind, die Bullen erhöhte Kampfbereitschaft zeigen und sich erfolgreich fortpflanzen können.

In natürlichen, von Wilderern ungestörten Beständen, wie etwa im Amboseli-Nationalpark, leben auf sieben fortpflanzungsfähige Weibchen, das sind solche mit zehn und mehr Jahren, zwei fortpflanzungsfähige Bullen. In einer stark von Wilderern

gestörten Population, wie beispielsweise derjenigen von Mikumi in Tansania, ist das Verhältnis zwischen fortpflanzungsfähigen Weibchen zu Bullen im »Musth«-Alter 249:1. Das heißt, hier finden viele fortpflanzungsbereite Weibchen nicht innerhalb nützlicher Frist einen Partner.
Logischerweise sinkt dadurch die Nachwuchsrate. Dies läßt sich aus der Anzahl Neugeborener schließen, oder aus der Anzahl stillender Weibchen eines Bestandes. Die beiden Milchdrüsen eines Elefantenweibchens entwickeln sich gegen Ende der ersten Schwangerschaft und bleiben fortan aktiv bis ans Lebensende. Im ungestörten Amboseli-Nationalpark haben 84 Prozent aller zehn- und mehrjährigen Weibchen stark entwickelte Brüste. Im Mikumi, wo gewildert wird, sind es lediglich 39 Prozent.
Seit die Bullen seltener wurden, sind die Wilderer auch hinter Muttertieren und Halbwüchsigen her. Sterben die Leitkühe, so zerfallen die Mutterfamilien: in Mikumi ist dies in drei Viertel aller Gruppen der Fall. Mit dem Tod eines Muttertieres verhungert wenigstens ein Jungtier. Auch der Tod von halbwüchsigen Weibchen drosselt die Fortpflanzungsleistung, denn die Aufzucht eines Elefantenkalbes ist mitbestimmt von der Anwesenheit sogenannter Tanten. Wo sie fehlen, sterben junge Elefanten in großer Zahl.

## Genetischer Flaschenhals

Störung des Fortpflanzungsverhaltens ist die eine Konsequenz von Wilderei und Einkesselung, Verlust genetischer Informationen ist die zweite. Dazu ein Blick in die Praxis der Haustiergenetiker: aus Experimenten leiten sie ab, daß bei einem Bestand von fünfzig zuchtfähigen Tieren pro Generation lediglich ein Prozent der genetischen Information verloren geht (z. B. Soule und Wilcox 1980; Soule 1986). Im Bestand extrem langlebender Tiere wie Elefanten ist aber nur jedes vierte oder fünfte Mitglied alt genug, oder im Fall der Bullen, auch sozial stark und erfahren genug für eine erfolgreiche Paarung. So gesehen enthalten die meist ungefähr 200köpfigen Clans genügend fortpflanzungsfähige Mitglieder, um einige Generationen schadlos zu überleben. »Theoretisch reicht es aus, wenn es alle hundert Jahre einem Bullen gelingt, seinen Clan zu wechseln und sich bei seinen Nachbarn erfolgreich fortzupflanzen und so verlorene Allele wieder einzubringen«, meint Adjai Desai von der Bombay Natural History Society (Kurt 1991b).
Doch Elefantenbestände von 200 und mehr Mitgliedern sind besonders in Westafrika und Südasien selten geworden. Auf Sumatra sind es bei 44 ausgezählten Populationen noch vier; 25 haben höchstens 100 Mitglieder. Ähnliches wurde bereits von Malaysia und Thailand berichtet. Alle westafrikanischen Waldelefanten und fast alle Asiatischen Elefanten leben in kleinen und kleinsten Populationen, auf winzigen Waldinseln inmitten einer für sie unwirtlichen Kultursteppe.
Nun weisen aber Populationsgenetiker nach, daß nur Bestände mit wenigstens 500 aktiv an der Fortpflanzung teilnehmenden Mitgliedern die durch Gendrift verlorengehenden Allele durch Mutationen wieder ersetzen. So gesehen könnten langfristig nur Elefantenbestände mit wenigstens 2000 Mitgliedern überleben. Zieht man dabei noch in Betracht, daß in den letzten beiden Jahrzehnten viele Bullen wegen ihrer Stoßzähne gewildert wurden, müßte der Bestand noch weit größer sein.
Selbst in Ostafrika, das einst berühmt für riesige Elefantenpopulationen war, sind derart große Bestände selten geworden. In Südasien leben heute nur noch in vier Gebieten Herden mit 2000 und mehr wilden Elefanten in den Waldgebieten am Nordhang der Nilgiris in Indien, auf dem Annamiten-Bergrücken in Vietnam, Laos und Kambodscha, in den Wäldern von Megalaya in Nordostindien und im Dschungel, der sich durch das südöstliche Himalayavorland zieht, von Bhutan über Arunachal Pradesch bis Nordassam. In diesen vier Gebieten wird gerodet, gewildert, zum Teil Krieg geführt. So ist es eine Frage weniger Jahre, bis auch hier die Wildelefanten und ihr natürlicher Lebensraum bis auf geringe Reste zerstört sein werden.

## Korridore

Erfahrungen haben gezeigt, daß sich allen Befürchtungen der Genetiker zum Trotz kleine Elefantenbestände erholen und vergrößern können. Im südafrikanischen Addo-Nationalpark, der völlig eingezäunt ist, lebten um 1931 lediglich elf der Tierriesen, fünfzig Jahre später waren es rund 100. Auf den Andamanen-Inseln im Golf von Bengalen verwilderten in der Mitte des 19. Jh.s einige Arbeitselefanten, pflanzten sich fort und bauten einen Bestand auf, der zur Zeit auf dreißig bis fünfzig Mitglieder geschätzt wird (Kurt 1991b: 148). In beiden Fällen muß aber damit gerechnet werden, daß die Bestände früher oder später infolge von Inzucht zusammenbrechen.
Gegen solche theoretischen Bedenken gibt es zwei praktische Antworten: Elefantenkorridore und Umsiedlung. Bisherige Erfahrungen, das sei vorweg genommen, waren nicht immer erfolgreich. Dazu einige Beispiele: Im nordindischen Arunachal Pradesch umfassen die bisher ungerodeten Waldgebiete um den berühmten Corbett-Nationalpark und den neugeschaffenen Rajaji-Nationalpark insgesamt 2500 Quadratkilometer und beherbergen 750 wilde Elefanten. Die einzelnen Waldinseln werden aber getrennt durch Stauseen, Wasserleitungen, Straßen, Siedlungen, Armeelager und Fabrikanlagen. So schuf das »Forest-Department« Korridore, damit Elefanten ihren traditionellen Wanderrouten folgend weiterhin von einem ins andere Gebiet wandern können. Einer davon, der Chila-Motichur-Corridor, ist drei Kilometer lang, einen Kilometer breit und führt über den Ganges. Hier schwammen seit eh und je Elefanten – übrigens auch Tiger und Hirsche – über den breiten Strom und benutzten vier Inseln als Rast- und Futterplätze. Zwar sind diese Inseln längst geschützt, doch hinderte dies die Viehhirten nicht daran, Rinder auf den Inseln weiden zu lassen. Jetzt sind die vier bis fünf Hektar großen Eilande überweidet. Gräser und Bäume, von denen Elefanten fressen, sind selten geworden oder gar verschwunden. Infolgedessen wird der Korridor von Elefanten nicht mehr genutzt (Johnsingh et al. 1990).
Ähnliches ließe sich auch von anderen Korridoren sagen, die durch wenige, chronisch unterbezahlte Wildhüter nicht zu

schützen sind. Zudem bieten sie Elefanten, die praktisch dauernd fressen müssen, wenig Nahrung, aber immerhin sichere Rückzugsgebiete, von denen aus sie besonders nachts in die nahen Felder ziehen, was wiederum Wilderer auf den Plan ruft. So erkennen die Elefanten den Korridor schließlich als Gefahrenzone und meiden ihn.

## Umsiedlung

Elefantenschützer versuchen aber auch, isolierte Herden durch gezielte Umsiedlungen zusammenzuführen. Als beispielsweise auf Sri Lanka die Rodungen für das Mahaweli-Projekt begannen, verwüsteten Elefanten im Norden, im sogenannten System H, Reisfelder. Angeschossene Bullen, sogenannte Rogues, gefährdeten das Leben der Siedler. Schlingenfänger und Betäubungsgewehr-Einsätze konnten das Problem nicht lösen. Im System H lebten viel zu viele Elefanten, um sie einzeln einfangen zu können. So entschloß man sich für eine wirksamere Lösung. Aus der Umgebung von Nochiyagama scheuchten 1979 Hunderte von lärmenden Treibern schätzungsweise 160 Elefanten auf und drückten sie über Reisfelder, Kanäle und die Hauptstraße, die Puttalam mit der früheren Königsstadt Anuradhapura verbindet, geschickt in den fünfzig Kilometer entfernten Wilpattu-Nationalpark. Die meisten davon kehrten aber in ihren alten Lebensraum zurück und gefährdeten weiterhin Ernte und Siedler. Ein zweiter »Elephant drive«, der 1981 stattfand, verlief ebenfalls erfolglos (Kurt 1991b: 149). Nicht nur auf Sri Lanka entpuppten sich großangelegte »Elephant drives« als Schläge ins Wasser. In Südsumatra verblieben 230 Elefanten nicht im Padang-Sugihan-Nationalpark, wohin man sie 1982 getrieben hatte. Sie kehrten in ihren alten Lebensraum zurück, obwohl er weitgehend gerodet worden war. Lediglich die zwischen 1984 und 1985 aus der Umgebung planmäßig in das »Way-Kambas-Game Reserve« gedrängten vierzig bis siebzig Sumatraelefanten scheinen sich bisher mit der neuen Umgebung abzufinden.
In den letzten zehn Jahren versuchten Naturschutzbehörden auch Einzeltiere umzusiedeln. In Malaysia, wo Problemelefanten früher kurzerhand erschossen wurden, werden sie heute mit Betäubungsgewehren eingefangen. In kurzer Zeit wurden bisher 120 Halbwüchsige in die wenigen Reservate der Halbinsel überführt. Ob sich aber einzelne Elefanten mit einer neuen Umgebung abfinden können, bezweifeln selbst Charles Santiapillai und Peter Jackson, die 1990 den Aktionsplan zur Erhaltung des Asiatischen Elefanten schrieben: »Aus gewissen Beobachtungen ist zu schließen, daß umgesiedelte Elefanten abwandern. Deshalb sollten sie radiomarkiert und genau beobachtet werden. Nur so läßt sich klären, ob Translokationen überhaupt eine Lösung des Problems sind.« (Santiapillai u. Jackson 1990: 28). Bisherige Versuche, Elefanten in Schutzgebiete umzusetzen, waren nicht sehr erfolgreich. Entweder kehren die Tiere in ihr Heimatrevier zurück, oder sie verwüsteten wiederum Reisfelder außerhalb der Reservate (Kurt 1991b: 151).
Im Jahre 1975 verschob ein Team von UN-Experten drei Dutzend junge Afrikanische Elefanten in Ruanda aus Bugesera in den Akagera-Nationalpark, wo sie vorerst in einem Gehege lebten. Die mittelalten und alten Elefanten wurden erschossen. Auch in Südafrika werden heute neugeborene Kälber, die bei Reduktionsabschüssen geschont und gefangen werden, umgesiedelt: Auch sie leben vorerst in großen Gattern (z. B. Garai 1991).

## Schutzgebiete

Die internationalen Naturschutzorganisationen entwarfen 1988 Pläne zur Erhaltung des Afrikanischen Elefanten. Dem Schutzkonzept liegt folgende Strategie zugrunde: Schutz letzter Bestände, Kontrolle über den Elfenbeinhandel, politische Aktionen, Öffentlichkeitsarbeit und Geldbeschaffung (jährlich kosten die Projekte zusätzlich zu den bisherigen Leistungen einzelner Regierungen ungefähr fünf Millionen US-Dollar). Im vorliegenden Zusammenhang interessiert vor allem der erste Punkt, der Schutz letzter Bestände. Zweifellos wird es nicht gelingen, alle heute noch lebenden Afrikanischen Elefanten längerfristig zu erhalten.
Erste Priorität erhalten jetzt der Meru- und Tsavo-Nationalpark in Kenia sowie die Nationalparks von Manyara, Selous, Ruaha und Rungwa in Tansania. Hier wurde bis 1989 stark gewildert. Da es sich aber um traditionelle Schutzzonen handelt, die touristisch und damit ökonomisch eine bedeutende Rolle spielen, sind die Regierungen Kenias und Tansanias bereit, mehr und besser bezahlte Wildhüter anzustellen. Möglich ist dies nur dank ausländischer Hilfe, die jährlich rund eine Million Dollar beträgt.
Weitere vierzig Elefantenbestände in verschiedensten afrikanischen Landschaften sollen ausgewählt und unter strengen Schutz gestellt werden. Zu ihnen gehören in Westafrika beispielsweise der Tai-Nationalpark an der Elfenbeinküste oder Zaires Garamba-Nationalpark. In Ostafrika sind es z. B. Amboseli und Masai Mara in Kenia, Ngorongoro in Tansania oder der Queen-Elisabeth-Nationalpark in Uganda, wo bereits dank deutscher Hilfe erste Erfolge zu verzeichnen sind. Im südlichen Afrika sollen unter anderem der Chobe-Nationalpark in Botswana, die Etoscha-Pfanne in Namibia, der Krüger-Nationalpark in Südafrika oder das Sambesital in Simbabwe besonders geschützt werden.
In einem dritten Schritt wollen die Elefantenschützer den »erneuerbaren« Nutzen des Tierriesen ermitteln, das heißt, darstellen, wie die einheimische Bevölkerung den Elefanten nutzen kann, ohne ihn zu töten. Dazu gehört in erster Linie der Tourismus. Denn Touristen verhalten sich ähnlich wie einst die weißen Großwildjäger, die auch schon große Beute vorzogen. Gefilmt und fotografiert werden bevorzugt die »großen Fünf«: Nashorn, Löwe, Kaffernbüffel, Nilpferd und eben Elefant. Neben dem Tourismus bietet sich eine weitere indirekte Nutzung an: das sogenannte »Game farming«, die Nutzung einheimischer Wildtiere. Einheimische Huftiere, Gazellen und Antilopen sind resistenter gegen die Tse-Tse-Fliege (den Überträger von Schlafkrankheit und Nangana-Seuche) als die aus Europa eingeführten Haustiere und die Nutzung ihres Fleisches und ihrer Häute macht heute beispielsweise in Simbabwe Farmen rentabel. Ele-

fanten reduzieren bekanntlich Bäume, vergrößern damit das Grasland und erhöhen so die Tragfähigkeit einer Savanne für herdenbildende Huftiere. So gesehen lohnt sich die Haltung eines gewissen Elefantenbestandes als natürliche »Bulldozer«. Beim Asiatischen Elefanten gelten ähnliche Prioritäten. Als erstes sollen vor allem jene Gebiete besser geschützt werden, in denen heute noch viele Elefanten leben. Das sind neben den bereits erwähnten vier großen Zonen in Indochina, Süd-, Nord- und Nordostindien, auch jene sieben Regionen, in denen mehr als 1000 Elefanten leben. Dazu gehören z. B. die Wälder südlich des Brahmaputra in Assam, Nagaland und Myanmar, Grenzgebiete zwischen Myanmar und Thailand, der Süden und Südosten Sri Lankas und Riau im Zentrum von Sumatra (Santiapillai und Jackson 1990). Schutzbestimmungen wirksam durchzusetzen ist in Südasien noch schwieriger als in Afrika. Einmal sind die wirklich großen Elefantengebiete häufig am Rande von Teilstaaten oder Staaten, also grenzüberschreitend. Deshalb gilt es vorerst, überall gleiche Schutzgesetze einzuführen und zu überwachen, ein Unterfangen, das schier unmöglich ist. Man denke nur an die notorisch von Unruhen überzogenen Gebiete an den Grenzen zwischen Nordostindien und Thailand oder an die fast gesetzlosen Zustände in Sumatra.

## Trennung zwischen Wildland und Nutzland

Zudem leben Elefanten und Menschen in Südasien eng beieinander. Beide ertragen sich aber nur, wenn jeder selten ist. Das ist heute nicht mehr der Fall. Eingekesselte Elefanten müssen sich immer mehr an Kulturen der Menschen schadlos halten, die aber auch immer mehr von deren Erträgen abhängen. Ein Zusammenleben ist nur möglich, wenn der Lebensraum des Menschen und der Lebensraum der Elefanten wirksam getrennt werden. Wie dies geschehen soll und vor allem, wer dies bezahlen soll, weiß niemand. Ein Beispiel: In Malaysia leben heute lediglich noch 500 oder 600 wilde Elefanten, das sind gemessen an der Fläche des Landes von 132 000 Quadratkilometern verschwindend wenige. Trotzdem richten sie beachtliche Schäden an. Im Jahr 1980 etwa unterstanden der »Federal Land Development Authority (FELDA)« 5261 Quadratkilometer neu erschlossenen Landes. Jährlich werden weitere 405 Quadratkilometer gerodet und vor allem mit Ölpalmen und Gummibäumen, die wichtige Ausfuhrgüter liefern, bepflanzt (Gummi bringt zwanzig und Palmöl zehn Prozent des Exporterlöses!). Elefanten jedoch bevorzugen Ölpalmen. Bis 1980 verursachten sie in den FELDA-Gebieten einen Schaden von rund 100 Millionen Dollar. Allein in der Provinz von Südjohore – so James S. A. Blair (1980) – beläuft sich der von einer einzigen Herde jährlich verursachte Schaden auf 1,8 Millionen Dollar. Vor 1980 wurden schadenstiftende Elefanten meist kurzerhand erschossen. Dann kamen die Schutzbestimmungen und damit die Versuche, Herden und Plantagen zu trennen.
Auf rund 200 Meilen zogen sich bald, hügelauf und hügelab, 1,8 Meter tiefe, oben 2,1 Meter und unten 1,5 Meter breite Gräben um die Plantagen. Jede Meile davon kostete 2250 Dollar eine nutzlose Verschwendung. Wo nicht der Regen die Kanten der Gräben wegschwemmte, gruben Elefanten geschickt Treppen und waren bald wieder hinter den Ölpalmen her. Dann kamen Stacheldrahtzäune für 9000 US-Dollar pro Meile. Findige Elefantenrüssel erfühlten aber rasch die Schwachstellen im Zaun, und kräftige Elefantenbeine traten die drei Meter hohen Holzpfosten um. Neue, noch teurere Bollwerke mußten her, Elektrozäune! Sie endlich wirkten, sieht man von Ausnahmefällen ab. Einem Bullen soll es 28mal gelungen sein, ein solches Hindernis umzutreten (Kurt 1991a: 96ff), doch werden die Ingenieure sicher auch diese Probleme noch lösen. Teure Anlagen aber können sich Kleinbauern, die am Rande der letzten wilden Wälder Indiens, Malaysias, Kambodschas oder Sumatras leben, nicht leisten. Wenn sie keine Hilfe durch internationale Naturschutzorganisationen bekommen, werden sie gezwungenermaßen weiterhin wildern.
Solchen trüben Aussichten könnte man entgegenhalten, daß in Südasien der Tierriese immerhin schon seit drei Jahrtausenden in Menschenobhut lebt und sich dort, wenn die Menschen wollen, auch fortpflanzt. Also warum nicht wenigstens die Arbeitselefanten erhalten? Das beunruhigende Fazit lautet: auch sie sterben aus.

## Auch Arbeitselefanten sterben aus

Allein im Norden Thailands lebten 1884 mehr als 20 000 Arbeitselefanten (Seidenfaden 1967), und um die letzte Jahrhundertwende arbeiteten im ganzen Königreich nahezu 100 000 gezähmte Tierriesen. Dann begann der Bestand zu schmelzen. Um 1950 waren es in Thailand noch 13 397 und in 1972 noch 11 192 Tiere (Lekagul und McNeely 1977b). In den Jahren 1980 und 1982 registrierte das Innenministerium 5232 bzw. 4819 Arbeitselefanten und 1992 noch 2938 Tiere.
In den drei Ostprovinzen Surin, Buriram und Sisaket zum Beispiel, wo noch 1917 allein in drei Dörfern der Kui neunzig große Jagdelefanten für Mela-Shikars (Fang wilder Elefanten mit Schlingen) bereit standen, fingen die Kui 1961 zum letztenmal wilde Elefanten. Damals trug immerhin noch ein Drittel des Landes sein natürliches Waldkleid. Zwanzig Jahre später waren es noch acht Prozent. Inzwischen haben viele der ehemaligen Elefantenfänger ihre Jagdelefanten verkauft. Sie verarmten oder fanden kein Futter mehr für ihre Tiere. In einer Landschaft mit schier endlosen Reisfeldern ist kein Platz für Elefanten. Die letzten rund 100 Arbeitselefanten in den drei Ostprovinzen sind überaltert und unbeschäftigt.
In Nordostindien arbeiten heute noch zwischen 1460 und 1660 zahme Elefanten, in Nordindien sind es zwischen 500 und 750 und in Südindien 600 bis 700 Tiere. Die Hälfte davon arbeitet für die Forstverwaltung, der Rest steht in Tempeln. Das soll sich jetzt ändern. Da die letzten Waldinseln zu strikten Reservaten werden, gibt es keine Beschäftigung mehr für Arbeitselefanten. Früher oder später werden sie an Tempel verkauft. Diese Entwicklung könnte aber vermeidbar sein: in Südindien nutzten Förster die wilden Wälder durch selektiven Holzeinschlag: sie entnahmen

nur so viel, wie wieder nachwachsen konnte. Möglich war dies unter anderem dank der Arbeitselefanten.
Asiens Elefanten sind heute bereits dermaßen selten, daß praktisch jeder noch lebende für die Arterhaltung zählt. Doch Artenschutz hatte sinnvoller Weise hinter Landschaftsschutz zu stehen. Wirklicher Elefantenschutz läßt sich aber durchaus verbinden mit dem Anliegen, möglichst vielfältige natürliche Lebensgemeinschaften zu erhalten. Drei Kriterien gilt es dabei zu erfüllen: Einmal muß wilden Elefanten mehr Nahrung zugänglich gemacht werden, dann müssen Bestände in übervölkerten Reservaten und anderen letzten Vorkommensinseln reduziert werden und schließlich sollen die Tierriesen in Waldgebieten, wo sie einst vorkamen und dann ausgerottet wurden, wieder angesiedelt werden.

## Wälder nutzen, Elefanten schützen

Dies erscheint zunächst wirklichkeitsfremd. Jedoch erhöht selektiver Holzeinschlag die tragbare Elefantendichte um das Doppelte. Das zeigten die beiden WWF-Experten Charles Santiapillai und Hyani Suprahman (1985) in Sumatras Way-Kamba-Game Reserve. Vor 25 Jahren fiel hier jeder Baum, der dicker war als einen halben Meter. Zwar sind heute wahre Baumriesen immer noch selten, doch Zweitwuchs nahm ihren Platz ein – ein ideales Elefantenfutter. Die für Menschen wichtigen hartholzigen Hochwaldbäume wachsen dagegen ungehindert auf. Fazit: selektives Fällen im Abstand von vierzig bis sechzig Jahren ist ökonomisch und ökologisch sinnvoll.
Auf den großen Kahlschlagflächen Sumatras und anderer südostasiatischer Gebiete wächst, wenn der Boden nicht sofort erodiert, meist eine eintönige Steppe aus Alang-alang-Gräsern. Von ihnen fressen die Tierriesen nur junge Sprosse. Solche für den Menschen praktisch nutzlos gewordene Gebiete lassen sich, so Santiapillai und Suprahman, regelmäßig abbrennen, damit der begehrte Jungwuchs nachwächst. Elefantenaktivität würde dann möglicherweise auf den Alang-alang-Steppen Nährstoffkreisläufe ankurbeln – eine geringe Chance für die Wiederkehr des Waldes. Doch das ist Zukunftsmusik.
Tatsache ist aber ein für den Elefantenschutz wichtiger Schluß: Elefanten überleben dort am besten, wo Wälder durch Menschen in einem vernünftigen Rahmen forstwirtschaftlich genutzt werden und nicht – wie Laien erwarten mögen – in völlig geschützten Reservaten. Nachhaltige Nutzung von Wäldern wirkt aber nicht gegen den Landschaftsschutz. Zudem öffnet sie Verdienstmöglichkeiten für Menschen. Die vielerorts zu dichten Elefantenbestände verlangen gezielte Eingriffe. In Südasien sind Abschüsse kaum nötig. Bis heute hat die Tradition des Fangens, Zähmens und Abrichtens überlebt. Arbeitselefanten könnten so in jenen Regionen bleiben, wo sie einst oder heute noch wild vorkommen. So würden aber auch die Traditionen naturverbundener Menschen überleben. Sie könnten mit ihren Elefanten weiterhin die Wälder billig und sanft nutzen. Denn der Einsatz des Tierriesen erfordert weder teure Straßen noch teuren Treibstoff oder anfällige Maschinen. Mehr noch: in Elefanten-Camps ist mit regelmäßigem Nachwuchs zu rechnen.
Vorausgesetzt, es gelingt, anstelle großflächigen Kahlschlags vermehrt zu selektiver Holzgewinnung zurückzukehren, dann besteht auch heute noch ein guter Markt für zusätzliche Arbeitselefanten, die aus eigenen Nachzuchten oder aus dichten Wildbeständen rekrutiert werden. Ja, es ist sogar damit zu rechnen, daß selbst dort, wo die Haltung von Arbeitselefanten aufgegeben worden ist, wiederum Arbeitslager entstehen. So geschah es bereits auf Sumatra.
Auch neue Arbeitsbereiche eröffnen sich. So wie der Einsatz zahmer Elefanten bei der Holzgewinnung verhältnismäßig spät in großem Stil begann, wurden Arbeitselefanten erst in den letzten Jahrzehnten zu unentbehrlichen Helfern im Naturschutz und bei der Erforschung bedrohter Tiere, wie zum Beispiel des Tigers oder des Panzernashorns. Doch die wohl wichtigste neue Aufgabe der zahmen Tierriesen wird die Nachzucht sein. Regelmäßige Nachzuchten von Elefanten in Menschenobhut sind sicher ebenso wichtige Marksteine auf dem beschwerlichen Weg eines sinnvollen Naturschutzes in Südasien wie die Rettung großer Waldinseln, in denen wilde Elefanten noch leben können. Denn sie bringen ansässigen Menschen Arbeit und ermöglichen auch in Zukunft billige und schonende Nutzung des natürlichen Lebensraumes.

*Literatur*

AECCG, EEC, IUCN-WCU,TRAFFIC, WCI, WWF: A Working Document for Conserving the African Elephant. Nairobi und Gland 1988/1989.
Baker, S. W.: Eight Years in Ceylon. Dehiwala/Colombo 1966.
Blair, J. A. S.: Management of the »Agriculture-Elephant-Interface« in Peninsular Malaysia. 2nd Meeting IUCN/SSC Elephant Specialist Group. Colombo 1980.
Deraniyagala, P. E. P:: Some Extinct Elephants, their Relatives and the two Living Species. Colombo 1955.
Garai, M.: Outlines for a Ph. D.-Study on New Born African Elephants. Universities of Johannesburg and Zurich 1991.
Johnsingh, A. J. T., S. N. Prasad und S. P. Goyal: Conservation Status of the Chila-Motichur Corridor for Elephant Movement in Rajaji-Corbett National Parks Area, India. Biol. Cons. 51, 1990, S. 125–138.
Khan, M. K. M.: Elephants in Peninsular Malaysia. WWF monthly report. Gland 1985.
Knox, R.: A historical Relation of Ceylon. Colombo 1966.
Kurt, F.: Ceylon Elephant – Studies on its Ecology and Behaviour. Second Report of the WWF: 125–127. Lausanne 1967.
ders.: Smithsonian Elephant Survey. Loris 12: 56–61. Colombo 1967.
ders.: Elephant Survey in Ceylon. Oryx, 9 (5): 364–365. London 1968.
ders.: Das Elefantenbuch. München 1991.
ders.: Die Gärtner von Eden. Hamburg und Zürich 1991.
Lair, R.: Empty stables: Southeast Asia's Vanishing Domesticated Elephants. In: Santiapillai C. (ed.): Proceedings of the IUCN/SSC Asian Elephant Specialist Group. Changmai. Appendix 2, 1988.
Lekagul, B. und J. A. McNeely: Mammals of Thailand. Bangkok 1977.
dies.: Elephants in Thailand: Importance, Status and Conservation. Tigerpaper 1, 1977, S. 22–25.
Olivier, R. C. D.: On the Ecology of the Asian Elephant. Diss. Oxford 1978.
Sanderson, I. T.: Dynastie der Abu. Bern 1966.
Santiapillai, C. und P. Jackson: The Asian Elephant. An Action Plan for its Conservation. Gland 1990.
Santiapillai, C. und H. Suprahman: Elephants in Indonesia (Sumatra), WWF monthly report. Gland 1985.
Seidenfaden, E.: The Thai People. Siam Society, Bangkok 1967.
Soule, M. E.: Conservation Biology, the Science of Scarcity and Diversity. Sunderland Massachusetts 1986.
Soule, M. E. und B. A. Wilcox: Conservation Biology. Sunderland Massachusetts 1980.
Sukumar, R.: The Asian Elephant, Ecology and Management. Cambridge 1989.
Tennent, E.: The Natural History of Ceylon. London 1861.

Arbeitselefant im Einsatz an einer Holzverladestation in Birma.

Auf den birmanischen Holzverladestationen wurden Elefanten als unentbehrliche Zug- und Transporttiere eingesetzt. Anfang 20. Jh.

Aufmarsch indischer Arbeitselefanten. Assam, Ende 19. Jh.

Arbeitselefanten werden nach der schweren Waldarbeit von ihren Führern zum Bad im Fluß geführt. Im Gegensatz zu früher versucht man heute, die in der Gefangenschaft geborenen Tiere großzuziehen, da das Einfangen von wilden Elefanten aufgrund der stark dezimierten Bestände kaum mehr möglich ist. Ob der kleine Elefant am rechten Bildrand aber einmal die Arbeit mit den Baumstämmen aufnehmen wird, bleibt abzuwarten. Nordthailand 1992.

Arbeitselefanten werden von ihren Führern im Fluß gebadet. Nordthailand 1992.

Junger ceylonesischer Arbeitselefant beim Baden in einem kleinen Fluß zwischen Kandy und Colombo, Sri Lanka. Am Baum im Vordergrund lehnen zwei Elefantenhaken.

Zwei junge Elefantenbullen testen ihre Kräfte in spielerischem Drängen und Schieben.

Als Hauptnahrung bevorzugen Elefanten frisches grünes Gras.

Auf Wanderungen bewegen sich Elefanten in einer einzigen Reihe fort. Angeführt werden sie dabei von der erfahrenen Leitkuh.

Zum Schutz vor zu starker Sonneneinstrahlung rasten Elefanten in der Savanne gerne in der Nähe hoher Bäume, die wenigstens etwas Schatten spenden.

Bei der Futteraufnahme wird von den Familienmitgliedern stets darauf geachtet, daß sich die Jungtiere sicher in der Mitte der Gruppe befinden.

Ein alter Elefantenbulle durchschreitet im kühlen Morgennebel gemächlich eine Buschlandschaft.

Angreifender Elefantenbulle im Timbavati-Reservat, Südafrika

Elefanten leben in komplizierten sozialen Verbänden, mit der Familieneinheit als Basis. Diese Grundeinheit besteht aus einer erfahrenen Kuh und mehreren Jungtieren beiderlei Geschlechts.

Unter der Führung und Fürsorge älterer und erfahrener Familienmitglieder lernen Elefantenkälber schon sehr früh überlebensnotwendiges Wissen.

Wegen ihrer gewaltigen Größe benötigen Elefanten einen weitläufigen Lebensraum. Nur so bleibt wie hier in einem südafrikanischen Nationalpark gewährleistet, daß die riesigen Tiere nicht durch zu starke Zusammendrängung ihr eigenes Gebiet bei der Nahrungsbeschaffung zerstören.

# Elefanten in der prähistorischen Sahara

## Felsgravuren im Messak Sattafet und Messak Mellet, Fezzan/Libyen

Rüdiger und Gabriele Lutz

Aus historischen Quellen wissen wir vom Vorkommen des Elefanten in Nordafrika. Wir kennen Nordafrika als Kornkammer Roms und auch die Löwen in der römischen Arena sind von dort gekommen. Hannibal hat seine Kriegselefanten sicher nicht aus Zentralafrika rekrutiert, auch sie kamen aus gut erreichbaren Gebieten. Die Felskunst liefert uns Informationen über das Vorkommen von Großtieren in der Sahara in vorgeschichtlicher Zeit. Felsbilder treten in zwei Varianten auf, als Malerei und als Gravur. Diese zwei Ausführungen stehen kaum nebeneinander, sie sind die Eigenart einzelner, klar abgegrenzter großer Gebiete und sie fußen auf den jeweiligen geologischen Gegebenheiten. Malereien finden sich dort, wo sich Wohnhöhlen (Abri) angeboten haben, Gravuren hingegen stehen auf glatten, freistehenden Felswänden.

Prähistorische Felsbilder kommen in vielen Gebieten vor, und überall wo Felsbilder vorkommen treffen wir auch auf Abbildungen von Elefanten. Im Sahara Atlas, im Tassili N-Ajjer (beides in Algerien), im Tibesti (Tschad), im Ennedi, im Air (beides im Niger) und im Fezzan (Libyen), um nur wenige Zentren zu nennen.

Zum besseren Verständnis der Felskunst geben wir hier die heute allgemein geltenden Ansichten über die klimatischen Verhältnisse wieder, die in den letzten 20 000 Jahren in der Sahara herrschten. Sie sind mangelhaft abgesichert und jeder Autor gibt andere Daten an. Grundsätzlich dürfte das hier angeführte Schema aber weiterhin gültig sein (Kuper 1978, Butzer 1978)

Während der letzten Million Jahre war die Sahara Wüste, aber das Klima hat sich öfters drastisch verändert. Die zu Milliarden an der Oberfläche liegenden Steinwerkzeuge und deren Abschläge bezeugen, daß sie in ihrer gesamten Ausdehnung immer wieder von Menschen besiedelt war.

Auch die Tierwelt paßte sich an. Offensichtlich war in Feuchtzeiten die gesamte afrikanische Fauna samt den Groß- und Wassertieren aus dem äquatorialen Süden zugewandert.

Dies gilt auch für den für die Felskunst in Frage kommenden Zeitraum, nämlich das Holozän. Diese jüngere Epoche des Quartärs setzt um ca. 10 000 v. Chr. ein und dauert bis heute. Ihr Beginn wird markiert durch den Rückzug des Inlandeises aus Mitteleuropa und einen kräftigen Anstieg der Niederschläge in anderen Gebieten, so auch in der zentralen Sahara. Vorausgegangen war (20 000 bis 10 000 v. Chr.) eine extreme Trockenphase und eine Wüstenlandschaft, die kaum Lebensraum für Mensch und Tier bot. Die frühholozäne Klimaverbesserung resultierte in einer sahelähnlichen Landschaft mit flachen Seen; Bäume und Sträucher gab es vor allem entlang der

**Relative Chronologie der Felsbilder**

annähernde Reproduktion. Lhote: Saharaatlas, Tassili. Mori: Akakus. Muzzolini: Atlas, Fezzan, Tassili

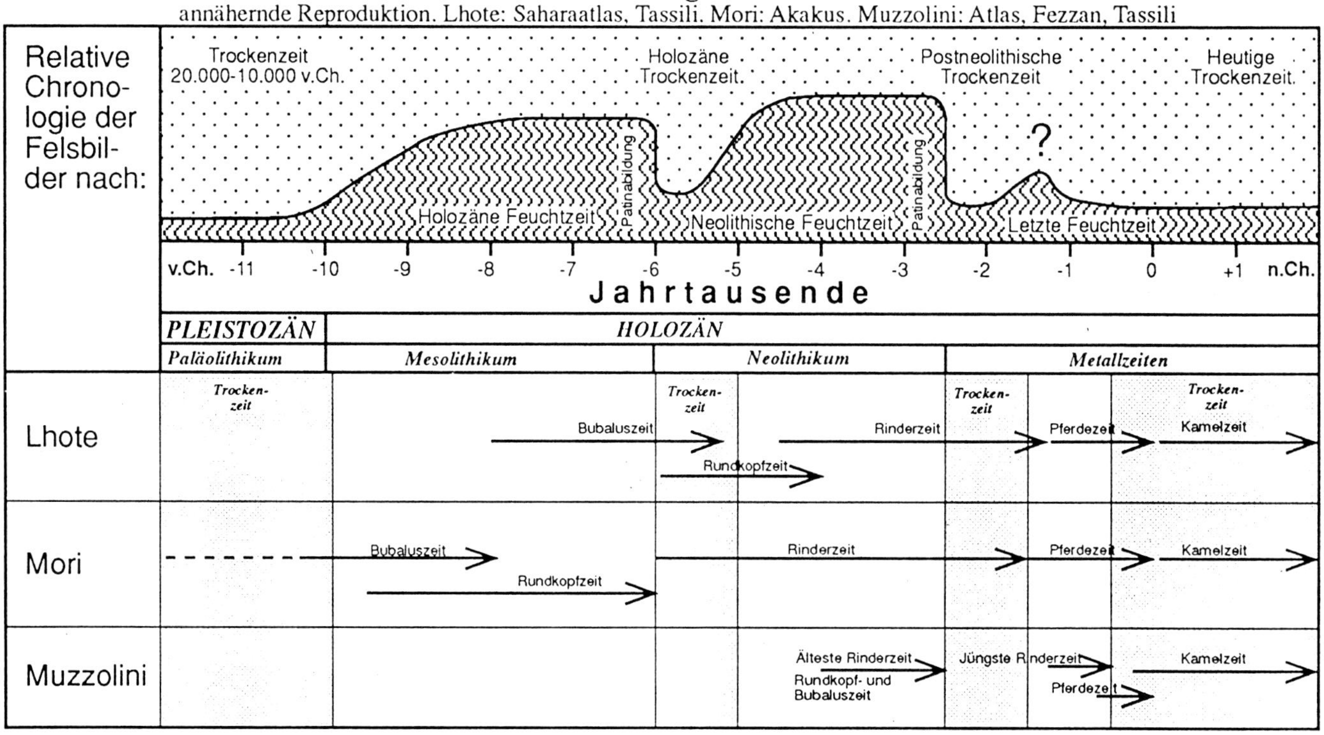

Wadi, die über Monate hinweg Wasser führten. Die afrikanische Großtierfauna wanderte allmählich nordwärts in die Sahara, schließlich wurde sie in den Gebirgstälern heimisch. Wahrscheinlich folgten Jäger und Sammler den Tieren in diese neuen Gebiete.
Um etwa 6000 v. Chr. setzte eine etwa tausendjährige Trockenphase ein, die Landschaft verwandelte sich in Wüste und das Leben verschwand weitgehend.
Um 5000 v. Chr. trat wieder volle Begrünung ein. Die Niederschläge müssen bedeutend gewesen sein und auch in den zentralen Gebieten waren die Lebensbedingungen ausgesprochen günstig. Der Tschad-See erreichte seine größte Ausdehnung und Flußsysteme aus dem Tibesti erreichten das Mittelmeer (Pachur 1987). In dieser Zeit müssen auch die Gebirge Messak Sattafet und Messak Mellet, von denen hier die Rede ist, von reicher Vegetation bedeckt gewesen sein.
Diese Feuchtzeit reichte bis etwa 2500 v. Chr., worauf eine neuerliche gut faßbare Austrocknungsperiode von etwa tausend Jahren folgte. Vielleicht setzte um 1500 v. Chr. mancherorts nochmals eine mäßige Begrünung ein (Muzzolini 1986), aber spätestens seit diesem Zeitpunkt trocknet die Landschaft stetig aus. In den zentralen Gebieten herrscht heute wieder die Vollwüste.
Der Zeitpunkt des frühesten Einsetzens von Felskunst in der Sahara ist heute mehr denn je umstritten. Es gibt bis heute keine absoluten Datierungen (C14-Datierungen aus Grabungen), die mit dem Auftreten der frühesten Felsbilder in Verbindung gebracht werden können.
Viele Forscher haben sich mit dem Problem der Datierung befaßt und alle sind zu einem ähnlichen, hypothetischen Ergebnis gekommen. Seit den dreißiger Jahren wurde eine sogenannte »relative Chronologie« der Felsbild-Darstellungen vorgeschlagen, bei der man fünf zeitlich aufeinanderfolgende Perioden unterschied. Diese Abfolge fußt auf den dargestellten Motiven und geht davon aus, daß die Abbildungen von Wildtieren älter sein müssen als die von domestizierten Tieren (Haustieren); daß die Wildtiere von den Haustieren abgelöst worden sind und analog dazu Hirten und Bauern die Jäger verdrängt haben.
Diese »relative Chronologie« der Felsbilder hat man mit dem beschriebenen Klimaablauf in Einklang gebracht, um zu einer absoluten Datierung zu kommen.

| | |
|---|---|
| 1. Bubaluszeit | 10 000 bis 6000 v. Chr. |
| 2. Rundkopfzeit | 7000 bis 6000 v. Chr. |
| 3. Rinderzeit | 5000 bis 2500 v. Chr. |
| 4. Pferdezeit | 1500 bis Zeitenwende |
| 5. Kamelzeit | Zeitenwende bis heute |

1. Zur *Bubalus-Zeit*, auch *Wildtier-* oder *Jägerzeit* genannt (Lutz 1993), gehören ausschließlich Gravuren. Sie wurden dem frühen Holozän (10 000 – 6000 v. Chr.) zugewiesen. Es sind die Bilder von Menschen, die sich überwiegend mit dem Jagen und Sammeln befaßten. Der Name Bubalus bezieht sich auf einen häufig abgebildeten, bereits vor etwa 5000 Jahren ausgestorbenen mächtigen afrikanischen Altbüffel, der meterlange Hörner trug und mit dem heutigen Kaffernbüffel nahe verwandt sein dürfte. In gleicher Art findet man Bilder des gesamten afrikanischen Großwildes, z. B. Elefant, Nashorn, Giraffe, Büffel, Löwe, vielerlei Antilopen und Gazellen, Wildesel u. a. m. Das Krokodil und das Flußpferd betonen den Reichtum an Wasser. In dieser Periode wurde der Mensch den Tierbildern gegenüber nur selten und eher kleinformatig abgebildet. Die Bilder der Bubalusperiode wirken besonders beeindruckend auf den Betrachter. Sie sind großformatig, von großer Naturtreue, statisch und technisch perfekt.
2. Eine künstlerische Epoche, die zeitgleich mit der ausgehenden Bubaluszeit vermutet wird, ist die *»Rundkopfzeit«*. Sie äußert sich nur als Malerei und beschränkt sich gebietsmäßig auf den Akakus und auf das Tassili N-Ajjer. Diese lokale Begrenzung und die besondere Eigenart der Bilder legen die Vermutung nahe, daß es sich bei diesen Künstlern um Angehörige ganz bestimmter Volksgruppen handelte. Sie wird von Lhote (1984) und Mori (1992) in die Zeit zwischen 7000 und 6000 v. Chr. gewiesen. Ihren Namen trägt sie wegen der runden, meist direkt am Körper aufsitzenden Köpfe der dargestellten Menschen. Ein besonderes Merkmal dieser Kunst sind Stilisierung und Abstraktion. Sie befaßt sich kaum mit Großwild, aber auch nicht mit Haustieren. Der Kult scheint eine besondere Rolle gespielt zu haben.
3. In der nachfolgenden neolithischen Feuchtphase 5000 bis 2500 v. Chr. überwiegen die Abbildungen der domestizierten Tiere: Rinder, Schafe, Ziegen und Hunde. Nach ihrem häufigsten Motiv nennt man diese künstlerische Epoche die *»Rinderzeit«*. Ihre Bilder wurden je nach Gebiet entweder als Malerei oder als Gravur ausgeführt. Nun tritt vermehrt auch der Mensch in seinem Alltagsleben auf. Man nahm an, daß nach der Austrocknung des sechsten Jahrtausends v. Chr. Wildtiere und Jäger weitgehend verschwanden und daß in der darauffolgenden neolithischen Feuchtzeit Hirten mit Haustieren in das Land eingewandert waren. Für den Messak Sattafet und Messak Mellet sind die Verfasser durch ihre Studien zu anderen Ergebnissen gekommen.
4. In der sogenannten *»Pferdezeit«*, sie reicht von etwa 1500 bis zur Zeitenwende, werden die Menschen in Doppeldreieckform mit stäbchenförmigem Kopf abgebildet. Sie tragen Waffen aus Metall und besitzen Pferd und Wagen. Es sind die Bilder der Metallzeiten, der erobernden Seevölker und der Garamanten. Die Abbildungen sind je nach Gebiet als Malereien oder als Gravuren ausgeführt.
5. Um die Zeitenwende kommt das Dromedar in die Sahara und es ist von nun an fast ausschließliches Motiv der bildnerischen Kunst. Diese als *»Kamelzeit«* bezeichnete Epoche dauert bis zum heutigen Tage an. Ihre Träger sind die Berber, die Mauren und die Tuareg. Die Bilder der Kamelzeit kommen als Malereien und als Gravuren vor.
Wesentliche Grundlagen zu dieser chronologischen Abfolge wurden von Lhote (1978) im Tassili N'Ajjer und von Mori (1978) im Akakus erarbeitet. Lhote und andere setzen den Beginn der frühesten Felskunst in der ersten holozänen Feuchtphase etwa um 8000 v. Chr. an, während Mori an einen Beginn im Pleistozän, d. h. vor 10 000 v. Chr., denkt (Le Quellec 1993). Für die Rinderzeit liegen absolute (C14-)Datierungen aus dem Akakus und aus dem Tassili vor (Mori 1965 und 1992). Be-

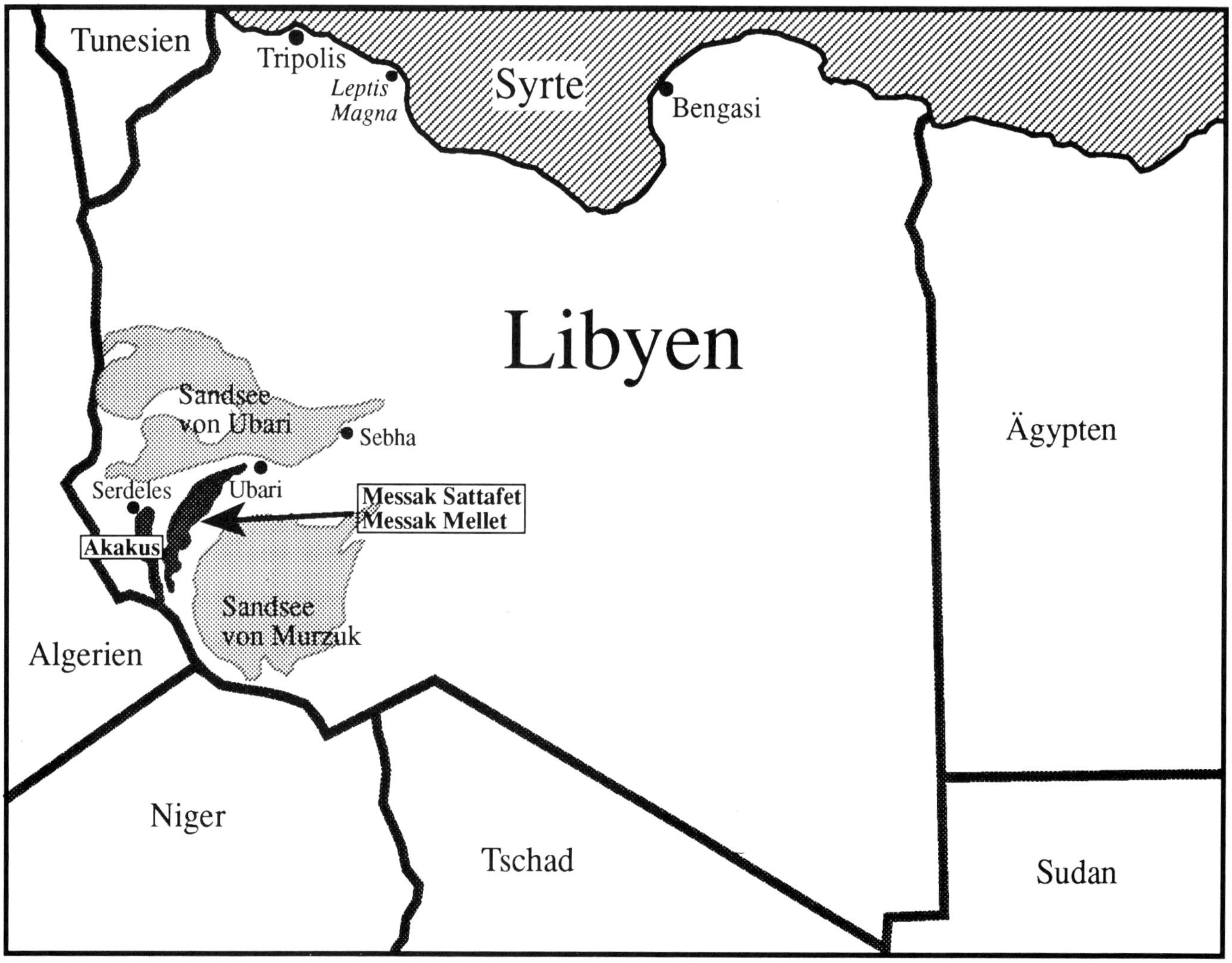


Zentrum des Messak Sattafet und Messak Mellet: 1 Wadi Mathenduch, 2 Wadi Aramas, 3 Wadi In Elobu, 4 Wadi Tili-zaghen, 5 Wadi Gedid, 6 Wadi In Hagalas, 7 Wadi Imrawen.

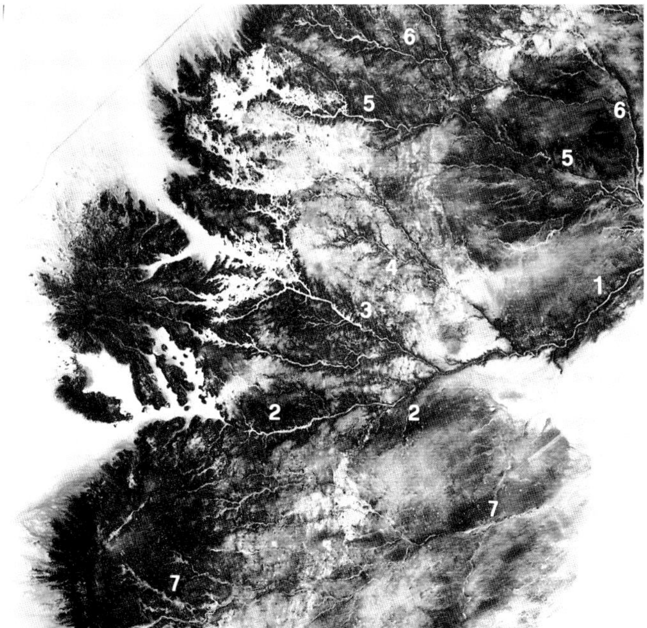


sonders Mori hat in den letzten dreißig Jahren bei seinen Grabungen im Akakus zahlreiche wichtige Datierungen erbracht. Etliche davon gehen in eine sehr frühe Phase des Neolithikums, auf etwa 7000 v. Chr., zurück. Sie legen nahe, daß der Raum schon in der ersten holozänen Feuchtphase bewohnt war.

Dieser klassischen sogenannten »langen Chronologie« stehen die Vorschläge A. Muzzolinis (1993) entgegen, der den Beginn der Felskunst in der Sahara (Atlas, Tassili, Fezzan) insgesamt auf 4000 v. Chr. ansetzt. Er stellt die Datierung Moris in Abrede, allerdings ohne eigene bessere Beweise beizubringen. Diese niedrige Datierung, die auf rein theoretischen Erwägungen, aber nicht auf Feldarbeit fußt, wird heute überwiegend von der französischen Schule vertreten. Sie mag für die Malerei des Tassili durchaus zutreffend sein, für die Gravuren des Sahara Atlas und des Wadi Djerat bestehen jedoch schwere Bedenken und die vielen tausend Felsgravuren im Fezzan/Libyen, von denen hier die Rede ist, wurden vernachlässigt und falsch interpretiert. Muzzolini kannte sie nämlich zu wenig, da sie ihm überwiegend nur als Fotografien oder als Strichzeichnungen vorlagen, was für echte Studien nicht ausreichend ist (Frobenius 1937, Lhote 1975). Die Verfasser folgen aufgrund ihrer nun mehr als ein Jahrzehnt dauernden Studien, die sich auf die

gesamte Sahara aber insbesondere auf die Gebirge Messak Sattafet und Messak Mellet beziehen, mit Entschiedenheit der althergebrachten »langen Chronologie«.
Die Gebirge Messak Sattafet (der Schwarze Messak) und Messak Mellet (der Weiße Messak) liegen im südöstlichen Fezzan in Libyen. Sie erstrecken sich in einer Länge von etwa 300 km und einer größten Breite von 80 km halbkreisförmig vom SW-Fezzan bis nach SO-Algerien. Im Nordwesten und im Westen werden sie in ihrer ganzen Länge von einer mehrere hundert Meter hohen Felswand (Falaise) begrenzt. Nach Osten und Südosten laufen die Tafelgebirge sanft in die Dünen von Murzuk aus. Die Hochebene ist flach und von grobem Geröll bedeckt. Die Täler, die nach Osten entwässern, sind tief eingeschnittene Schluchten, die nur zu Fuß begangen werden können. In fast jedem Tal sind Felsbilder anzutreffen.
Die Felsbilder im Messak Sattafet wurden erstmals 1852 von Heinrich von Barth entdeckt und als »Phönizische Felsbilder« in Europa bekannt gemacht. 1932 unternahm Leo Frobenius die erste wissenschaftliche Expedition in dieses Gebiet. In seinem Werk »Ekade Ektab« veröffentlichte er davon herrliche Bilder (Frobenius 1937). Der Italiener Paolo Graziosi ergänzte Frobenius' Arbeiten und in den Jahren 1980 bis 1985 vervollständigte Jelinek die Funde seiner Vorgänger (Jelinek 1984 / 1985). Er legte als erster eine konkrete Bestandsaufnahme und Studie vor. In all diesen Jahren ging die wissenschaftliche Bearbeitung nicht wesentlich über die Grenzen Frobenius' hinaus. Erst seit den späten siebziger Jahren drangen Amateure weit in unbekannte Gebiete vor. Bis vor kurzer Zeit mußte man sich mit dem Auto in schwerstem Gelände mühevoll an die einzelnen Täler annähern. Seit den frühen achtziger Jahren ließ die Suche nach Erdöl rohe Pisten entstehen, die den Zugang erleichtern. Die eigentliche Feldarbeit muß aber weiterhin zu Fuß erfolgen.
Auch die Verfasser beschäftigen sich seit etwa fünfzehn Jahren mit der Felskunst der Sahara und insbesondere mit der des Fezzan. Ziel dieser Forschung ist eine fotografische und computermäßige Gesamtaufnahme aller Felsbilder. Bisher liegen etwa 4000 Daten vor, wobei viele tausend jüngere, stereotype Bilder vernachlässigt werden mußten. Seit drei Jahren werden diese Studien in Zusammenarbeit mit der Universität »La Sapienza« Rom und Professor Fabrizio Mori durchgeführt. Mori ist Inhaber der Grabungsgenehmigung für das ganze Gebiet (Akakus und Messak).
Im Messak Sattafet und Messak Mellet kommen ausschließlich Felsgravuren vor. Nur ganz vereinzelt trifft man auf Malereien. Von der Felsformation her gibt es kaum Höhlen und Abri (Felsüberhänge) mit stratigrafischen Schichten. Das Erdreich ist ausgeblasen bzw. in der letzten Feuchtphase gründlich verschüttet worden. Aus diesen Gründen ist es besonders schwierig, datierbare Schichten aufzufinden. Bisher liegt eine einzige Datierung vor. Sie beweist, daß das Gebiet vor 7000 Jahren bewohnt war (Lutz 1992 und 1994). Nach einer Voruntersuchung 1992/1993 haben die italienischen Archäologen 1993 erstmalig im Messak Sattafet gegraben. Die Auswertung liegt noch nicht vor. Zur Zeit fehlen sowohl im Akakus wie im Messak die wirklich frühen archäologischen Befunde (10 000 bis 6000 v. Chr.), die wir in Verbindung mit den frühesten Felsbildern erwarten müßten. Einstweilen ist man auch hier auf die Erstellung einer relativen Chronologie angewiesen. Dabei spielen folgende Kriterien die wichtigste Rolle, sie erlauben es, für die Bilder eine gewisse chronologische Ordnung zu erstellen:
1. *Patina* nennt man die dunkle Verfärbung, die die Bilder im Laufe der Zeit angenommen haben. Sie geht auf die Ablagerung von Eisen- und Manganoxyden zurück. Die Patina hat sich in Feuchtzeiten gebildet.
2. Als *Erosion* bezeichnet man die witterungsbedingte Abnützung, die die Felsbilder erlitten haben.
3. Die Linien und Flächen der Bilder sind in verschiedener *Technik* ausgeführt. Flach oder tief geschliffen, geritzt oder gepickt (punktförmige Schläge). Ebenso ist die Bild- und die Grundfläche roh oder auf verschiedene Art bearbeitet.
4. *Überlagerung* liegt vor, wenn ein neues Bild über ein altes, bereits unkenntlich gewordenes, darübergelegt wurde. Hierzu gehört auch die Auffrischung, das heißt verblichene Bilder wurden durch Picken wieder sichtbar gemacht.
5. Eine *Stilwandlung* ist in jeder Phase der Felskunst zu erkennen. Generell werden die Bilder im Laufe der Zeit kleiner und die naturgetreue, detaillierte Darstellungsart weicht einer Vereinfachung, Stilisierung und Abstraktion.
Für die Gebirge Messak Sattafet und Messak Mellet gilt mehr als anderswo die beschriebene »lange relative Chronologie« (Lutz 1993). Nach der Computerauswertung der vielen tausend aufgenommenen Bilder werden die eindeutigen Beweise für einen solchen Ablauf vorliegen.
Demnach fallen die frühesten Felsbilder der *Bubalusperiode* in den Zeitraum der ersten frühholozänen Feuchtphase zwischen 10000 und 6 000 v. Chr., die meisten Höhlenmalereien in Frankreich und Spanien dagegen datiert man in das Magdalénien etwa um 15 000 v. Chr. Die Bilder dieser Zeit stammen von Menschen, die sich mit Jagen und Sammeln befaßten. Dargestellt wird die gesamte afrikanische Fauna, vom Urbüffel (Bubalus antiquus), Elefanten (Abb. 1), Nashorn und Giraffe bis zum Krokodil, dem Flußpferd, der Gazelle, dem Hasen und

Abb. 1.: Elefant (Breite 215 cm, Höhe 153 cm), Wadi Mathenduch. Naturalistische, großformatige Darstellung auf naturbelassenem Felsuntergrund, aus früher Periode. Die begleitenden Jäger haben eine hellere Patina. Dem originalen Muldenauge wurde nachträglich ein zusätzliches zweites Auge hinzugefügt, ein Zeugnis für das hohe Alter dieses Bildes.

# Vorgeschlagene **relative Chronologie** für die Felsbilder im Messak Sattafet und Messak Mellet.

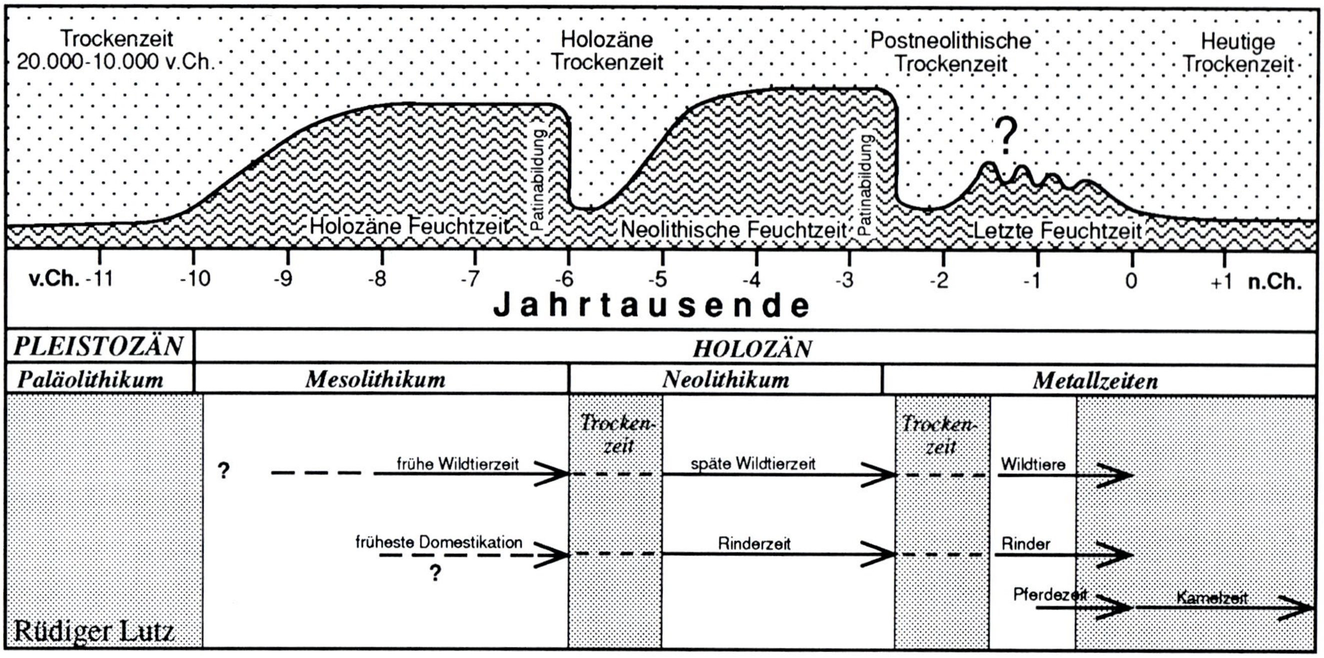


vielen anderen Tieren. Von ganz besonderer Bedeutung ist das Vorkommen des Auerochsen oder Ur, dem Vorfahren unserer Hausrinder. Es ist noch unbewiesen, aber sehr wahrscheinlich, daß bereits in dieser Zeit eine erste eigenständige Domestikation des Rindes im Messak stattgefunden hat. Die naturgetreuen Bilder dieser Periode haben ganz gewisse Eigenarten von Stil und Technik, die für die Zeit typisch sind. Inbegriffen ist ein *»dekorativer Stil«*, der die Wildtierbilder mit zusätzlichen unrealistischen, dekorativen Elementen, sogenannten »Girlanden«, besonders in der Kopfpartie – Maul und Augen – ausstattet (Abb. 2 und 3). Vorausgegangen sind diesen schönen Wildtierbildern einfachere Darstellungen: Wildtiere wie Bubali und Giraffen sowie Symbole – Ovoide und Sonnenräder – einer *archaischen* Periode.

Bilder aus der *Rundkopfzeit* kommen im Messak Sattafet und Messak Mellet nicht vor.

Durch die holozäne Austrocknung 6000 bis 5000 v. Chr. tritt eine gewisse Unterbrechung in der Felskunst ein. Es ist jedoch durchaus denkbar, daß einzelne Populationen im Gebirge überdauert haben.

Um etwa 5000 v. Chr. beginnt die neolithische Feuchtphase. Im

Abb. 2: Elefant mit Jägern (Breite 420 cm, Höhe 155 cm, sichtbarer Teil), Wadi Tilizaghen. Großformatiger Elefant mit Nashorn und Jägern. Das Bild ist bis auf halbe Körperhöhe verschüttet. Es ist die größte, den Verfassern bekannte Elefantendarstellung. Ein zweiter kaum noch erkennbarer älterer Elefant wird überlagert. Kleine Jäger greifen das Tier an. »Girlanden« zieren die Schnauze. Das Bild gehört dem frühen naturalistischen dekorativen Stil an.

Abb. 3: Großer Elefantenbulle (Breite 372 cm, Höhe 190 cm), Wadi Imrawen. Das Bild ist tief geschliffen, es zeigt Bewegung und Perspektive. Die Zierelemente in der Kopfpartie sind Ausdruck des »dekorativen Stils«, einer Variante der Wildtierbilder, die vielleicht schon zur Rinderzeit gehört. Ein kleiner Kreis in der Körpermitte hat wahrscheinlich eine tiefe Bedeutung, vielleicht ist es ein Zielpunkt in Herznähe.

Abb. 4: Elefantenkuh mit Kalb (Breite 142 cm, Höhe 90 cm), Wadi Gamaut. Ausschnitt aus einer großen Szene (B 550). Ein sehr frühes Bubalusbild (siehe große Hörner oben) wird überlagert, auch andere Überlagerungen sind erkennbar. Die Giraffe, zwei Hausrinder und die zwei Elefanten sind zeitgleich. Hier leben Wildtiere und Haustiere nebeneinander.

Messak ist sie wesentlich intensiver als die vorhergegangene. Das wiederbegrünte Gebirge wird von Rinderhirten in Besitz genommen. Hirten verdrängen die Jäger, Vorratswirtschaft tritt an die Stelle von Jagen und Sammeln. In den Felsbildern finden sich aber Hinweise, daß auch Gruppen alter Prägung weiterhin im Gebirge seßhaft waren. Ab dieser Zeit existieren beide Wirtschaftsformen nebeneinander (Abb. 4). Mit diesem Befund von einem Nebeneinander von Jägern und Hirten liegt unser eigener Beitrag zur relativen Chronologie. Außerdem ist es durchaus möglich, daß es eine gewisse Transhumanz (Weidewanderung) zwischen Gebirge und flachem Vorland – den heutigen Dünen – gegeben hat. Dies könnte der Grund dafür sein, daß sich die Rinderbilder viel weitläufiger verteilen als die Wildtierbilder, die sich an gewissen Stellen konzentrieren. Die Bilder geben nun Aufschluß über alle Einzelheiten des täglichen Lebens (Abb. 5) und über die bunte Vermischung von

Abb. 5: Elefant in Bewegung (Breite 190 cm, Höhe 110 cm), Oberlauf vom Wadi Aramas. Naturalistisches Bild mit drei Kotkugeln; ein beliebtes Motiv in der Felskunst des Messak. Die Patina und die Bewegung weisen das Bild nicht in die früheste Periode sondern eher in die Blütezeit der Rinderkulturen. Die Schmetterlingsohren stehen dem »dekorativen Stil« nahe.

immer neuen in den fruchtbaren Raum eindringenden Völkern. Unter dem Begriff *Rinderzeit* verstehen wir die Bilder, die Menschen und Haustiere aller Art zum Inhalt haben: Rinder, Schafe, Ziegen, Hunde u. a. m. Von großer Bedeutung ist der Umstand, daß im Messak neben diesen Haustieren auch weiterhin die gesamte afrikanische Groß- und Kleinfauna in einem der Periode entsprechenden Stil dargestellt wird. Die Rinderzeit ist die intensivste Phase von Felskunst in der gesamten Sahara. Ihre Bilder sind inhaltlich und stilistisch klar faßbar und besser erhalten als die ganz frühen Wildtierbilder. An ihnen orientiert sich jede Chronologie.

Obwohl in der Rinderzeit viele Szenen aus dem Alltag dargestellt werden, erzählen die Bilder nichts von Auseinandersetzungen zwischen Jägern und Hirten, ebensowenig von einem konkurrierenden Nebeneinander von Rindern und Wildtieren. Krieger tauchen erst in den späteren Bildern der Pferdezeit auf. Nach der neuerlichen (postneolithischen) Austrocknung 2500 bis 1500 v. Chr. haben sich in manchen Gebieten der Sahara die klimatischen Verhältnisse um 1500 v. Chr. vielleicht nochmals für kurze Zeit geringfügig verbessert (Muzzolini 1986). Für den Messak liegen hierüber keine eindeutigen Befunde vor. Wir wissen jedoch, daß besonders in den nördlichen Randgebieten der Sahara in geschichtlicher Zeit nochmals Großtiere heimisch waren. Eine wirklich tiefgreifende Tierausbreitung in den zentralen Gebieten dürfte aber nicht mehr möglich gewesen sein. Um etwa 1000 v. Chr. durchdringen Menschen mit Pferd und Wagen nochmals das Messakgebirge. Sie tragen Waffen aus Eisen und hinterlassen die Gravuren im Stil der *Pferdezeit*. Bilder der Pferdezeit kommen im Messak nur ganz vereinzelt vor, aber sie sind über das ganze Gebiet verteilt. Ab diesem Zeitpunkt schreitet die Austrocknung bis zum heutigen Tage stetig fort. Lediglich durch die Einführung des Dromedars wird die sich nun immer mehr ausbreitende Wüste nochmals durchgängig. Tiere und Pflanzen haben sich weitgehend zurückgezogen. Berber, Mauren und Tuareg sind die Träger einer letzten Etappe von Felskunst. Auf sie gehen die zahllosen Gravuren zurück, die meist Krieger und Kamele darstellen. Es werden aber immer noch Rinder und Wildtiere abgebildet, vor allem Giraffen und Strauße. Hinzu kommen arabische Inschriften und jene in Tifinagh. Diese Periode, die *Kamelzeit*, dauert bis heute an.

## In allen beschriebenen Stil- bzw. Klimaphasen kommen im Messak Bilder von Elefanten vor

Dies dürfte darin begründet sein, daß dieser Großsäuger über ganz besondere Eigenschaften verfügt, die ihn anderen Wildtieren gegenüber überlegen machen. Der Elefant ist das in jeder Phase der Felskunst dominierende Großwild. Er tritt in Herden auf, hat einen großen Futterbedarf (100 bis 200 kg pro Tag) und benötigt starken Baumbewuchs und viel Wasser. Sein einstiges Vorkommen in heute vollkommen ariden Gebieten ermöglicht uns eine Vorstellung, wie tiefgreifend die Klimaschwankungen in der Sahara und damit im Messak waren. Der

Elefant ist in der Lage, sehr weite Strecken (500 km) zu wandern, und er kann Wasser bzw. Regenfälle auf sehr große Entfernungen wittern. So konnte er in jeder Phase von Austrocknung das Land verlassen und bei günstigeren Verhältnissen wieder zurückkommen. Geografisch gesehen kommen Elefantenbilder im gesamten Gebirgsmassiv vor, sowohl im Unter- wie im Oberlauf der Flüsse. Da die hohen Felswände im Quellgebiet unzugänglich sind, müssen die Großtiere von Südosten her, aus dem den Flußmündungen vorgelagerten Flachland, eingewandert sein. Die Flüsse weisen an vielen Stellen Schluchten und Stromschnellen mit schwerem Gestein auf. Dort sind sie weitgehend unzugänglich und dort findet man auch keine Felsbilder. In Feuchtzeiten muß die grobe Steinwüste, die heute die ganze Hochfläche bedeckt, für Großtiere begehbar gewesen sein. An einzelnen Stellen kann man noch Reste des fortgeblasenen Mutterbodens erkennen. Ein überraschend dichter Bewuchs konnte offenbar sogar den Futterbedarf ganzer Herden decken. Die tief eingeschnittenen Flußläufe sicherten Wasserstellen über das ganze Jahr. Dort finden sich heute die von Frobenius benannten »Felsbildgalerien«, die Orte, an denen Felsbilder in großer Zahl anzutreffen sind. Sie liegen fast immer an der Prallwand von scharfen Biegungen im Flußbett. An solchen Stellen erfolgte eine tiefe Auskolkung, die einen gleichmäßigen und tiefen Wasserstand sicherte. Insgesamt trennen große Leerstrecken die einzelnen Felsbildfundstellen voneinander. Es scheint so, als hätten bereits die frühesten Jägerpopulationen jeweils ein gewisses Territorium für ihren Verband beansprucht. Erst die Rinderhirten mit ihren Tieren haben sich weitläufiger über das ganze Gebiet verteilt.

Die Elefantenbilder verteilen sich ziemlich gleichmäßig über die gesamte Fläche des Messak Sattafet und Messak Mellet. Unter den etwa 4000 erfaßten Bildern stellen die Elefanten den folgenden Anteil:

| | |
|---|---|
| Zahl der Fundstellen an denen Elefantenbilder vorkommen | 225 |
| Anzahl der abgebildeten Elefanten | 275 |
| Einzelabbildungen | 195 |
| Fundstellen mit 2 abgebildeten Tieren | 19 |
| Fundstellen mit 3 abgebildeten Tieren | 6 |
| Fundstellen mit 4 abgebildeten Tieren | 2 |
| Fundstellen mit 5 abgebildeten Tieren | 2 |
| Fundstellen mit 6 abgebildeten Tieren | 1 |

Obwohl der Elefant in Herden lebt, gibt es wenig Darstellungen von größeren Gruppen mit Jungtieren. Öfter wird eine Kuh von einem Kalb begleitet. An manchen Stellen stehen mehrere imposante Einzelbilder nebeneinander. Hier handelt es sich häufig um Bullen. Die Abbildungen stammen meist nicht von derselben Hand. Vom Stil her scheinen sie auch nicht unbedingt zeitgleich zu sein. Vielleicht deutet dies darauf hin, daß dieser Ort besonders günstig für ihren Aufenthalt war. Solche Feststellungen sind aber nicht sehr aussagekräftig. Die Zahl mehrerer abgebildeter Tiere muß nicht unbedingt auf eine besonders große Population an dieser Stelle hinweisen. Ebensogut kann ein besonderes Interesse für diese bestimmte Tierart bestanden haben.

Abb. 6: Elefant mit Jägern (Breite 135 cm, Höhe 90 cm), Wadi Takabar. Ein Elefantenbulle wird von vorne von Jägern bedrängt; auch hier macht sich eine geisterhafte Menschengestalt von hinten an sein Geschlecht heran. Etwas abseits steht ein Elefantenkalb. Die nebenstehenden Rinder sind in gleicher Art dargestellt und tragen dieselbe Patina und Erosion. Diese Umstände verweisen das Bild in die Rinderzeit. Der Stil ist vereinfacht, was einer jüngeren Phase der Rinderzeit entspricht.

Oft werden Elefanten von kleinen Jägern mit Pfeil und Bogen bedrängt (Abb. 6 und 2), was bedeuten könnte, daß auch der Elefant zum Jagdwild gehörte, aber auf keinem Bild wird der Elefant, wie andere Großtiere z. B. Nashorn und Auerochs, mit dem Fangstein eingefangen. Der Fangstein findet sich überall in der Sahara. Es handelt sich um einen eiförmig geformten Stein mit einer umlaufenden, tiefen Einkerbung, an der eine Seilschlinge befestigt war. Sein Gewicht beträgt zwischen zehn und achtzig Kilogramm. Geriet ein Tier in eine solche aufgespannte Schlinge, blieb es am Bein gefesselt. Die Felsbilder zeigen, wie Großtiere, auf solche Art an der Flucht behindert, von Jägern auf konventionelle Art getötet werden. Ob der Elefant wegen seiner Größe oder wegen seiner langen, starken Beine für eine solche Jagdmethode ungeeignet war oder ob ihm gegenüber ein anderes Verhältnis von Mensch zum Tier bestand, läßt sich nicht beurteilen.

Daß in gewissen Perioden der Felskunst ein besonderes Mensch-Tier-Verhältnis zum Elefanten bestand ist eindeutig zu erkennen. Sicher war diese Beziehung nicht in jeder der genannten Phasen dieselbe. Bilder, die wir mindestens dem frühen Neolithikum zuweisen, dokumentieren dies auf eindrucksvolle Art. Ihr wahrer geistiger Hintergrund bleibt uns aber unbegreifbar und fremd, wie so vieles in dieser großartigen Kunst. In dieser Klasse von Elefantenbildern treten die sogenannten theriomorphen Wesen auf, die zu Hunderten im Messak abgebildet sind. Es handelt sich um Mensch-Tier-Mischwesen, bei denen einem menschlichen Körper der Kopf verschiedenster Tierarten aufgesetzt ist: Antilope, Mähnenschaf, Schakal, Hyänenhund, Katze u. a. m. Man kann drei Typen solcher Wesen unterscheiden:

*Maskenträger:* Menschen, die eine Tiermaske tragen, wobei das Gesicht freiliegt oder Sehschlitze der Maske zu erkennen sind (Abb. 7).

*Tierköpfige Menschen*, bei denen ein Tierkopf auf einem normalen menschlichen Hals oder Körper sitzt (Abb. 8).

Abb. 7: Elefantenmaske (Breite 60 cm, Höhe 54 cm), Wadi Adroh. Ein Mensch trägt als Maske den Kopf eines Elefanten, die Gesichtszüge liegen frei, die linke Hand stützt die schwere Maske. Das Bild ist in einer außergewöhnlich sorgfältigen Technik als Flachrelief gefertigt. Ausführungen in dieser Art sind selten und sie sind immer ganz besonderen Themen vorbehalten.

Abb. 8: Theriomorpher und Elefant (Breite 175 cm, Höhe 75 cm), Wadi Alamasse. Ein Theriomorpher macht sich am Geschlecht eines Elefanten zu schaffen. Der Tierkopf des Theriomorphen ist der eines Hyänenhundes oder eines stilisierten Nashorns. Das Bild zeigt die Kraft und die dämonische Macht, die allen Theriomorphen inne ist. Bei den Beutetieren handelt es sich fast immer um Großtiere. Reste eines solchen Brauches sind heute noch bei manchen Stämmen Afrikas üblich, bei dem junge Burschen am Geschlecht einer Kuh saugen oder Luft einblasen, u. a. um die Milchproduktion zu steigern. Hier im Bild wird der Elefant von vorne zusätzlich von einem hundeköpfigen Wesen bedrängt.

*Theriomorphe*: Menschenartige Wesen mit Tierköpfen. Die Körperproportionen sind reduziert, aber diese Wesen besitzen übernatürliche Kräfte, besonders dem Großwild gegenüber (Abb. 9 und 6).

Wenn man uneinig darüber ist, wann die frühesten Abbildungen entstanden sind, muß man nochmals betonen, daß Elefantenbilder in jeder Phase der Felskunst auftreten. Zweifellos kommt der Elefant in großer Zahl mit Hausrindern vergesellschaftet vor (Abb. 4). In dieser intensiven neolithischen Feuchtphase (5000 bis 2500 v. Chr) ist er auf jeden Fall im Messak heimisch. Die Bilder machen alle Stilwandlungen dieser Epoche mit. Die stilistische Ausführung hat sich von einer großformatigen, absolut natur- und detailgetreuen (Abb. 1) zu

Abb. 9: Theriomorpher Elefantenreiter (Breite 195 cm, Höhe 107 cm), Wadi Tidoua. Ein Theriomorpher mit dem Kopf des Hyänenhundes reitet auf einem Elefanten. »Unter dem Arm« trägt er den Kopf eines Nashorns. Nashörner sind beliebte Beutetiere dieser überirdischen Wesen. Auf diesem Bild ist unklar, ob nicht die Haut eines Nashorns dem unheimlichen Reiter als Sattel dient. Die besondere Bedeutung des Bildes liegt darin, daß sich offensichtlich bereits in vorgeschichtlicher Zeit ein Mythos um die Elefanten gesponnen hat. Die Felsgravur überlagert andere, ältere Bilder.

einer eher stilisierten entwickelt (Abb. 6). Im Laufe der Zeit werden die Bilder kleiner, meist sind Bild- und Grundfläche geglättet (Abb. 10).

Die späteren, postneolithischen Bilder (2000 v. Chr. bis Zeitenwende) lassen sich bereits an der helleren Patina weitgehend erkennen. Insgesamt wird die Kunst in den letzten Phasen einfacher und primitiver (Abb. 11). Der Formenreichtum und die Zahl der Motive nehmen ab. An Trockenheit angepaßte Tiere treten an die Stelle der großen Grünfutterverbraucher. Es sind die Bilder der Pferde- und der Kamelzeit. Sicher hat es auch nach der Rinderzeit Klimaintervalle gegeben, die die Lage

Abb. 10: Zwei Elefanten (Szene Breite 210 cm, Höhe 84 cm, vorderer Elefant Breite 84 cm, Höhe 84 cm), Wadi In Elobu. Ausschnitt aus einer Szene von insgesamt fünf Elefanten. Diese Elefanten sind in starker Bewegung und kleiner als die älteren Beispiele dargestellt. Die Bildfläche ist geglättet. Ritzung gehört stilmäßig in die »jüngere Jägerzeit«, jene Phase von Jagd, die parallel zur Rinderzeit abläuft. Die zwei ungeschickt angebrachten Muldenaugen lassen sich in Technik und Patina nicht von dem originalen Bild unterscheiden, aber wahrscheinlich sind auch sie nachträglich angebracht worden, um dem nun herrschenden Abbildungskodex zu entsprechen. Es ist die Suche nach der Frontaldarstellung mit zwei Augen.

Abb. 11: Elefant (Breite 90 cm), Wadi Tin Iblal. Dieses Bild trägt viele Merkmale der auslaufenden Felskunst. Es ist kleinformatig und von geringerer Naturtreue. Die Perspektive ist durch eine Umrißzeichnung abgelöst und die geschliffene Linie durch eine gepickte (geschlagene) Linie ersetzt, die kaum geglättet ist.

kurzzeitig verbesserten. Beim Anblick mancher Elefantenbilder kann man sich des Eindrucks nicht erwehren, daß der Elefant noch in einer Zeit abgebildet wurde, als alles andere Großwild bereits verschwunden war. Vielleicht weil er durch seine große Mobilität befähigt war, kurzzeitig zurückzukehren. Jedenfalls viel eher als Nashörner und andere Großsäuger. Vielleicht lag es auch am Umstand, daß bereits ein einziges Exemplar, das irgendwo auftauchte, zur Abbildung anregte. Diese große Anzahl von Bildern an verschiedensten Orten und die so naturgetreue Abbildung können aber nicht aus der bloßen Erinnerung von weitab gelegenen Gebieten importiert worden sein.

Eine Aussage darüber, wann die frühesten Elefantenbilder entstanden sind, ist wesentlich schwieriger. Wie bereits erwähnt, ist dies die Kardinalfrage der Felskunst schlechthin. Viele Elefantenbilder sind wesentlich schlechter erhalten als die Beispiele, die wir bisher beschrieben haben und die wir, vom Stil und vom Erhaltungszustand her, der Rinderzeit zuweisen können. Viele kann man fast nicht mehr erkennen und sie weisen eine viel dunklere Patina und viel mehr Erosion auf. Auch vom Stil her kommen sie den ältesten Bubalusbildern nahe, die ganz eindeutig zum frühen Inventar der Felskunst gehören (Abb. 1 und 2). Dies berechtigt zur Annahme, daß solche Bilder vielleicht schon zu Beginn der ersten holozänen Feuchtzeit (10 000 bis 6000 v. Chr.), also schon lange vor der holozänen Austrocknung (6000 bis 5000 v. Chr.) entstanden sind. Insoweit nehmen die Elefantenbilder eine Sonderstellung unter den Wildtierbildern ein. Somit ist auch Mori's Annahme, daß die ersten Bilder noch ins Paläolithikum gehören, nicht ganz von der Hand zu weisen.

Abb. 12: Elefant mit Wild- und Haustieren (Szene Breite 425 cm, Höhe 170 cm), Unterlauf von Wadi Aramas. Der Elefant, als ältestes Bild, wird von den Giraffen und von anderen Bildern, wie Löwen und Rindern, überlagert. Diese kleinen Bilder weisen späte Stilelemente auf: spitze Beine, helle Patina. Der Elefant selbst wurde nachträglich mit einem zweiten, zusätzlichen Auge ausgestattet. Ein besonders schönes Beispiel der langen chronologischen Abfolge in der Felskunst des Massak Sattafet.

Die Zuweisung in eine frühe Periode wird durch einen weiteren Umstand bekräftigt. Es gibt viele Elefantenbilder, bei denen dem original ausgeführten Profilauge nachträglich ein zweites, zusätzliches und schlecht passendes Auge hinzugefügt worden ist (Abb. 12, siehe auch Abb. 1 und 10). Dieses zweite Auge hat meist eine hellere Patina und es ist auch in einer anderen Art und Technik als das Originalauge ausgeführt. Man kann es mit Sicherheit als nachträgliche Korrektur erkennen. So eine Ergänzung kommt auch bei anderen Wildtierbildern aus der Bubalusperiode vor, z. B. beim Bubalus antiquus, beim Nashorn, Auerochsen, Krokodil und anderen. Grundsätzlich sind alle Felsgravuren, sowohl Wild- wie Haustiere, immer als Profilzeichnung mit einem einzigen Auge ausgeführt. Der Versuch, zur Frontansicht zu gelangen, ist zwar in jeder Periode der Felskunst zu erkennen, aber er gelingt nur äußerst selten. Auch einige sehr frühe Rinderbilder wurden auf diese Weise nachträglich ergänzt. Erst Bilder von Rindern wurden bereits beim Entstehen mit zwei seitlich am Profilkopf liegenden Augen ausgestattet, offensichtlich um eine Frontaldarstellung anzudeuten oder vorzutäuschen. Meist sind diesen unglücklich aussehenden Bildern auch die Hörner in Frontansicht auf den Kopf gesetzt. Die Korrektur am Auge müßte also in einer Frühphase der Rinderzeit stattgefunden haben. Dies ist ein Beweis mehr, daß die frühesten Elefantenbilder älter sind als die neolithischen Rinderbilder. Das heißt, sie fallen in die erste holozäne Feuchtphase (10 000 bis 6000 v. Chr.).

Abschließend ergibt sich die aus heutiger Sicht schier unglaubliche Tatsache, daß diese majestätischen Tiere viele Jahrtausende lang durch die gesamte Sahara gezogen sind. Viel länger als alles andere Großwild. Vielleicht von etwa 10 000 v. Chr. bis zur Zeitenwende.

*Literatur*

Kuper, R.: In: Sahara – 10 000 Jahre zwischen Weide und Wüste. Köln 1978, S. 98.

Butzer, K. W.: Landschaftswandel der Sahara im Klimageschehen der Erde, In: Sahara – 10 000 Jahre zwischen Weide und Wüste. Köln 1978, S. 170–172.

Frobenius, L.: Ekade Ektab. Die Felsbilder Fezzans. Leipzig 1937, NA 1978.

Jelinek, J.: Mathrndush, In Galgien, Two Important Fezzanese Rock Art Sites, pp. 117–170. Anthropologie 1984 XXII/2. Mathrndush, In Galgien, Two Important Fezzanese Rock Art Sites, pp. 237–275. Anthropologie XXII/3. Tilizahren, the Key Site of Fezzanese Rock Art, pp. 125–165. Anthropologie 1985 XXIII/2. Tilizahren, the Key Site of Fezzanese Rock Art, pp. 223–275. Anthropologie 1985 XXIII/3, Brno/CSSR 1984/1985.

Le Quellec, J. L.: Chronologies, Symbolisme et art rupestre au Sahara. Paris 1993, p. 28–44.

Lhote, H.: Les gravures rupestres de l'oued Djerat, Tassili-n-Ajjer Tome I et II. Memories du centre de recherches anthropologiques prehistoriques et ethnographiques. Alger 1975.

Lhote, H.: Die Felsbilder der Sahara, Sahara. – 10 000 Jahre zwischen Weide und Wüste. Köln 1978, S. 70–80.

Lhote, H.: Au sujet de la chronologie des gravures rupestres. Les gravures rupestres de l'Atlas Saharien. Office du Park national du Tassili. Alger 1984, S. 256–264

Lutz, R. und G.: Grotte e ripari nell'Amsach Sattafet. In: Sahara 4. Milano 1992, S. 130–135.

Lutz, R. und G.: Rock Engravings in the SW-Fezzan, Libya. In: Memorie della Società Italiana di Scienze Naturali e del Museo Civico di Storia Naturale di Milano, Volume XXVI-Fasc. II. L'arte e l'ambiente del Sahara preistorico, dati e interpretazioni 1993, S. 333–358.

Lutz, R. und G.: Wadi Tilizaghen A. Sahara 6. Milan o. (In Druck) 1994.

Mori, F.: La cronologia assoluta. In: Tadrart Acacus. Turin 1964, S. 223–240.

Mori, F.: Zur Chronologie der Sahara-Felsbilder. In: Sahara – 10 000 Jahre zwischen Weide und Wüste. Köln 1978, S. 253–260.

Mori, F.: L'arte preistorica Sahariana. Arte culture del Sahara preistorico. Roma 1992, S. 21–30.

Muzzolini, A.: L'évolution des Climat au Sahara. In: L'art rupestre préhistorique des massifs centraux sahariens, International Séries 318, Cambridge 1986, p. 47–52.

Muzzolini, A.: Chronologie raisonnée des diverses écoles d'art rupestre du Sahara central 1993. Memorie della Società Italiana di Scienze Naturali e del Museo Civico di Storia Naturale di Milano XXVI-Fasc. II. L'arte e l'ambiente des Sahara preistorico, dati e interpretazioni.

Pachur, H. J.: Vergessene Flüsse und Seen der Ostsahara. In: Geowissenschaften in unserer Zeit. 5. Jahrgang Nr. 2, Weinheim 1987, S 55–64.

# Die Geschichte des afrikanischen Elfenbeinhandels

Iris Hahner-Herzog

## Die Anfänge des Elfenbeinhandels

Der Handel mit afrikanischem Elfenbein hat eine lange Tradition. Vermutlich bezogen schon die Phönizier, die als herausragende Elfenbeinschnitzer bekannt waren und mit ihren Produkten im 16. Jh. v. Chr. den ägyptischen, später auch den israelitischen Hof Salomons belieferten, ihr Rohmaterial nicht nur aus Syrien, sondern auch aus Afrika. Das versierte Seehandelsvolk dürfte durch seine nordafrikanischen Handelskontakte (Gründung Karthagos Ende 9. Jh. v. Chr.) Zugriff auf den Atlaselefanten gehabt haben, der bis zu seiner Ausrottung gegen Ende des 4. Jh. n. Chr. der Stoßzähne wegen gejagt, aber auch zu Kriegszwecken abgerichtet und exportiert wurde. Die Phönizier unternahmen zudem Seefahrten entlang der westafrikanischen Küste (Hanno um 470 v. Chr.) sowie auf dem Roten Meer und dem Indischen Ozean. Es ist anzunehmen, daß sie hierbei auch Stoßzähne der beiden anderen afrikanischen Elefantenarten – des Steppen- oder Großohrelefanten (Loxodonta africana) und des kleineren Wald- oder Rundohrelefanten (Loxodonta cyclotis) – in ihren Besitz bringen konnten.

Gesicherte Kenntnisse über den Handel mit Elfenbein aus Nordostafrika stammen aus ptolemäischer Zeit. Unter Ptolemäus II. (308–246 v. Chr.) wurden entlang der Küste des Roten Meeres bis zum Kap Guardafui (Ras Asir) mehrere Niederlassungen gegründet, die als Ausgangsbasen für Jagdexpeditionen im Küstenbereich und als Handelshäfen dienten.

Der Elfenbeinhandel verlagerte sich in den folgenden Jahrhunderten entlang der Küste nach Süden. So ist aus frühen nachchristlichen Quellen wie dem *Periplus des Erythräischen Meeres* (um 100 n. Chr.) oder der *Geographie* des Ptolemäus (Mitte des 2. Jh.s n. Chr.) zu erfahren, daß arabische Kaufleute verschiedene ostafrikanische Häfen ansteuerten, um die dort gängigen Produkte, darunter Elfenbein, an Bord zu nehmen. Wie wir aus den Schriften al-Masudis (10. Jh. n. Chr.) wissen, gelangten auf diese Weise afrikanische Stoßzähne über Oman und Indien bis nach China. Selbst Marco Polo war über den schwunghaften ostafrikanischen Elfenbeinhandel unterrichtet, dessen Intensivierung nach dem 10. Jh. zur Blütezeit der Küstenstädte führte, in denen die von arabisch-islamischen und afrikanischen Elementen geprägte Swahili-Kultur zur Entfaltung kam.

Die wirtschaftlichen Verbindungen der meisten Niederlassungen waren auf das unmittelbare Hinterland der Küste beschränkt. Lediglich Sofala im Süden, das sich zudem auf die Vermarktung von Gold und Kupfer aus dem Zambezi-Gebiet und dem Zimbabwe-Plateau stützte, bezog seine Elfenbeinlieferungen auch aus diesen entfernteren Gebieten. Ähnlich enge kommerzielle Beziehungen zum Landesinneren, und zwar zu den moslemischen Sultanaten des südäthiopischen Hochlands, unterhielten die Siedlungen der nördlichen Benadir-Küste (im heutigen Somalia).

Elefantenjäger mit mächtigem Stoßzahn. Abbildung aus Sir Richard Burton: – The Lake Regions of Central Africa – Bd. 1: Vorspann; New York 1860

## Der ostafrikanische Elfenbeinhandel zwischen 1500 und 1800

Als sich die Portugiesen nach 1500 an der ostafrikanischen Küste festsetzten und den Gold- und Kupferhandel unter ihre Kontrolle brachten, wandten sich die islamischen Kaufleute verstärkt dem Elfenbeinhandel zu, der sie unbekannte Binnenmärkte erforschen ließ: Auf der Suche nach billigem Elfenbein stießen sie über den Zambezi- und den Shire-Fluß in das Gebiet südwestlich des Nyasasees vor. Gleichzeitig intensivierten sie die Kontakte mit den östlich des Nyasasees beheimateten Yao. Um 1700 galten die Yao als die führenden Elfenbeinhändler, die die beiden wichtigsten Handelshäfen, Kilwa und Mozambique, mit Stoßzähnen versorgten. Noch während des ganzen 18. Jh.s dominierten die Yao die Fernhandelsrouten, die inzwischen bis zur Residenz des Lunda-Herrschers *kazembe* im Luapula-Tal reichten, wo es reiche Elefantenbestände gab.

Auch die Portugiesen wandten sich bald der lukrativen Vermarktung von Elfenbein zu, das in Indien einen kontinuierlichen Absatz fand. Während sie im nördlichen Küstenabschnitt ihre wirtschaftlichen Interessen vehement gegen die arabischen und indischen Kaufleute durchsetzten, war ihnen in der südlich gelegenen Delagoa-Bucht weniger Erfolg beschieden. Nach anfänglich gewinnbringenden Transaktionen mit den hier ansässigen Ronga entglitt ihnen der Handel im 17. Jh., als holländische und englische Konkurrenten auftauchten. Die Ronga, die den Zwischenhandel beherrschten, brachten zunächst Elfenbein aus den lokalen Beständen zum Verkauf, später wurde Natal, mehrere hundert Meilen entfernt, zum wichtigsten Lie-

fergebiet. Im 18. Jh. ergänzte Elfenbein vom Olifants-Fluß sowie dem nordöstlichen und sogar westlichen Transvaal das Angebot, das erst in der zweiten Hälfte des 19. Jh.s durch die Ausrottung der Elefanten in diesen Gebieten versiegte.
Mit der Gründung von Sena (1531) und Tete (1544) am Zambezi faßten die Portugiesen im inländischen Elfenbeinhandel Fuß. Anfang des 18. Jh.s errichteten sie dann am Zufluß des Luangwa eine vorgeschobene Niederlassung, Zumbo, die sich zu einem wichtigen Warenumschlagplatz entwickelte. Das Elfenbein stammte nicht nur aus den lokalen Beständen, sondern wurde über einheimische Mittelsmänner auch aus dem heutigen Zentral-Zimbabwe und von den zambeziaufwärts siedelnden Tonga bezogen, wo bis in die letzten Dekaden des 19. Jh.s. Elefanten in ausreichender Zahl zu finden waren.

## Der Elfenbeinhandel am nördlichen ostafrikanischen Küstenabschnitt seit dem 18. Jh.

Ende des 17. Jh.s verdrängten die nördlichen Handelsstädte mit omanischer Unterstützung die Portugiesen vom heutigen kenianischen und tansanischen Teil der Küste. Der Handel mit Arabien und Indien nahm daraufhin neuen Aufschwung; erste kommerzielle Beziehungen zu Amerika und europäischen Staaten bahnten sich an. An erster Stelle auf den Exportlisten stand Elfenbein, das über Indien auch den europäischen Markt erreichte. Nach wie vor waren die Handelskontakte der nördlich von Kap Delgado gelegenen Niederlassungen weitgehend auf den Küstenbereich beschränkt. Spätestens nach 1800 entwickelten sich jedoch zwischen den Handelszentren und den Nyika – wie die Bevölkerung der nördlichen Küste genannt wurde – enge Tauschbeziehungen, die Nahrungsmittel ebenso umfaßten wie für den Export bestimmtes Elfenbein. Nyika-Händler reisten in die nordwestlichen Inlandsgebiete, insbesondere zu den Kamba, die als erfahrene Elefantenjäger zunächst selbst Elfenbein lieferten, dies später aber von der Bevölkerung am Mount Kenia bezogen und zur Küste brachten.
Der florierende Handel lockte Kaufleute verschiedener Nationalitäten an: omanische Händler, die sich zunächst als Mittelsmänner zwischen den Lieferanten und den Exporteuren in den Küstenstädten betätigten, indische Bankiers und Schiffseigner, die als Financiers der ansässigen Kaufleute auftraten und ebenfalls in den Zwischenhandel eingriffen, und später auch europäische Unternehmer, die sich hier einen neuen Absatzmarkt für ihre industriell gefertigten Produkte erschlossen und im Gegenzug als wertvollsten Tauschartikel Elfenbein erhielten. Zu Luxusobjekten weiterverarbeitet, fand dieses vielfältig verwertbare Material beim bürgerlichen Publikum reißenden Absatz. Der Konsum des Rohstoffes in den westlichen Ländern erhöhte sich innerhalb weniger Jahre um ein Vielfaches. Allein in Großbritannien verdoppelte sich zwischen 1820 und 1840 der Elfenbeinimport von 140 auf 275 Tonnen und stieg danach kontinuierlich weiter an.
Nutznießer dieser Entwicklung war Zanzibar, der omanische Stützpunkt und aufstrebende Warenumschlagplatz, der im 19. Jh. einen erheblichen Anteil zum Weltmarktangebot beitrug. Die Bedeutung des Elfenbeinhandels für Zanzibar läßt sich daran erkennen, daß der an den Herrscher von Oman zu entrichtende Tribut um 1800 in Form von Elfenbein beglichen werden konnte. Um den immensen Bedarf an diesem Material in Ost und West befriedigen zu können, mußten neue Quellen aufgetan werden. Diese lagen, wie durch gelegentliche Karawanen der im Landesinnern ansässigen Nyamwezi zu erfahren war, jenseits des dünn besiedelten Nyika-Küstengürtels in Gebieten, die nur schwer zugänglich waren.

## Die Ausdehnung des Elfenbeinhandels ins Inland im 19. Jh.

Die ersten von Küstenhändlern ausgestatteten Karawanen erreichten Mitte der zwanziger Jahre des 19. Jh.s Unyamwezi. Hier entstand als vorläufiger Endpunkt Tabora, das sich in kürzester Zeit zu einem bedeutenden Handelszentrum entwickelte, in dem Elfenbein aus der näheren und weiteren Umgebung zum Kauf angeboten wurde.
Nur wenige Jahre später hatten die Händler das Land bis zum Tanganyikasee in alle Richtungen durchquert. Mitte des 19. Jh.s führten drei Hauptrouten von Tabora aus in entferntere Gegenden: nach Norden zum Victoriasee und in die Königtümer des Zwischenseengebiets, an das Südende des Tanganyikasees und nach Ujiji, einer Ansiedlung am nordöstlichen Ufer des Tanganyikasees, die Zugang zum elefantenreichen Burundi und in die noch unbekannten Gebiete jenseits des Sees gewährte.
In der zweiten Hälfte des 19. Jh.s gelangten die Händler in das Reich des *kazembe*, dessen Elfenbeinvorräte allerdings infolge

Lastenträger mit Elefanten-Stoßzähnen in einer ostafrikanischen Küstenstadt des 19. Jh.s. Abbildung aus Baron Carl Claus von der Decken: Reisen in Ost-Afrika in den Jahren 1859 bis 1861 (Hrsg. Otto Kersten); Leipzig/Heidelberg 1869: S. 9

Vorbereitungen für den Transport von Elfenbein. Abbildung aus John Hanning Speke – Les Sources du Nil; Paris 1865; S. 34

der seit langem bestehenden Handelskontakte zu den Yao bereits zur Neige gingen, und schließlich nach Katanga, wo seit Jahrhunderten Kupferlager ausgebeutet wurden. Hier hatte Msiri, ein Nyamwezi-Händler, die Macht an sich gerissen und unterhielt nun einen blühenden Handel mit Elfenbein, Sklaven und Kupfer, die er sowohl an durchreisende Händler verkaufte, wie auch durch eigene Karawanen zur Ost- und Westküste Afrikas schickte.
Die bedeutendsten Elfenbeinressourcen erschlossen sich den Kaufleuten seit den sechziger Jahren des 19. Jh.s westlich des Tanganyikasees. So notierte Livingstone, der sich als erster Europäer 1869 bis 1871 in dieser Region aufhielt: »Collecting ivory is like gold digging. The tusks had been left in the interminable forests where the elephants had fallen – no trader came till now and the people, if civilly treated bring them for a small price in copper bracelets« (Livingstone 1964: 143).
Von Kasongo und Nyangwe, den beiden am Lualaba gelegenen Siedlungen aus, drangen die Händler schließlich im Westen über den Lomami hinaus und im Norden bis in die elefantenreichen Urwaldgebiete am Aruwimi und Ituri vor, bevor ihnen in den neunziger Jahren des 19. Jh.s von Handelsagenten und Beauftragten des belgischen Kongo-Freistaats Einhalt geboten wurde.

## Der Elfenbeinhandel an der afrikanischen Westküste bis Ende des 18. Jh.s

Seit die Portugiesen im 15. Jh. Afrika erstmals etappenweise umsegelt hatten, gelangte Elfenbein aus Westafrika nach Europa. Die wichtigsten Ausfuhrhäfen lagen, wie der Name schon andeutet, an der Elfenbeinküste, in der heutigen Republik Benin (ehemals »Sklavenküste«) und an der Küste von Kamerun bis Angola, doch lieferten auch die anderen Gebiete erhebliche Mengen. So berichtete ein portugiesischer Missionar, daß im Jahre 1663 ein englisches Schiff in Sierra Leone 28 000 Stoßzähne an Bord nahm; der Augenzeuge erwähnte auch, daß eine entsprechende Anzahl alljährlich exportiert werde. Die Mengenangabe dürfte zwar übertrieben sein, doch macht sie die Bedeutung des Elfenbeinhandels in dieser Region deutlich, der hier erst seit Beginn des 17. Jh.s von den Engländern und Holländern systematisch betrieben wurde.
Zu diesem Zeitpunkt war der Elfenbeinhandel an der Loango-Küste (heutige Volksrepublik Kongo und die angolanische Exklave Cabinda) voll im Gange. Bereits in den siebziger Jahren des 16. Jh.s hatten die Portugiesen erste wirtschaftliche Beziehungen zu den dort ansässigen Vili aufgenommen. Einige Jahrzehnte später tauchten holländische Kaufleute an der Küste auf und stimulierten durch ihre Nachfrage den von den Vili beherrschten, inländischen Fernhandel. Stammte ein Großteil des ausgeführten Elfenbeins Ende des 16. Jh.s noch aus den küstennahen Gebieten, so brachten Mitte des 17. Jh.s Vili-Karawanen Stoßzähne vom Stanley-Pool zum Verkauf. Wenig später galt Bukkameale als Hauptliefergebiet für Elfenbein, eine Region, die auch den Namen »Elfenbeinberge« trug, und in einer etwa fünfzigtägigen beschwerlichen Reise zu erreichen war.
Von der zweiten Hälfte des 17. Jh.s bis Ende des 18. Jh.s gewann dann der Sklavenhandel an der gesamten westafrikanischen Küste immer mehr an Bedeutung und verwies Elfenbein als Handelsware auf die Plätze.

## Der westafrikanische Elfenbeinhandel im 19. Jh.

Nachdem in der ersten Hälfte des 19. Jh.s durch die Initiative von Großbritannien das Verbot von Sklavenhandel und -haltung eingeleitet worden war, änderten sich in Westafrika die ökonomischen Strukturen. Anstelle von Sklaven tauchten Produkte des landwirtschaftlichen Bereichs und auch wieder verstärkt Elfenbein in den Handelslisten auf.
Seit den frühen zwanziger Jahren des 19. Jh.s stiegen in allen westafrikanischen Gebieten die Exportziffern für Elfenbein, das nicht mehr aus küstennahen Regionen, sondern aus dem Inland stammte, an. Von den späten dreißiger Jahren an gingen die Ausfuhren jedoch wieder zurück, um dann auf unbedeutende Mengen abzusinken. Vor allem die Regionen westlich des Volta-Flusses, also Senegambien, die Oberguinea-, Elfenbein- und Goldküste, waren von dieser Entwicklung betroffen. Der Rückgang der Elfenbeinexporte war auf den radikalen Abschuß der einstmals großen Elefantenbestände zurückzuführen, der durch die Verwendung europäischer Waffen, die als Handelsware Eingang nach Westafrika gefunden hatten, beschleunigt wurde. Auch in den anderen Gebieten – in Kalabar, Kamerun, Gabun, Kongo und Angola – waren durch die Reduzierung der Elefanten Einbrüche im Elfenbeinhandel zu verzeichnen. Doch konnten von diesen Gebieten aus bislang unerschlossene Ressourcen im Landesinnern angezapft bzw. beste-

hende Handelsrouten umgelenkt werden, so daß sich die Ausrottung der Elefanten erst Jahrzehnte später bemerkbar machte. Eine der Ethnien, die vom Elfenbeinboom profitierte, waren die Cokwe, die erst seit den dreißiger Jahren Elfenbein in großem Stil gegen Schußwaffen und Stoffe eintauschten. Die Cokwe machten ihrem Ruf als herausragende Jäger alle Ehre: Bereits Mitte der fünfziger Jahre waren die Elefanten in ihrem Siedlungsgebiet dank der modernen Jagdwaffen ausgestorben. Die Cokwe-Jäger zogen südöstlich zum Zambezi, nach Norden in das Reich des *Mwata Yamvo* und schließlich nach Osten, wo sie gegen Ende des Jahrhunderts vorübergehend die politische Kontrolle im Lundareich übernahmen.

Während von der angolanischen Küste aus neue Liefergebiete für Elfenbein geöffnet wurden, fand weiter nördlich der Kampf um bereits existierende inländische Handelsbeziehungen und -routen statt.

So stießen Abgesandte des belgischen Königs, die mit der kommerziellen und politischen Erschließung des afrikanischen Inlands beauftragt waren, nach 1880 entlang des Zaire-Flusses vor. An seinem Oberlauf trafen sie auf die swahili-arabischen Kaufleute, die von der Ostküste kamen und das Gebiet zwischen Lualaba und Lomami wirtschaftlich ausbeuteten. Die Küstenhändler, im Osten von den Interessen des Deutschen Reiches bedroht und vom Westen her mit den politisch und ökonomisch ambitionierten belgischen Agenten konfrontiert, gingen schließlich auf das Angebot einer wirtschaftlichen Zusammenarbeit ein. Bis zu ihrer endgültigen Verdrängung aus dem kommerziellen Leben Zentralafrikas in der Mitte der neunziger Jahre verkauften die swahili-arabischen Kaufleute ihre Elfenbeinvorräte vor Ort an europäische Handelsfirmen. Die Stoßzähne wurden nun nicht mehr auf dem Landweg zur Ostküste, sondern über den Zaire-Fluß per Schiff zur Westküste transportiert, die Zanzibar aus der Position des führenden Umschlagplatzes für Elfenbein verdrängte.

Bezeichnend für den Kampf um Marktanteile ist auch die Entwicklung in Kamerun und im östlichen Nigeria. Noch Ende des 18. Jh.s und in der ersten Hälfte des 19. Jh.s war der zur Küste ausgerichtete Elfenbeinhandel beträchtlich gewesen – in den zwanziger Jahren wurden bis zu sechzig Tonnen jährlich exportiert; doch Mitte der fünfziger Jahre war die Ausfuhrquote auf sechs bis zehn Tonnen abgesunken. Die Ursache für diesen Rückgang lag darin, daß sich die Handelsbeziehungen der inländischen Lieferanten nach Norden zu den Hausa verlagert hatten, die den Elfenbeinhandel im Niger-Benue-Gebiet und in Adamawa fest im Griff hatten, von wo aus sie weiter nach Süden vorstießen. Nur ein geringer Teil der Stoßzähne gelangte in inländischen Handelsstationen zum Verkauf und auf diese Weise in das Exportangebot der Küste; das meiste Elfenbein wurde dagegen über Kano in den Trans-Sahara-Handel geschleust und fand an der afrikanischen Nordküste seine Käufer. Seit den achtziger Jahren brachten dann die Deutschen den Elfenbeinhandel unter ihre Kontrolle, indem sie mit den Binnenmärkten direkte wirtschaftliche Kontakte knüpften. In den ersten Dekaden des 20. Jh.s erschöpften sich jedoch die Elefantenbestände und damit auch die Elfenbeinressourcen in diesen Gebieten.

## Der nordafrikanische Elfenbeinhandel

Nach der Ausrottung des Atlaselefanten Ende des 4. Jh.s n. Chr. gelangte an der afrikanischen Nordküste nur noch Elfenbein zum Verkauf, das mit Hilfe von Kamelen während beschwerlicher Reisen über die Trans-Sahara-Routen transportiert worden war.

Eine der ältesten Routen, die bereits in klassischer Zeit von den Garamantes benutzt wurde, führte vom Tschad aus durch den Fezzan, das Siedlungsgebiet dieses Händlervolks, nach Tripolis. Die Garamantes, die schon mit den Puniern und später mit den Römern in Kontakt standen, brachten Häute, Wein, Edelsteine und Elfenbein aus dem Sudan in die nördlichen Küstenstädte.

Bis ins 19. Jh. gelangten neben den bedeutendsten Handelswaren Gold und Sklaven auch handwerkliche Erzeugnisse, die über die Trans-Sahara-Routen – Niger–Marokko, Timbuktu–Ghadames–Tunis, Hausa–Tripolis, Tschad–Fezzan–Tripolis, Darfur–Cyrenaica (Bengasi) – an ihre Bestimmungsorte. Erst in der zweiten Hälfte des letzten Jahrhunderts wurden neben Gold auch Straußenfedern und – wie am Beispiel

Herzog Ernst von Sachsen-Coburg-Gotha auf der Jagd in Mensa, Äthiopien. Originalzeichnung von R. Kretschmer.

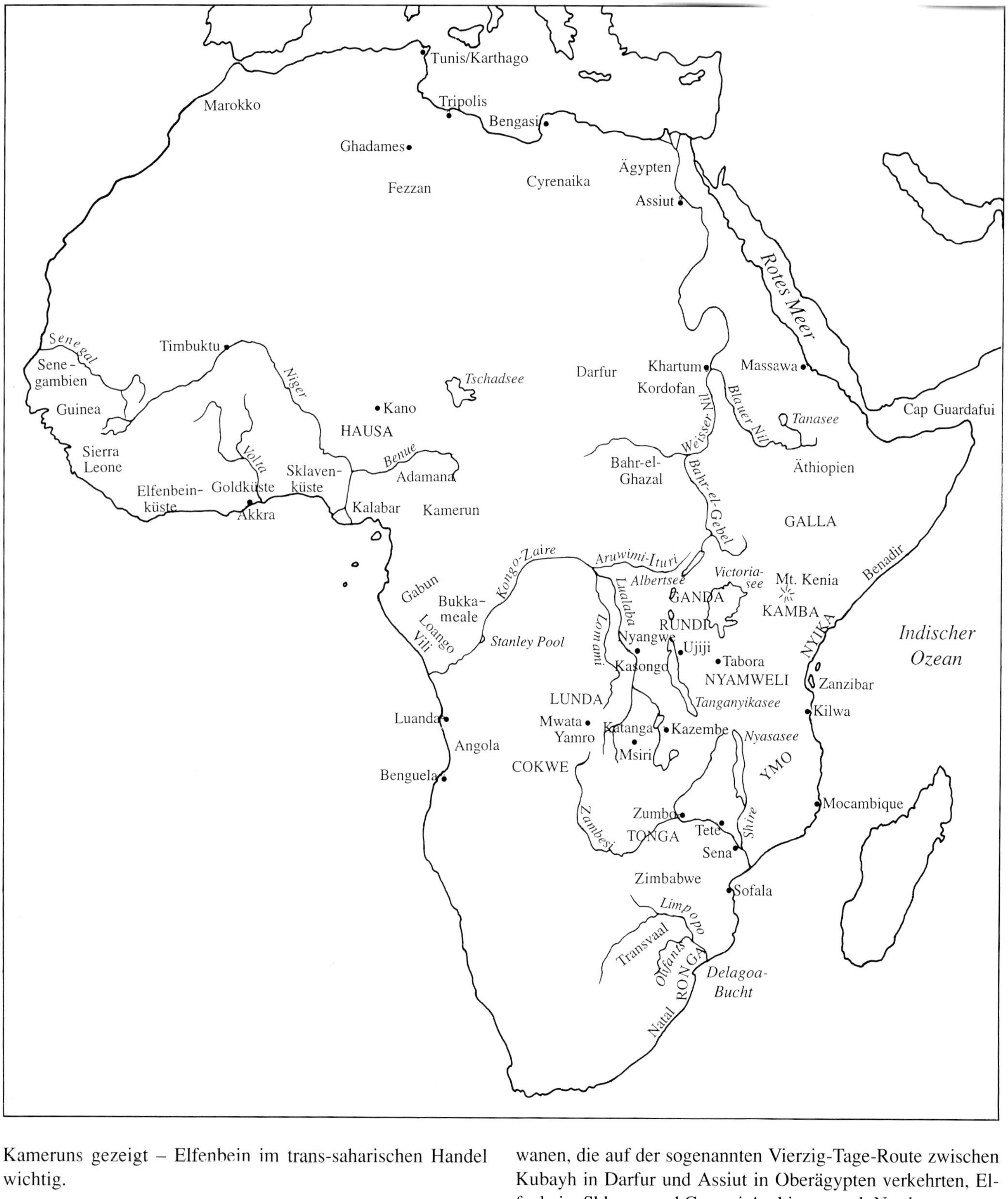


Kameruns gezeigt – Elfenbein im trans-saharischen Handel wichtig.

## Der über Ägypten abgewickelte-Elfenbeinhandel im 19. Jh.

Ägypten unterhielt seit langem wirtschaftliche Beziehungen zu den südlichen Gebieten. So brachten Handels- und Pilgerkarawanen, die auf der sogenannten Vierzig-Tage-Route zwischen Kubayh in Darfur und Assiut in Oberägypten verkehrten, Elfenbein, Sklaven und Gummi Arabicum nach Norden.

Der Reichtum Nubiens und des Sudan, den die vollbeladenen Karawanen verhießen, lockte Ägypten. Am Zusammenfluß des Blauen und Weißen Nil errichteten ägyptische Truppen in den zwanziger Jahren des 19. Jh.s einen Stützpunkt, Khartum, der sich bald zu einem Schmelztiegel verschiedenster Nationalitäten und Ethnien und zu einem bedeutenden Handelszentrum

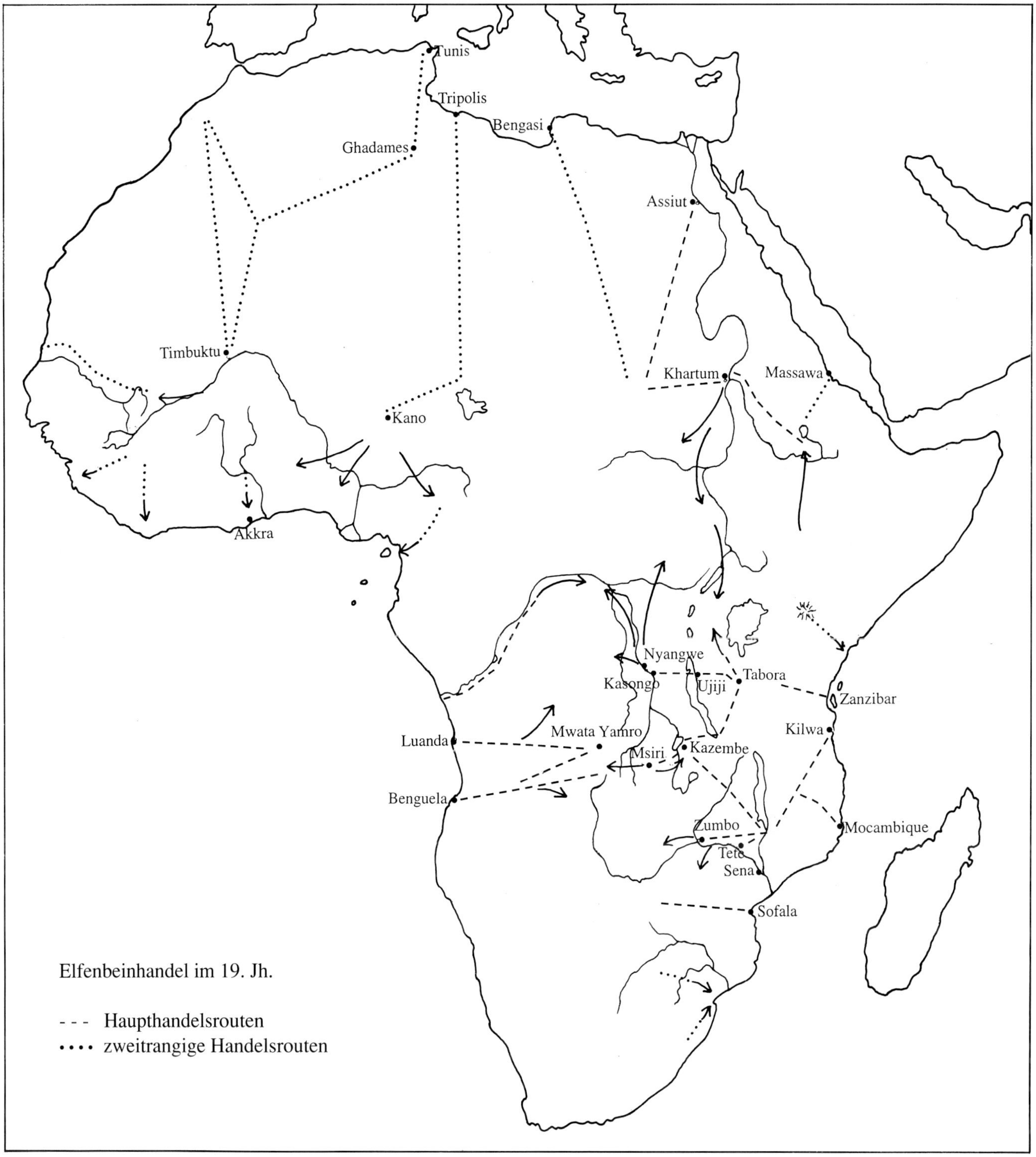


entwickelte, in dem Erzeugnisse aus allen Himmelsrichtungen angeboten wurden. Um die Mitte des 19. Jh.s gehörte zu den wichtigsten Handelswaren in Khartum Elfenbein, das aus Darfur, Kordofan, vom Weißen Nil, aus dem Bahr-el-Ghazal, dem Bahr-el-Gebel und sogar aus dem Zwischenseengebiet stammte. Selbst Karawanen aus dem nordäthiopischen Hochland brachten Elfenbein nach Khartum, das sie vom Tanasee, vom Blauen Nil und aus den Gallaländern bezogen.

Bis 1850 hatten die Repräsentanten des ägyptischen Statthalters das Vorkaufsrecht für alle in Khartum einlaufenden Waren, deren Preise sie folglich bestimmten. Nachdem das staatliche Monopol auf Druck der Westmächte aufgehoben worden war, nahmen Jagdexpeditionen europäischer und ägyptischer Händler rapide zu, die ungehemmt die Elefanten niedermetzelten. Die einst bedeutenden Liefergebiete für Elfenbein, Darfur und die daran angrenzenden südlichen Gebiete bis zum Bahr-el-Ghazal, waren Mitte der siebziger Jahre bereits ausgebeutet. Die Folge war, daß Elfenbein wieder zum Staatsmonopol er-

Großer Trupp von Elefantenjägern in Ruanda nach erfolgreicher Jagd (um 1900). Archiv Staatliches Museum für Völkerkunde München.

hoben wurde. Als Hauptaufkäufer traten die Gouverneure der Sudanprovinzen in Erscheinung, wie z. B. Emin Pascha (eigentlich Eduard Schnitzer), Verwalter der Äquatorialprovinz, dessen angeblich angehäufte Elfenbeinvorräte zu wilden Spekulationen Anlaß gaben.

Der Elfenbeinzustrom aus den südlichen Gebieten versiegte erst, als in den achtziger Jahren der Mahdiaufstand ausbrach. Nach dessen Niederschlagung erreichte der ägyptische Elfenbeinhandel jedoch nicht mehr die Bedeutung, die er zuvor gehabt hatte.

## Zur Organisation des Elfenbeinhandels

### Die Ausbeutung der Elfenbeinressourcen

Elefanten wurden nicht erst gejagt, seit arabische, indische und europäische Händler ihr Interesse am Elfenbein kundtaten. Die autochthone Bevölkerung sah im Elefanten einerseits ein schädliches Tier, das Felder und Siedlungen zerstörte, andererseits auch ein Nutztier, das die Jäger niemals allein seiner Stoßzähne wegen erlegten. Bis auf die Knochen und die Backenzähne fand der gesamte Tierkadaver Verwendung: Das Fleisch war Nahrung, aus den Sohlenknorpeln, den Sehnen und dem Schwanzhaar entstanden Armreifen und Gürtel, die Haut diente als Trommel- oder Schildbespannung, aus dem Zwerchfell ließ sich ein Mantel für den Jäger herstellen, die Stoßzähne wurden zu Schmuckstücken verarbeitet.

Die Großwildjagd war nicht bei allen Ethnien verbreitet, doch als die Nachfrage nach Elfenbein stieg, entstanden viele spezialisierte Jägergruppen, die häufig an früher gesammelte Erfahrungen anknüpften. Die angesehensten Elefantenjäger waren die Makua, deren Ruf sich in ganz Ostafrika verbreitete, sowie die Cokwe, die von ihrem Kerngebiet im Westen Angolas weite Teile Zentralafrikas überfluteten; aber auch Kamba- und Nyamwezijäger waren überregional bekannt und außerhalb ihres angestammten Lebensraumes tätig. In zahlreichen afrikanischen Königtümern standen zudem professionelle Elefantenjäger in den Diensten der Herrscher.

Diese Spezialisten waren oft in Jagdgesellschaften organisiert, die einen Initiationsmodus und eine strikte Hierarchie kannten und besondere Verhaltensweisen und Jagdrituale forderten, wozu auch die Anwendung erfolgversprechender und schadensabwehrender Medizinen gehörte. Zu erkennen waren die Elefantenjäger an ihrem äußeren Erscheinungsbild, etwa ihrer Frisur, Bekleidung, Schmuck oder Narbenzeichnungen.

Bei der Jagd kamen die unterschiedlichsten Methoden zur Anwendung: Speere wurden über den Fährten aufgehängt, die ein darunter hergehender Elefant durch einen simplen Mechanismus selbst auslöste; die Jäger hoben tiefe, abgedeckte Fallgruben aus, manche mit Pfahlrosten am Boden versehen, an denen sich das Tier aufspießte; während der Pirschjagd folgten die Jäger den Elefantenspuren und griffen dann mit Speeren, Lanzen oder (meist vergifteten) Pfeilen an; Treibjagden durch wenige Dutzend Männer ließen den Elefanten nur wenige Fluchtmöglichkeiten, insbesondere dann nicht, wenn ein Fluß, See oder Sumpf in der Nähe war, in den man die Tiere trieb, um sie dann in Massen abzuschlachten.

Die Einführung europäischer Schußwaffen – vor der Erfindung des Hinterladers im Jahre 1866 handelte es sich um Perkussions- und Feuersteinschloßgewehre – ermöglichte eine sehr viel effizientere Jagd, auch dann, wenn statt mit Schießpulver und Kugeln die Gewehre mit vergifteten Pfeilen oder dünnen Eisenstäben geladen wurden. Bedeutende Mengen an Schußwaffen gelangten erst im 19. Jh. nach Afrika. Ihre Verbreitung wurde nicht nur durch die rapide technologische Entwicklung in Europa beschleunigt, die Absatzmärkte für die neuen wie die alten Produkte erforderlich machte, sondern auch durch die zunehmende Konkurrenz unter den europäischen Mächten. So war an der Goldküste (heutiges Ghana), wo Niederländer und Briten um die Marktanteile stritten, zu beobachten, daß im Kampf um das begehrte Elfenbein jener Aufkäufer die besten Chancen hatte, der gewillt war, Gewehre und Pulver zu liefern – in diesem Fall die Niederländer.

Dem ungehemmten Abschuß der Elefanten war Tür und Tor geöffnet, als europäische Schußwaffen allgemein in Gebrauch kamen. Trotz deren geringer Treffsicherheit scheinen die Jäger höhere Erfolgsquoten erzielt zu haben als mit ihren traditionellen Waffen. Immerhin kamen nach Einführung von Gewehren kleinere Jagdgruppen mit einer Stärke von drei oder vier bis zu einem Dutzend Mann auf, die offenbar ähnliche Erfolge hatten wie die ehemals großen Jagdtrupps. Da die Anzahl der Jäger eher noch anstieg, die Gruppen aber kleiner wurden, konnten die Elefanten flächendeckender gejagt und systematisch ausgerottet werden, was in manchen Gebieten binnen weniger Jahrzehnte erfolgte. Die Handels- und Expansionsgeschichte der Cokwe bietet hierfür ein eindrucksvolles Beispiel.

## Der Erwerb von Elfenbein

Vor dem 19. Jh. hatten europäische Kaufleute nur in seltenen Fällen im Landesinnern Fuß fassen können. Allenfalls entlang einiger großer Flüsse, etwa des Senegal- und Gambia-Flusses oder des Zambezi hatten sie erfolgreich eine Kette von Handelsstationen errichtet. Die meisten Händler blieben an der Küste, wo sie von befestigten Forts aus mit den Abgesandten der einheimischen Bevölkerung ihre Geschäfte abwickelten.

Während in West- und Nordafrika europäische Abnehmer die Elfenbeinvermarktung übernahmen, kam diese Funktion in Ostafrika den Vertretern indischer Bankhäuser zu, die als Gläubiger der swahili-arabischen Zwischenhändler ihre Hand auf

Detail eines beschnitzten Schiffschnabels (tange) der Duala (Kamerun). Das Stück wurde im Jahr 1884 gesammelt und zeigt eine Elefantenjagd. Holz, Farbe. Staatliches Museum für Völkerkunde München.

Blashorn, Elfenbein, Sierra Leone (Mende?) Ende 19. Jh. (?). Im Gegensatz zu den zahlreichen speziell für Europäer angefertigten Elfenbeinschnitzereien aus Sierra Leone diente dieses Blashorn wahrscheinlich einem einheimischen Würdenträger als Insignie. Anders als die »Export-Instrumente« mit ihren Anblaslöchern an der Spitze trägt dieses Horn sein Blasloch an der konkaven Seite, d. h. an der Innenseite. Staatliches Museum für Völkerkunde München.

die Transporte aus dem Landesinnern legten. Die indischen Kreditgeber konnten, sofern ihre Schuldner erfolgreich waren, hohe Gewinne erzielen, die nach Schätzungen Reichards im besten Falle 300 bis 400 Prozent des investierten Kapitals ausmachten und bei einer weniger ergiebigen Elfenbeinausbeute immer noch 100 Prozent betrugen.

Das Elfenbein wurde von swahili-arabischen oder afrikanischen Mittelsmännern aus dem Landesinnern zur Küste gebracht, wobei aufgrund der ungünstigen klimatischen und topographischen Bedingungen noch während des ganzen 19. Jh.s Träger benötigt wurden. Häufig handelte es sich bei diesen um Sklaven, die in Ostafrika entweder dem Karawanenbesitzer gehörten oder aber entliehen, in jedem Fall aber entlohnt wurden. Demgegenüber mußten in Westafrika Sklaven, die zum Verkauf und zum Weitertransport nach Übersee bestimmt waren, das Elfenbein zur Küste schleppen.

Nur in den seltensten Fällen partizipierten die Jäger am Handel; vielmehr waren die Zwischenhändler auf die Herrscher angewiesen, da diese bei vielen Ethnien ein Monopol auf Elfenbein hatten – sei es, daß ihnen alle im Stammesgebiet erbeuteten Stoßzähne zustanden oder aber, daß der Jäger nur einen Stoßzahn abliefern mußte, während der andere in seinem Besitz blieb bzw. vom Herrscher aufgekauft wurde.

Der Besitzer und der potentielle Ankäufer des Elfenbeins traten vor dem endgültigen Handelsabschluß in langwierige Verhandlungen, die sich über Stunden, ja sogar Tage hinziehen konnten. In dieser Zeit feilschten die Geschäftspartner über die Menge und die Zusammensetzung der Tauschwaren. In Nordostafrika gehörten verschiedene Sorten von Glasperlen zu den wichtigsten Handelsartikeln. Darüber hinaus waren in Ostafrika Stoffe, Messing-, Kupfer- und Eisendraht gefragt. Westafrikanische Verkäufer forderten zudem europäische Schußwaffen, Schießpulver, Alkohol und Gegenstände aus Metall (Messer, Töpfe, Feilen, Scheren, Glocken etc.), sowie geringere Mengen diverser Gebrauchsartikel, wie Seifenstücke, Spiegel oder Teller. Die Zusammensetzung dieses sogenannten »Elfenbeinbündels« hing außer von der Qualität und dem Gewicht des Stoßzahnes auch vom Verhandlungsgeschick der Handelspartner ab.

Aufgrund des ständigen Preisauftriebs im Landesinnern und des sinkenden Profits infolge steigender Nebenkosten und zunehmender Konkurrenz vollzogen sich im kommerziellen Verhalten der Händler im Laufe des 19. Jh.s Veränderungen, die im folgenden Abschnitt beispielhaft an der Handlungsweise der swahili-arabischen Kaufleute aufgezeigt werden, doch waren auch unter europäischen Händlern entsprechende Entwicklungen zu beobachten.

## Wandlungsprozesse im kommerziellen Verhalten der swahili-arabischen Händler

Ebenso wie die kommerzielle Erschließung Ost- und Zentralafrikas war auch die Organisation des Elfenbeinhandels Veränderungen unterworfen. Die ansässige Bevölkerung war nämlich keinesfalls immer gewillt, auf die Handelswünsche der Kaufleute einzugehen, sondern setzte sich häufig gegen die fremden Eindringlinge zur Wehr, die zwar besser ausgerüstet, jedoch oft in der Minderzahl waren und daher hohe Verluste und Rückschläge hinnehmen mußten.

In der ersten Phase der Expansion mieden die Küstenhändler bewaffnete Auseinandersetzungen und suchten Gebiete auf, in denen sie den geringsten Widerstand gegen ihre wirtschaftlichen Ambitionen zu erwarten hatten. Sie akzeptierten die afrikanischen Elfenbeinlieferanten als gleichberechtigte Handelspartner. Ihr Verhältnis zueinander, ihre Rechte, Ansprüche und der Ablauf der oft zähen Verhandlungen waren genau definiert und wurden von beiden Seiten respektiert.

Dies änderte sich, als infolge wachsender Konkurrenz und mangelnder billiger Elfenbeinvorräte der Beschaffungsaufwand – weitere Wege, höhere Transport-, Versorgungs- und Ausrüstungskosten – stieg, und daher die Erweiterung der Handelsgebiete forciert in Angriff genommen wurde. Elfenbein war in den neu erschlossenen Gebieten zwar billig zu haben, doch zeitraubende Verhandlungen mit oft ungewissem Ausgang erwiesen sich als wirtschaftliches Handicap. In einer Übergangsphase, die sich etwa von Mitte der sechziger bis Ende der siebziger Jahre hinzog, setzten die Kaufleute verschiedene Taktiken ein, um ihr Ziel zu erreichen: Die Methoden reichten von friedlicher Kontaktaufnahme mit regulären Tauschbeziehungen über die trickreiche Annäherung bis hin zur Einmischung in interne Angelegenheiten und die Anwendung von roher Gewalt, um die Bevölkerung gefügig zu machen, um die begehrten Waren Elfenbein und Sklaven zu erhalten.

Seit Beginn der achtziger Jahre überzogen die Kaufleute die Ethnien westlich des Tanganyikasees, die in kleinste politische Segmente aufgespalten waren, mit einer Welle von Gewalt. Oberstes Ziel der Händler war die optimale wirtschaftliche Ausbeutung des Landes, die durch den Aufbau eines effizienten Verwaltungsapparates erreicht wurde. Die Kaufleute stützten sich auf einen Stab von Vertrauensleuten aus den eigenen Reihen und auf Gefolgsleute, mit deren Hilfe sie ihren Einfluß erlangen und aufrecht erhalten konnten. Die Gefolgschaft rekrutierte sich aus lokalen Herrschern, die durch gewaltsame, aber auch friedliche Mittel, wie Blutsbrüderschaft, Heirat oder die Aussicht auf politische oder wirtschaftliche Vorteile, zur Kollaboration bewegt wurden. Der größte Teil der Gefolgsleute bestand jedoch aus Sklaven, die in jungen Jahren aus der ein-

Elefantenhocker, Holz, Ghana (Ashanti), 20. Jh. Mit Elefanten beschnitzte Schemel spielen als Autoritätssymbole im sozialen und zeremoniellen Leben der Ashanti eine wichtige Rolle. Die Hocker werden zum Amtsantritt bestimmter hoher Würdenträger angefertigt und in der Regel ein ganzes Leben lang vom jeweiligen Amtsinhaber benutzt. Staatliches Museum für Völkerkunde München.

heimischen Bevölkerung geraubt worden waren und eine Ausbildung erhalten hatten. Diese befähigte sie, vielfältige Aufgaben in der wirtschaftlichen und administrativen Organisation wahrzunehmen. Raubzüge dienten aber nicht nur der Rekrutierung neuer Gefolgsleute, sondern auch einem wirtschaftlichen Zweck, da Gefangene gegen Elfenbein von ihren Angehörigen ausgelöst werden konnten. Diese von Gewalt geprägten Beziehungen zwischen den Kaufleuten und den autochthonen Ethnien änderten sich nur langsam. Erst nachdem sich die Bevölkerung den Händlern gebeugt hatte, kamen erste, auf Austausch beruhende wirtschaftliche Kontakte wieder in Gang.

Das »Aus« für die swahili-arabischen Kaufleute und damit auch für ihre fragile Handelsorganisation kam Mitte der neunziger Jahre, als sie nach einer verheerenden militärischen Niederlage durch die Truppen des Kongo-Freistaats das Feld räumen mußten.

**Herkunft und Menge des Elfenbeinangebots auf dem Weltmarkt (in kg/Jahr)**

1. Ost- und Südafrika

| | Zanzibar | Mozambique | Bombay | Ägypten Khartum | Äthiopien Somalia | Kap |
|---|---|---|---|---|---|---|
| Ø 1879–1883 | 196.000 | 142.000 | | 171.000 | 26.000 | 29.000 |

| | Zanzibar Mozambique Bombay | Ägypten Khartum | Äthiopien Somalia | Kap |
|---|---|---|---|---|
| 1884 | 149.000 | | | |
| 1885 | 141.000 | 42.000 | | |
| 1886 | 134.000 | 47.000 | | |
| 1887 | 138.000 | 29.000 | | |
| 1888 | 192.000 | 65.000 | | 4.000 |
| 1889 | 133.000 | 68.000 | | |
| 1890 | 140.000 | 74.000 | | |
| 1891 | 148.000 | 61.000 | | |
| 1892 | 125.000 | 43.000 | | |
| 1893 | 86.000 | 45.000 | | |
| 1894 | 129.000 | 87.000 | | |
| 1895 | 93.000 | 53.000 | | 1.000 |
| 1896 | 101.000 | 32.000 | | |

**Herkunft und Menge des Elfenbeinangebots auf dem Weltmarkt (in kg/Jahr)**

2. Westafrika

| | Senegal | Niger Benue | Gabun Kamerun | Kongo | Benguela | Westküste gesamt |
|---|---|---|---|---|---|---|
| Ø 1879–83 | 19.000 | 89.000 | 64.000 | 86.000 | 26.000 | 284.000 |
| 1884 | | 83.000 | | 79.000 | | 271.000 |
| 1885 | | 61.000 | | 98.000 | | 262.000 |
| 1886 | | 32.000 | | 106.000 | | 232.000 |
| 1887 | | 105.000 | | 88.000 | | 279.000 |
| 1888 | | 38.000 | 48.000 | 120.000 | | 251.000 |
| 1889 | | 38.000 | | 134.000 | | 253.000 |
| 1890 | | 45.000 | | 184.000 | | 293.000 |
| 1891 | | 34.000 | | 172.000 | | 274.000 |
| 1892 | | 62.000 | | 204.000 | | 321.000 |
| 1893 | | 36.000 | | 311.000 | | 391.000 |
| 1894 | | 28.000 | 34.000 | 232.000 | | 328.000 |
| 1895 | | 35.000 | 37.000 | 340.000 | | 435.000 |
| 1896 | | 29.000 | 43.000 | 317.000 | 11.000 | 396.000 |

Die Angaben für die Jahre 1885 bis 1895 beziehen sich auf die auf den europäischen Märkten angebotenen Mengen. Die Durchschnittswerte 1879–1883 stellen eine Aufschlüsselung des weltweiten Angebots dar.

Quellen: »Le commerce de l'ivoire« 1889: 7, 1890: 124, 1895: 7f, 1896: 16–18 u. 1897: 31, »L'ivoire« 1891: 96, Willaert 1902: 6, Spinage 1973: 282.

## Elfenbeinverbrauch (in kg/Jahr)

| | Großbritannien | Deutschland | Frankreich | USA | Indien | China | Andere | Gesamt |
|---|---|---|---|---|---|---|---|---|
| 1879–83 | 290.000 | 137.000 | 108.000 | 112.000 | 123.000 | 19.000 | 49.000 | 838.000 |
| 1889–93 | 188.000 | 113.000 | 90.000 | 116.000 | 121.000 | 13.000 | 6.000 | 647.000 |

Quellen: »L'ivoire« 1891: 96, »Le commerce de l'ivoire« 1896: 18 u. 1897: 30.

*Literatur*


Alagoa, E. J.: Long-Distance Trade and States in the Niger Delta. In: Journal of African History 11 (3), 1970, S. 319–329.

Allen, J. de V.: Swahili Culture and the Nature of East Coast Settlement. In: The International Journal of Historical Studies 9 (2), 1981, S. 306–334.

Alpers, E. A.: Ivory and Slaves. Changing Pattern of International Trade in East Central Africa to the Later Nineteenth Century. Berkeley, Los Angeles, 1975.

Austen, R. A.: African Commerce without Europeans: the Development Impact of International Trade in the Pre-Modern Era. In: Kenya Historical Review 6, 1978, S. 1–21.

Barnett, R. D.: Phoenicia and the Ivory Trade. In: Archaeology 9. New York, 1956, S. 87–97.

Beachey, R. W.: The Arms Trade in East Africa in the Late Nineteenth Century. In: Journal of African History 3 (3), 1962, S. 451–467.
The East African Ivory Trade in the Nineteenth Century. In: Journal of African History 8 (2), 1967, S. 269–290.

Bennett, N.: Studies in East African History. Boston 1963.
A History of the Arab State of Zanzibar. (Studies in African History 16). London 1978.

Birmingham, D.: Central Africa to 1870. Cambridge 1981.

Brehm, A. E.: Reisen im Sudan, 1847–1852. Herausgegeben, bearbeitet und eingeleitet von Helmut Arndt. München, Zürich 1981.

Bouët-Willaumez, E.: Commerce et traite des Noirs aux côtes occidentales d' Afrique. 1er janvier 1848. Nachdruck Genève 1978 (1848).

Casati, G.: Zehn Jahre in Äquatoria und die Rückkehr mit Emin Pascha. 2 Bde. Bamberg 1891.

Chittick, N.: The »Shirazi« Colonization of East Africa. In: Journal of African History 6 (3), 1965, S. 275–294.
The Coast before the Arrival of the Portuguese. In: Ogot, B. A. und Kieran, J. A. (Hg.): Zamani: A Survey of East African History, Nairobi 1968, S. 98–114.

Daaku, K.: Trade and Politics on the Gold Coast, 1600–1720. Oxford 1970.

Davidson, B.: The Growth of African Civilisation. East and Central Africa to the Late Nineteenth Century. Nairobi 1967.


Jagdszenen, Leinwand 81 x 131 cm, Maler Tesfaye Taye, um 1970; Addis Abeba, Äthiopien. In der untersten Reihe werden zwei Elefanten von Jägern mit Gewehren und Säbeln angegriffen. Darüber ist die für Jäger nicht ungefährliche Jagd auf Büffel, Leoparden, Giraffen und Löwen dargestellt. Privatbesitz.

Flint, E.: Trade and Politics in Barotseland during the Kololo Period. In: Journal of African History 11 (1), 1970, S. 71–86.
Freeman-Grenville, G. S. P.: The East African Coast. Select Documents from the First to the Earlier Nineteenth Century, Oxford 1966.
Gowers, W.: African Elephants and Ancient Authors. In: African Affairs, London 1948, S. 173–180.
Gray, R. und Birmingham, D. (Hg.): Pre-Colonial African Trade: Essays on Trade in Central and Eastern Africa before 1900. Oxford, London, New York, Nairobi 1970.
Hahner-Herzog, I.: Tippu Tip und der Elfenbeinhandel in Ost- und Zentralafrika im 19. Jahrhundert. München 1990.
Johnson, M.: By Ship or by Camel: The Struggle for the Cameroons Ivory Trade in the Nineteenth Century. In: Journal of African History 19 (4), 1978, S. 539–549.
Lagercrantz, S.: Drop Harpoons and Drop Spears. In: Ders.: Varia. Occasional Papers VIII. Uppsala 1979, S. 5–37.
Law, R. C. C.: The Garamantes and Trans-Saharan Enterprise in Classical Times. In: Journal of African History 8 (2), 1967, S. 181–200.
Liesegang, G., Pasch, H. und Jones, A. (Hg.): Figuring African Trade. (Proceedings of the Symposium on the Quantification and Structure of Import and Export and Long Distant Trade in Africa 1800–1913). Berlin 1986.
Lindblom, G.: Jakt-och Fångstmetoder bland Afrikanska Folk. Tl. 1. Stockholm 1925.
Livingstone, D.: The Zambezi Doctors. David Livingstone's Letters to John Kirk, 1858–1872. Herausgegeben von Reginald Foskett. Edinburgh 1964.
Newbury, C. W.: North African and Western Sudan Trade in the Nineteenth Century: A Re-Evaluation. In: Journal of African History 7 (2), 1966, S. 233–246.
Nicholls, Ch. S.: The Swahili Coast. Politics, Diplomacy and Trade on the East African Littoral 1798–1856. London 1971.
Noack, Th.: Elfenbeinhandel, Elfenbein und verwandte Produkte auf dem fünften deutschen Geographentage in Hamburg. In: Humboldt 4, Stuttgart 1885, S. 311–319.
Pankhurst, R.: The Trade of Northern Ethiopia in the Nineteenth and Early Twentieth Centuries. In: Journal of Ethiopian Studies 2 (1), 1964, S. 49–159.
The Trade of Central Ethiopia in the Nineteenth and Early Twentieth Centuries. In: Journal of Ethiopian Studies 2 (2), 1964, S. 41–91.
Polo, M.: The Description of the World. 2 Bde. New York (1938) 1976.
Reichard, P.: Das afrikanische Elfenbein und sein Handel. In: Deutsche Geographische Blätter 12 (Bremen), 1889, S. 132–168.
Reusch, R.: How The Swahili People and Language came into Existence. In: Tanganyika Notes and Records (Dar es Salaam) 34, 1953, S. 20–27.
Rodney, W.: A History of the Upper Guinea Coast 1545–1800. Oxford 1970.
Roscoe, J.: The Baganda. London 1965.
Sakarai, L. J.: Indian Merchants in East Africa. Part 1: The Triangular Trade and the Slave Economy. In: Slavery and Abolition (London) 1 (3), 1980, S. 292–338.
Santi, P. und Hill, R. (Hg.): The Europeans in the Sudan 1834–1878. Oxford 1980.
Seyffert, C.: Die Ausrüstung eines Elefantenjägers der Baia nebst einigen Bemerkungen über die Elefantenjagd in Kamerun. In: Zeitschrift für Ethnologie 43, 1911, S. 91–113.
Spinage, C. A.: A Review of Ivory Exploitation and Elephant Trends in Africa. In: East African Wildlife Journal 11, 3./4. December (Nairobi), 1973, S. 281–289.
Sundström, L.: The Trade of Guinea. Lund 1965.
Vajda, L.: Emin Pascha. In: Neue Deutsche Biographie. Bd. 4. Berlin 1959, S. 479–482.
Vansina, J.: Long-Distance Trade-Routes in Central Africa. In: Konczacki, Z. A. und J. M. (Hg.): An Economic History of Tropical Africa. Vol. 1: The Pre-Colonial Periode. London 1977, S. 237–252.
Whitford, J.: Trading Life in Western and Central Africa. London 1967 (1877).
Willaert, H. und G.: Bulletin commercial. Ivoire. In: Belgique Commerciale 7, 1902, S. 5f.
Wilson, D. und Ayerst, P.: White Gold. The Story of African Ivory. London 1976.
Wood, R.: An Archaeological Appraisal of Early European Settlements in the Senegambia. In: Journal of African History 8 (1), 1967, S. 39–64.
Ylvisaker, M.: The Ivory Trade in the Lamu Area 1600–1870. In: Paideuma 28, 1982, S. 221–231.
Zöller, H.: Die deutsche Kolonie Kamerun. Erster Teil: Das Kamerun-Gebirge. Berlin, Stuttgart 1885.
Forschungsreisen in der deutschen Colonie Kamerun. Dritter Teil: Das südliche Kamerun-Gebiet. Berlin, Stuttgart 1885.

*Sonstige Beiträge:*

Le Commerce de l'ivoire. In: Le Mouvement Géographique (Bruxelles) 6 (2), 27 jan. 1889: 7f.; 7 (30), 28 déc. 1890: 124; 12 (1), 6 jan. 1895: 7f.; 13 (2), 12 jan. 1896: 16–18; 14 (3), 17 jan. 1897, 29–31.
L'Ivoire. Les prix depuis 50 ans. In: Le Mouvement Géographique (Bruxelles) 8 (21), 4 oct. 1891: 96f.

Zwei Elefanten, Wandmalerei aus der Genneta Mariam Kirche bei Lalibela, 13. Jh., Äthiopien.

# Ikonographische Beispiele aus der ELEPHANTOGRAPHIA CURIOSA des Georg Christoph Petri von Hartenfels

Roman Ofer-Marchetti

Frontispiz der Elefantographia Curiosa (1715).

Petri von Hartenfels (1633–1718) wurde in Erfurt als Sohn eines Kaufmanns geboren, verlor seine Eltern in jungen Jahren und besuchte die örtliche Augustinerschule. Nach medizinischen Studien in seiner Vaterstadt sowie in Jena, Groningen und Leipzig wurde er 1655 Hofmeister und zwei Jahre später Leibarzt des Grafen von Reuß zu Greiz. Im Jahre 1659 promovierte er in Jena zum Dr. med., einige Jahre später wurde er Garnison-Medicus zu Erfurt. Es folgte ein steter beruflicher Aufstieg:

1666: Medicus ordin. et provincialis sowie Prof. e. o.
1668: Stadt-Medicus
1686: Proconsul
1689: oberster Ratsmeister
1690: Prof. medicinae primarius
1692: oberster Bürgermeister und kurmainzischer Rath- und Leibmedicus

Aufgrund seiner vielfältigen Verdienste wurde er schließlich von Kaiser Leopold in den Adelsstand erhoben. Petri von Hartenfels war ein wissenschaftlich sehr tätiger Mensch, dem die Nachwelt eine Reihe gelehrter Werke verdankt, die er auf Lateinisch schrieb. Als Beispiel sei hier seine Schrift »Pestis telo praevisa, oder nützliche Anleitung der Pest zu begegnen« erwähnt.

Im Jahre 1715 veröffentliche von Hartenfels ein Buch unter dem Titel »Elephantographia Curiosa«. Es handelt sich dabei um ein reichhaltig illustriertes Werk über den Elefanten in all seinen Daseinsformen, eine Schrift, die bis auf den heutigen Tag ihresgleichen sucht. Mit akribischer Sorgfalt trug von Hartenfels unter Einbeziehung einer Fülle älterer Quellen alles nur erdenklich Wissenswerte über den Elefanten zusammen in dem Versuch, seiner Umwelt und Nachwelt ein möglichst vollständiges Bild dieses Tieres zu vermitteln.

Die Elefanten werden durch ein künstlich erzeugtes Feuer in einen engen Laufsteg getrieben, wo man sie gesondert in Empfang nehmen kann.

Elefantenfang mittels Treiber und Umzäunung
Wichtig sind folgende Bildelemente: Treiber mit Musikinstrumenten zur Lärmerzeugung, Treiber mit Fackeln (perspektivisch verkleinert), Umzäunung mit Gattern in der Art eines »Keddah«.
Besagte Fangmethode wird auch in der modernen Literatur (Carrington 1962: 195 f.) beschrieben:
»Im Osten werden Elefanten in neuerer Zeit hauptsächlich mit Hilfe von sogenannten Keddahs, d. h. Korralen, gefangen, die alle, obwohl unterschiedlich in der Form, auf das gleiche Prinzip zurückgehen. Ein Keddah ist einfach ein dreieckig oder rechteckig umfriedeter Platz mit trichterförmigem Einlaß an einem Ende zum Hereintreiben der Tiere. Bei der dreieckigen Form kommt der Trichter durch Verlängerung der beiden Seiten um mehrere hundert Meter über die Basis hinaus zustande; in der Basis selbst befindet sich eine Öffnung, das sogenannte Kan Gula oder ›Nadelöhr‹. Die Umzäunung besteht aus Baumstämmen und das Kan Gula ist durch ein Fallgatter aus Rundhölzern verschließbar, die einen Durchmesser von ca. fünfzehn Zentimetern haben. Der von der Umzäunung umschlossene Platz heißt Kelina Gala und muß einen Teich oder Bach und ein gutes Stück Dschungelgebiet enthalten.«

Wenn man bedenkt, wie wenig Sachkenntnis über den Elefanten die angehende Neuzeit besaß – die Zeit der großen Tiergärten war noch nicht angebrochen, und das Mittelalter hatte kaum einen realen Zuwachs an Wissen in dieser Richtung erbracht –, dann wird man verstehen, daß sich in dem Werk des Petri von Hartenfels Wahrheit und Dichtung in bunter Folge mischen. Es wäre verfehlt, die gesamte Abhandlung als eine Ansammlung erdichteter Kuriosa abzutun. Die dem Leser im folgenden dargebotenen Abbildungen stellen eine breit gestreute Auswahl aus den Originalillustrationen der »Elephantographia Curiosa« dar. In ihnen spiegelt sich exemplarisch das Nebeneinander von Dichtung und historischer Realität wider. So finden wir neben der Abbildung eines Elefanten im Kampf mit einem Fabelwesen andere Illustrationen wie z. B. jene über das Fangen und Einbrechen, die durchaus Anspruch auf Wahrheitsgehalt erheben können, wie auch aus dem beigefügten Text ersichtlich wird.

Der Betrachter der folgenden Illustrationen möge sich der oben geschilderten Zweiwertigkeit bewußt sein. Die den einzelnen Abbildungen jeweils zugeordneten Kommentare sollen dabei behilflich sein.

Die Abbildung illustriert verschiedene Methoden des Elefantenfangs.
Wenn wir von Proportion oder Anatomie absehen, dann entsprechen die dargestellten Mittel durchaus einer zumindest historischen Wirklichkeit.
Drei Elemente der Abbildung sollten beachtet werden:
1. Das Einfangen mittels Schlinge
2. Das Einfangen mittels Fallgrube
3. Das Einfangen bzw. Abrichten eines wilden Elefanten unter Zuhilfenahme eines bereits abgerichteten Artgenossen (rechts im Bild)

Zum Einfangen bzw. Abrichten meint Richard Carrington (1962: 197 f.):
»Sobald einer oder mehrere der zahmen Elefanten einen wilden Elefanten von der Herde abgedrängt haben, gleitet der Schlingenwerfer vom Rücken des zahmen Elefanten herab und nähert sich, hinter seinem Reittier verborgen, zu Fuß dem wilden. Sobald er nahe genug heran ist, schießt er hervor, versetzt dem wilden Elefanten einen Schlag auf den Hinterfuß und wirft, sobald dieser daraufhin das Bein hebt, die Schlinge darum. Die Schlinge muß unbedingt um den Hinterfuß geworfen werden und nicht um den Vorderfuß, weil der Elefant sonst fallen oder Schaden nehmen könnte. Das freie Ende der Schlinge wird am Halsriemen des zahmen Elefanten befestigt, der den Gefangenen zum nächsten Baum zieht, an dem er dann angebunden wird… Ein zahmer Bulle kann einen schwierigen Gefangenen manchmal sehr wirkungsvoll ›beruhigen‹ indem er ihm mit der Unterseite der Stoßzähne den Kopf wie in einem Schraubstock festklemmt.«

Der Elefant als Last- und Arbeitstier
Von Hartenfels berichtet zu diesem Thema (1715: 118) unter Berufung auf eine ältere Quelle z. B. von den Einwohnern Goas (Indien), die die Elefanten zum Beladen ihrer Schiffe eingesetzt haben sollen. Von Hartenfels verweist auch auf einen Augenzeugen, der beobachtet haben will, wie ein Elefant eine derart große Menge Holz zu einem vorbestimmten Platz trug, wie sie zwanzig kräftige Männer kaum hätten heben können.

»Erbfeinde« im Tierreich
Die vergleichsweise friedlich anmutende Darstellung täuscht über die beabsichtigte Aussage hinweg: von Hartenfels widmet den »Erzfeinden« des Elefanten im Tierreich ein eigenes Kapitel (1715: 120f.). Wie jedes Tier habe auch der Elefant seine Widersacher, denn ihn verbinde eine Feindschaft mit dem Nashorn, dem Löwen und Tiger, dem Widder, dem Schwein, der Schlange, der Ratte (Maus) und dem Drachen. Des weiteren hasse der Elefant bestimmte Dinge wie z. B. das Feuer und spezielle Farben. Unter den genannten Feinden nehme das Nashorn den ersten Platz ein. Von Hartenfels verweist in diesem Zusammenhang auf den römischen Universalgelehrten Plinius, der vom Einsatz von Nashörnern in den Circusspielen des Pompejus berichtet, wo sie ihre »Überlegenheit« über die Elefanten unter Beweis gestellt haben sollen, indem sie mit ihrem Horn deren weicheren Bauch durchbohrten.

Kampf zwischen Elefanten in einem orientalischen Amphitheater
Wie schon an anderer Stelle erwähnt (siehe Artikel über Kriegselefanten) wurden Elefanten sowohl im Abendland als auch im Orient bei sogenannten Kampfspielen gegeneinandergehetzt und zwar einzeln oder in ganzen Herden. Von Hartenfels (1715: 119) beruft sich u. a. auf Aristoteles, wenn er sagt, daß sie untereinander heftig kämpften und einander mit den Stoßzähnen verletzten. Es sei ein fürchterliches Schauspiel, wenn sich die Tiere einem Zweikampf stellten, in dessen Verlauf sie dem Gegner nicht nur mit den Stoßzähnen zusetzten, sondern auch derart mit den Köpfen aneinanderstießen, daß bisweilen der eine oder andere mit gebrochenem Schädel zu Boden stürze.

Schlange und Lindwurm, zwei »Todfeinde« des Elefanten
Von Hartenfels verweist in diesem Zusammenhang (1715: 126) u. a. auf Aelianus, dessen Bericht zufolge in Äthiopien dreißig Fuß lange Drachen vorgekommen sein sollen, die Elefantentöter genannt worden seien und sich durch größte Langlebigkeit ausgezeichnet hätten.

Elefanten bei der Nahrungsaufnahme
Von Hartenfels (1715: 98) meint, daß des Elefanten gängige und übliche Nahrung aus Sumpfpflanzen bestehe, denn die Tiere hielten sich mit Vorliebe in sumpfigen Gegenden auf, wo sie sich nach Art der Schweine am Schlamm erfreuten. Auch mieden sie trockene und wasserarme Landstriche aufgrund des dort herrschenden Futtermangels. Zu ihrer Lieblingsspeise gehörten Blätter von Bäumen und Stämme, deren Rinde sie abschälten sowie Wurzeln des indischen Feigenbaums.

Die Gelehrsamkeit des Elefanten
Das vorliegende Bildmotiv ist dem gleichnamigen Kapitel entnommen, in dem von Hartenfels (1715: 173f.) unter Berufung auf antike Quellen (Aristoteles, Aelianus u. a.) die Wesenszüge des Elefanten schildert, wie er sie sah: Der Elefant sei äußerst sanft und friedfertig, da er ja für viele Dienstleistungen ausgebildet werde und sie verstehe; er habe gesunde Sinne und einen ausnehmend scharfen Verstand; in der Arena spiele er seine Rolle gut und passe sich allen Übungen an… Der Überlieferung des Aelian zufolge seien Elefanten in der Lage, Flötentöne zu unterscheiden und auf deren unterschiedlichen Klang zu reagieren.

Mit Bogenschützen u. a. Bewaffneten bemannte Elefanten im Kampf mit feindlichen Fußtruppen und Reiterei.
Bemerkenswert sind die Aufbauten (Haudahs?) auf dem Rücken der Tiere. Siehe in diesem Zusammenhang auch den Artikel über Kriegselefanten!

Der Elefant als Vollstrecker von Hinrichtungen
Von Hartenfels (1715: 225) erwähnt diesbezüglich das Königreich Siam (Thailand) und sagt in der Beschreibung: Der Verurteilte werde an einen in der Erde befestigten Pfahl gebunden. Das gereizte Tier umschreite ihn, ergreife ihn schließlich mit dem Rüssel und werfe ihn samt Pfahl in die Höhe. Anschließend werde das Opfer von den Stoßzähnen aufgespießt oder zu Tode getrampelt. Ein entsetzlicher Anblick, wie von Hartenfels unter Berufung auf einen älteren Augenzeugenbericht zu Recht bemerkt.

Europäisierte Vorstellung von orientalischer Elefantenverehrung?
Es läßt sich bei vorliegender Abbildung keine eindeutige Beziehung zum Text des Petri von Hartenfels herstellen.

# Der Elefant im Krieg und bei Kampfveranstaltungen in der antiken und mittelalterlichen Welt

Roman Ofer-Marchetti

## Alexanders Feldzug gegen den indischen König Porus

Im Jahr 331 v. Chr. eroberte Alexander Kleinasien, Palästina, Ägypten und drängte den Perserkönig Darius aus Mesopotamien hinaus. Anschließend überquerte er den Tigris und stellte sich zu jenem Kampf, der mit der Flucht des Darius und dem Zusammenbruch des persischen Großreiches endete.
Als Alexander bei Gaugamela erstmals die Schlachtordnung des Darius in Augenschein nahm, wurde ihm bewußt, daß es hier nicht allein um einen Kampf schwerbewaffneter Infanterien ging, sondern vorrangig um ein Kavalleriegefecht. Abgesehen vom außergewöhnlichen Übergewicht an Kavallerieeinheiten im gegnerischen Heer, wurde Alexanders Aufmerksamkeit von zwei seltsamen Waffengattungen in Anspruch genommen, die ihm gegenüber Aufstellung bezogen hatten: Es handelte sich um 15 Elefanten sowie eine Anzahl skythischer Kampfwagen. Keine der beiden Einheiten brachte Alexanders Truppen ernsthaft in Bedrängnis; er gab wirksame Befehle, wie man den Kampfwagen zu begegnen hatte, wohingegen die Elefanten in den antiken Texten nicht mehr erwähnt werden, was zu der Annahme verleitet, daß sie in besagter Schlacht keine herausragende Rolle spielten (Scullard 1974: 64).
Die obengenannten Elefanten – deren Vorhandensein übrigens in der Fachwelt umstritten zu sein scheint (Scullard 1974: 64) – waren möglicherweise die ersten, die Alexander im Krieg zu Gesicht bekam. Über das weitere Schicksal dieser Tiere ist nichts bekannt, vielleicht wurden sie als Lasttiere dem makedonischen Heer einverleibt. In jedem Fall waren sie nicht die einzige Beute dieser Art. Curtius (V, 2.10) berichtet, daß der Statthalter von Susa, als sich der siegreiche Alexander den Stadtmauern näherte, diesem als Geste der Beschwichtigung schnelle Dromedare sowie zwölf Elefanten entgegensandte, die Darius zuvor aus Indien eingeführt hatte. Somit führte Alexander 27 Elefanten im eigenen Heer mit sich, wenn man die obengenannten 15 als gegeben annehmen will.
In der nachfolgenden Zeit wurden mehr und mehr Elefanten in das Heer Alexanders aufgenommen, Gelegenheit dazu gab es genug. Nach Überquerung des Hindukusch und bereits auf dem Weg zum Indus befahl er dem Radjah von Taxila und anderen Fürsten, sich mit ihm zu treffen. Als jene erschienen, brachten sie eine Eskorte von 25 Elefanten mit, die sie Alexander als Geschenk versprachen (Arrian 4, 22. 6; Curtius 8, 10. 1–2). Arrian, eine unserer wichtigsten Quellen über die Feldzüge Alexanders, berichtet von Gefechten mit den Assazenen, die Elefanten im Kampf einsetzten (IV, 25.5). Je weiter er nach Asien vorstieß, desto mehr interessierte sich Alexander für den Elefanten ob dessen vielseitiger Verwendung. So nahm er z. B. einheimische Treiber in seine Gefolgschaft auf, die für sein Heer Elefanten einfingen und ritten (Arrian IV, 30.7–8).
Diodorus (XVII, 86.2–3) berichtet, daß Alexander von einem indischen Fürsten namens Aphrices 15 Elefanten übernahm. Es wäre überflüssig, an dieser Stelle die stete Vergrößerung des Elefantenkontingents im Heer der Makedonen im einzelnen aufzulisten, es sei nur abschließend festgehalten, daß Alexander über mehr als 120 Elefanten verfügte, als er dem Heer des Porus (auch Poros genannt) gegenübertrat (Scullard 1974: 66). Die Streitkräfte des Porus bestanden aus ca. 30 000 Infanteristen (Armandi 1843: 49), 4000 Reitern, 300 Kriegswagen und 200 Elefanten (Scullard 1974: 66; Armandi 1843: 49). Man könnte nun meinen, es hätten einander zwei gleichartige Armeen gegenübergestanden, eine jede ausgestattet mit einer Einheit Kriegselefanten; dem war aber keineswegs so. Während die Elefanten im Heer des Porus eine klar gegliederte Kampfgruppe mit festumrissenen taktischen Aufgaben bildeten, hatte Alexander noch keine Zeit gefunden, seine verschiedenen Elefantentruppen angemessen zu trainieren und zu koordinieren. Vor allem waren seine Elefanten noch nicht im Umgang mit der eigenen Kavallerie geschult.
Wie die nachfolgende Schlacht zeigte, hatte sich Alexander allerlei Gedanken darüber gemacht, wie er die Elefanten des

Abb. 1: Ein Kriegselefant auf einer baktrischen Münze; British Museum London.

Gegners ausschalten könnte. Es ist uns nicht überliefert, wieviel Alexander zu jenem Zeitpunkt über den Elefanten als Kriegswaffe wußte, aber jene Schlacht am Hydaspes (Jhelum) führte das erste Mal zu einer Auseinandersetzung zwischen einer griechischen Armee und einem feindlichen Heer, in dem Elefanten als Kriegswaffe eingesetzt wurden. Über die Schlacht am Hydaspes sind zahlreiche Einzelheiten bekannt, hier sei aber nur auf die herausragende Bedeutung der Elefanten eingegangen:

So schreibt Arrian (V, 15.5) über die Schlachtordnung des Porus wie folgt: »Zuerst die Elefanten in Front, von Elefant zu Elefant nicht weniger Zwischenraum als ein Phletron (ca. 30 m), damit er vor der gesamten Infanterieaufstellung die Elefanten in der Front habe, und sie nach allen Seiten der Kavallerie Alexanders Furcht einflößten ... Im Anschluß daran stand die Infanterie in Stellung, nicht in gleicher Front mit den Elefanten, sondern in einem zweiten Treffen hinter den Elefanten, so weit, daß diese einzelnen Gruppen auf dem kürzesten Wege in die Lücken hineingeworfen werden könnten. Ferner stand noch Infanterie auf den Flügeln über die Elefanten hinaus; auf beiden Seiten der Infanterie war die Kavallerie in Stellung und vor dieser die Kampfwagen auf beiden Seiten. Dies war die Aufstellung des Porus.«

Über die Wichtigkeit des Elefantenkorps im Heer des Porus äußert sich Breloer (1933: 74) wie folgt: »Die taktische Front bestand aus den Elefanten, die Infanterie hatte keinerlei selbständige Bedeutung. Sie operierte nicht als Gesamtwaffe, sondern in kleinen Trupps, die unmittelbar dem Führer der zugeordneten Elefanten unterstanden. Man kann damit das Operieren der Infanterie in Begleitung der Tanks vergleichen, wie es sich seit dem letzten Kriege herausgebildet hat. Das Kommando und die Initiative lag völlig bei den Kommandostellen der Elefantenfront. Dieser Kampfverband hatte also die Grundaufgabe undurchlässig zu sein und war in der Wahl der Mittel wie in der Bewegung ziemlich frei. Curtius erzählt – offenbar nach Augenzeugen –, daß sie Signalisten mit sich führten, die statt der Trompeten Handpauken, Tamburine benutzten, auf deren Kommandos sie (auch die Elefanten) seit alters einexerziert seien. Um fernerhin ihre Kampfkraft zu konzentrieren, trugen sie ein Idol des Herkules (Siva?) voraus, dessen Verlust unter Todesstrafe stand.«

Wir wissen zwar einigermaßen Bescheid über den Umfang, die Aufstellung und den Einsatz jenes Elefantenkontingents im indischen Heer, über die Ausstattung und Bemannung des einzelnen Elefanten jedoch können wir nur Vermutungen anstellen. So ist z. B. nicht erwiesen, ob die Elefanten des Porus mit Haudahs (kastenartiger Aufbau auf dem Elefantenrücken, in dem eine oder mehrere Personen Platz haben) bestückt waren oder nicht (Scullard 1974: 70) und ob sie mehr als nur ihren Mahut (Elefantenführer bzw. -reiter) auf dem Rücken trugen (Abb. 1). Die Beantwortung dieser Frage ist nicht uninteressant, weil sie darüber entscheidet, ob der Elefant allein für sich als Waffe eingesetzt wurde, oder ob er auch einer berittenen Infanterie als Träger diente.

Einen Hinweis in dieser Richtung könnten zwei in Babylon geprägte Münzen geben. Sie zeigen Alexander auf seinem Reitpferd, wie er den König Porus auf dessen Elefanten angreift. Außer Porus befindet sich noch eine zweite Gestalt auf dem Elefanten, eine Haudah ist nicht abgebildet. Scullard weist in diesem Zusammenhang darauf hin, daß es äußerst unwahrscheinlich sei, daß die anderen Elefantenreiter im indischen Heer besser geschützt gewesen seien als der König selbst (Scullard 1974: 70). Wir sollten davon ausgehen, daß jeder Elefant des Porus einen Mahut auf dem Rücken trug und allenfalls noch einen Soldaten, was jedoch nicht erwiesen ist.

Die Kerntruppe des indischen Heeres, das Elefantenkorps, war gleichzeitig seine Achillesferse. Wenn es auch keinen Beleg dafür gibt, daß Alexander seine eigenen Elefanten zum Einsatz brachte, so ist doch umso besser bekannt, daß er seine Truppen auf einen Kampf mit den Elefanten des Gegners bestens vorbereitet hatte.

So verfügten seine Soldaten über speziell angefertigte Kampfwerkzeuge, um die Elefanten mit der Infanterie anzugreifen. Alexanders Fußtruppe war mit besonderen Instruktionen einexerziert worden, und wahrscheinlich hatte auch die Kavallerie, namentlich die Bogenschützen, eine bestimmte Kampfesweise eingeübt. Alexanders Absicht bestand darin, die Elefanten des Gegners, die eine vernichtende Waffe darstellten, gegen Porus Heer zu wenden, also aus den ärgsten Feinden die besten Bundesgenossen zu machen. Dies gelang ihm, indem er seine Soldaten mitten unter die Elefanten führte, nachdem er diese zuvor durch ein Manöver gezwungen hatte, enger zusammenzurücken. Breloer (1933: 108) schreibt in diesem Zusammenhang: »Die Kavallerie bildet nunmehr eine große Formation und richtet da, wo sie einfällt, ein furchtbares Blutbad an. Gegen ihren gewaltigen Stoß gibt es kein Gegenmittel, sie reitet alles nieder. Die Elefanten sind allmählich müde und werden außerdem nunmehr mit vorbereiteten Werkzeugen bearbeitet, so daß sie sich gegen die eigene Truppe, ja sogar gegen die Mohants wenden, die sie mit ihrem Rüssel herunterwerfen und zerstampfen. Es entsteht naturgemäß ein Gedränge, wenn die Elefanten unregelmäßig vorgehen. Wenn sie die Front verlassen, entsteht eine Lücke, die für Alexanders Kavallerie das beste Ziel ist.«

Alexanders Männer versuchten, einzelne Elefanten zu isolieren und zu umzingeln, deckten die Tiere mit Speeren und Pfeilen ein. Infanteristen, mit langen Piken (sarissae) ausgestattet, mußten sich den Elefanten nicht allzusehr nähern, um anzugreifen, andere Soldaten schlugen mit Schwertern nach den Stoßzähnen der Tiere oder versuchten, ihnen mit Hilfe von Äxten die Beinsehnen zu durchtrennen. Die gebogenen Schwerter (copides) und die Äxte waren vorher angefertigt worden (Scullard 1974: 70).

Die Schlacht endete mit der Niederlage und Gefangennahme des Porus, der schwerverwundet auf seinem Kriegselefanten zusammengebrochen war. Curtius (VIII, 14.39–40) berichtet in diesem Zusammenhang einige interessante Einzelheiten. Als der König aufgrund seiner Verwundungen im Begriff war, von dem Elefanten herunterzugleiten, befahl der Mahut dem Elefanten zu knien, in der Annahme, sein Herr wolle absteigen. Als sie den Leitelefanten knien sahen, folgten die anderen flüchtenden Elefanten seinem Beispiel, weil sie auf dieses Verhalten

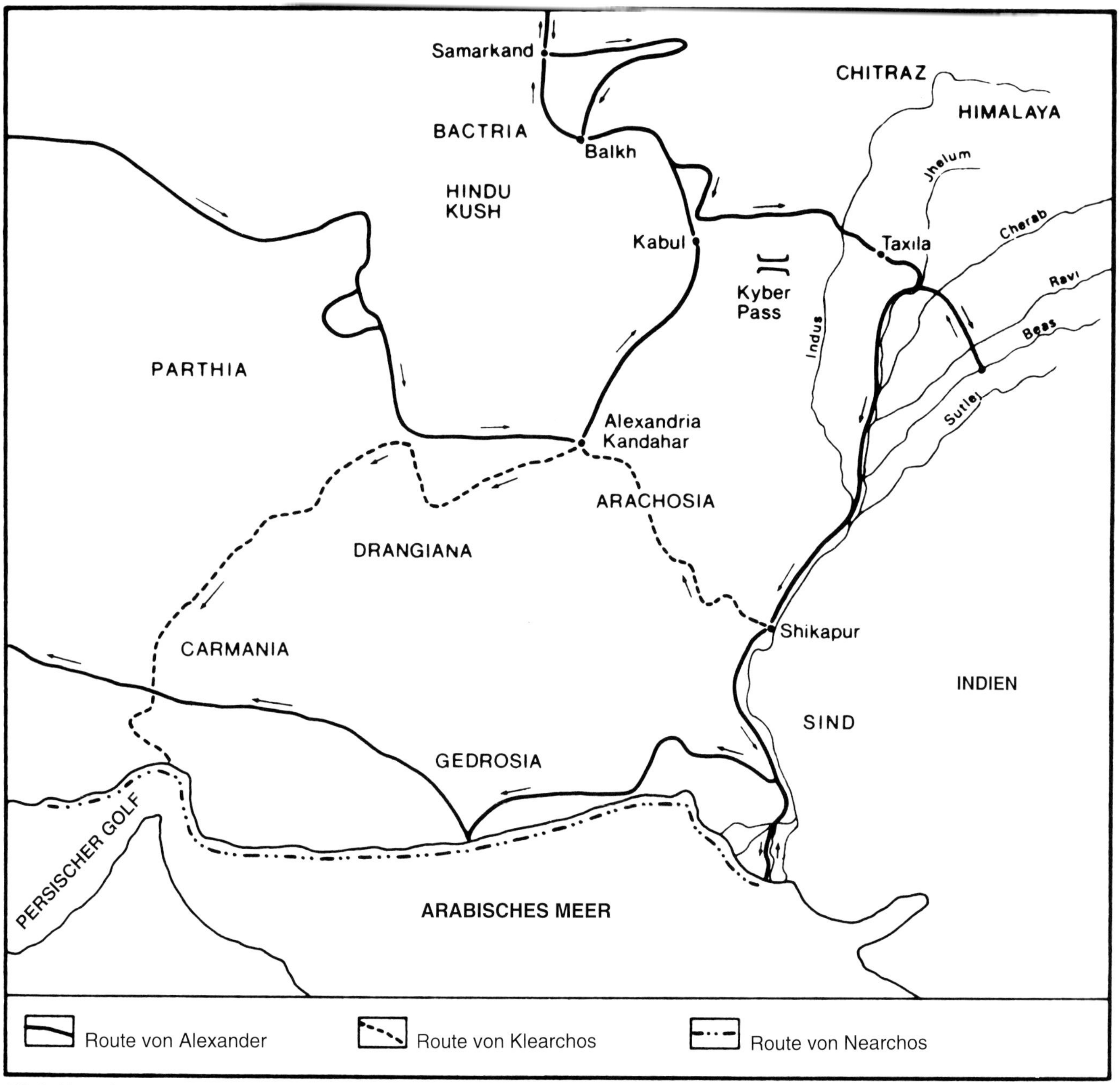


Abb. 2: Alexander am Indus 326–325 v. Chr. Karte nach H. H. Scullard 1974: 73. Am Beas (Hyphasis) war Alexander gezwungen umzukehren, weil seine Truppen sich weigerten, noch weiter nach Osten zu ziehen.

eingeübt waren. Auf diese Weise wurden Porus und der Rest seiner Gefolgsleute gefangengenommen. Als sich Männer dem Porus näherten, um ihm die Rüstung abzunehmen, da sie ihn für tot hielten, verteidigte der Elefant seinen Herrn und griff die Männer an, nachdem er zuvor den Körper des bewußtlosen Königs hinter sich gelegt hatte. Das Schicksal des Porus ist uns bekannt, er verlor zwar seine Unabhängigkeit, wurde aber wegen seiner Tapferkeit im Kampf, die Alexander beeindruckt hatte, wieder als Satrap über sein Reich eingesetzt.

Nach der Schlacht am Hydaspes stieß Alexander mit seinen Truppen weiter nach Osten vor, bis er den Fluß Hyphasis (Beas) erreichte, den östlichsten Punkt seines Feldzuges. Das Klima des Landes und die Schlacht gegen die Elefanten des Porus hatten an den Kräften der makedonischen Soldaten gezehrt. Es machten sich Gerüchte breit, zwölf Tagesmärsche jenseits des Beas würde ein Volksstamm leben, der über große militärische Ressourcen und über 4000 Elefanten verfügte (Arrian 5, 25. 1–2). Alexander versuchte, seine Veteranen zu einem weiteren Vordringen zu überreden, aber Offiziere und Mannschaften meuterten und nach einer gewissen Frist sah sich Alexander gezwungen nachzugeben (Abb. 2).

Der Elefant hatte sich als ein wesentliches Hindernis auf dem Weg nach Osten erwiesen. Scullard (1974: 73) spricht von einem »traumatischen Erlebnis« bei jenen Männern, die gegen die Elefanten des Porus gekämpft hatten. Unter Berufung auf Philostratos berichtet uns Armandi (1843: 54) folgende Anek-

dote: Alexander war derart stolz über seinen Sieg gegen die Elefanten des Porus, daß er dessen Reitelefanten dem Sonnengott weihte und ihm den Namen Ajax verlieh. Er ließ das Tier prächtig schmücken und seine Stoßzähne mit goldenen Reifen versehen, auf denen folgende Inschrift stand: »Alexander, Sohn des Zeus, weiht diesen Elefanten der Sonne.«
Nach Alexanders Tod wurde ein prächtiges Gefährt gebaut, um seine einbalsamierte Leiche nach Makedonien zu transportieren. Zur reichen Dekoration des Wagens gehörten vier Bildwerke, von denen eines Elefanten in Kriegsausstattung zeigte, wie sie der Leibwache folgten. Die Elefanten trugen indische Mahuts, hinter denen Makedonen in voller Bewaffnung saßen. Wie im Leben, so auch im Tode wurde Alexander also von Elefanten eskortiert (Diodor 18, 26–28). Alexander starb im Sommer 323 v. Chr., der Leichenwagen aber war wegen des aufwendigen Schmuckes erst zwei Jahre danach fertig (Lauffer 1978: 195). Sechs Jahre nach Alexanders Tod ließ Ptolemäus – zu jener Zeit bereits Herrscher über Ägypten, aber noch ohne Königswürde – in Alexandria eine Münze mit dem Antlitz Alexanders prägen, der einen Kopfputz in Form eines Elefantenskalps trägt. In dieser Zeit begann der Elefant bei den politischen Nachfolgern Alexanders eine wichtige Rolle in der Kriegführung zu spielen (Scullard 1974: 76).

## Siebenunddreißig Elefanten gegen Rom, Hannibals Marsch über die Alpen

Unter den Geschichtsschreibern, die sich mit dem Leben Hannibals beschäftigten, ragen zwei hervor, deren Berichte sich durch Sorgfalt und Reichhaltigkeit an Details auszeichnen, nämlich Polybius und Livius. Polybius, ein Grieche, wurde 202 v. Chr. geboren, zwanzig Jahre vor Hannibals Tod, und war somit den geschichtlichen Ereignissen, die er beschreibt, zeitlich nah. Daß und auf welche Weise er diesen Ereignissen auch räumlich nahezutreten versuchte, wird folgendermaßen deutlich: Polybius war ursprünglich Soldat und erreichte einen hohen Dienstgrad, bevor er sich der Geschichtsschreibung zuwandte. Er verbrachte eine Zeit seines Lebens als Geisel in Rom, wo er mit einflußreichen Leuten verkehrte. Durch seine Geschichtsschreibung wollte er u. a. seinen griechischen Landsleuten einen Eindruck von römischer Lebensweise vermitteln. Daß er bei seiner Berichterstattung nicht leichtfertig vorging, bezeugt folgende Begebenheit: Als er sich mit den Kriegen zwischen Rom und Karthago und mit Hannibals Marsch über die Alpen beschäftigte, war er davon derart fasziniert, daß er einen Beweis für die Durchführbarkeit des Unternehmens erbringen wollte, indem er selbst die Alpen auf einem Esel überquerte und zwar auf der Route, die Hannibal seiner Meinung nach genommen hatte.
Livius wurde 59 v. Chr. in Padua geboren. Seine Beschreibung von Hannibals Feldzug, die sich teilweise an Polybius anlehnt, zeichnet sich durch geringere Sorgfalt und Detailfreude aus, ist jedoch sehr lebhaft und eindrucksvoll.
Im 3. Jh. v. Chr. rangen zwei politische Kräfte um die Vorherrschaft am Mittelmeer, Rom und Karthago. Karthago kontrollierte nicht nur die Mittelmeerinseln Korsika, Sardinien und Sizilien, sondern auch Teile der Iberischen Halbinsel (Südspanien).
Hannibal wurde 247 v. Chr. geboren, während des Ersten Punischen Krieges. Er war der Sohn Hamilkar Barkas, eines berühmten karthagischen Feldherrn und begleitete seinen Vater schon im Alter von neun Jahren auf einem Feldzug nach Spanien. Als Hannibal achtzehn war, starb sein Vater, sieben Jahre später wurde Hannibal zum Oberbefehlshaber der karthagischen Streitkräfte ernannt.
Hannibal haßte Rom. Er wollte sich nicht damit begnügen, dem Expansionsdrang der Römer Einhalt zu gebieten, sondern er wollte Rom selbst angreifen. Da Rom zu jener Zeit die Vorherrschaft zur See besaß, blieb ihm nur der Landweg offen, wobei er einen gewaltigen Umweg in Kauf nehmen mußte, um seine Truppen außerhalb des römischen Einflußbereiches aufs europäische Festland zu bringen. Den Landweg wählte er aber sicher auch aus taktischen Gründen: Um die Römer zu überraschen und um ihnen so viele Bundesgenossen wie möglich abspenstig zu machen.
Vorausgegangen waren dem Aufbruch des karthagischen Heeres nach Italien die Streitigkeiten mit Rom wegen der Stadt Sagunt. Karthago (und auch Hannibal) befürchtete, daß Rom, wie schon im Jahr 238 v. Chr. in Sardinien, die bestehenden Verträge brechen und einen Krieg provozieren würde. Deshalb wollte Hannibal durch seine Unternehmung das römische Herrschaftsgebiet so einschränken, daß Rom endlich gezwungen würde, Karthago als souveräne Macht im Westen anzuerkennen. Bloßen Haß auf Rom als Beweggrund Hannibals unterstellen die römerfreundlich eingestellten Quellen (z. B. Appian, Libyke 53, 231). (Abb. 3).
Die Römer waren auf einen Angriff der Karthager von jenseits der Alpen nicht gefaßt. Zu groß war in ihrer Vorstellung die Entfernung, die eine feindliche Streitmacht hätte zurücklegen müssen, zu feindselig die auf dem Weg liegenden Völkerschaften und zu unwirtlich und unüberwindlich die Hindernisse der Natur. Sie glaubten sich im Rücken durch die Barriere der Alpen ausreichend geschützt. Daß dies eine Fehleinschätzung war, sollte sich später herausstellen.
Hannibal begann mit den Vorbereitungen für seinen Marsch im Herbst des Jahres 219 v. Chr. und verließ Neu-Karthago (siehe Abb. 3, Kartenskizze) in Südspanien im darauffolgenden Frühjahr. Er zog an der Küste entlang und überquerte die Pyrenäen, ohne auf nennenswerte Schwierigkeiten zu stoßen, da die Iberer jener Landstriche unter dem politischen Einfluß Karthagos standen. Als er die Rhone erreichte, bestand Hannibals Streitmacht, Polybius (Historien 3, 60, 5) zufolge, aus 50 000 Fußsoldaten und 9000 Reitern. Im Troß befanden sich auch zahlreiche Maultiere und 37 Elefanten. An der Rhone stieß Hannibal erstmals auf Widerstand. Er mußte sich mit feindlichen Galliern auseinandersetzen. Als zusätzliche Bedrohung kam hinzu, daß aus dem Süden eine römische Armee unter dem Befehl des P. Scipio herannahte. Nach den Quellen erfuhr Hannibal jedoch erst nach der Überquerung der Rhone (durch Befragung von

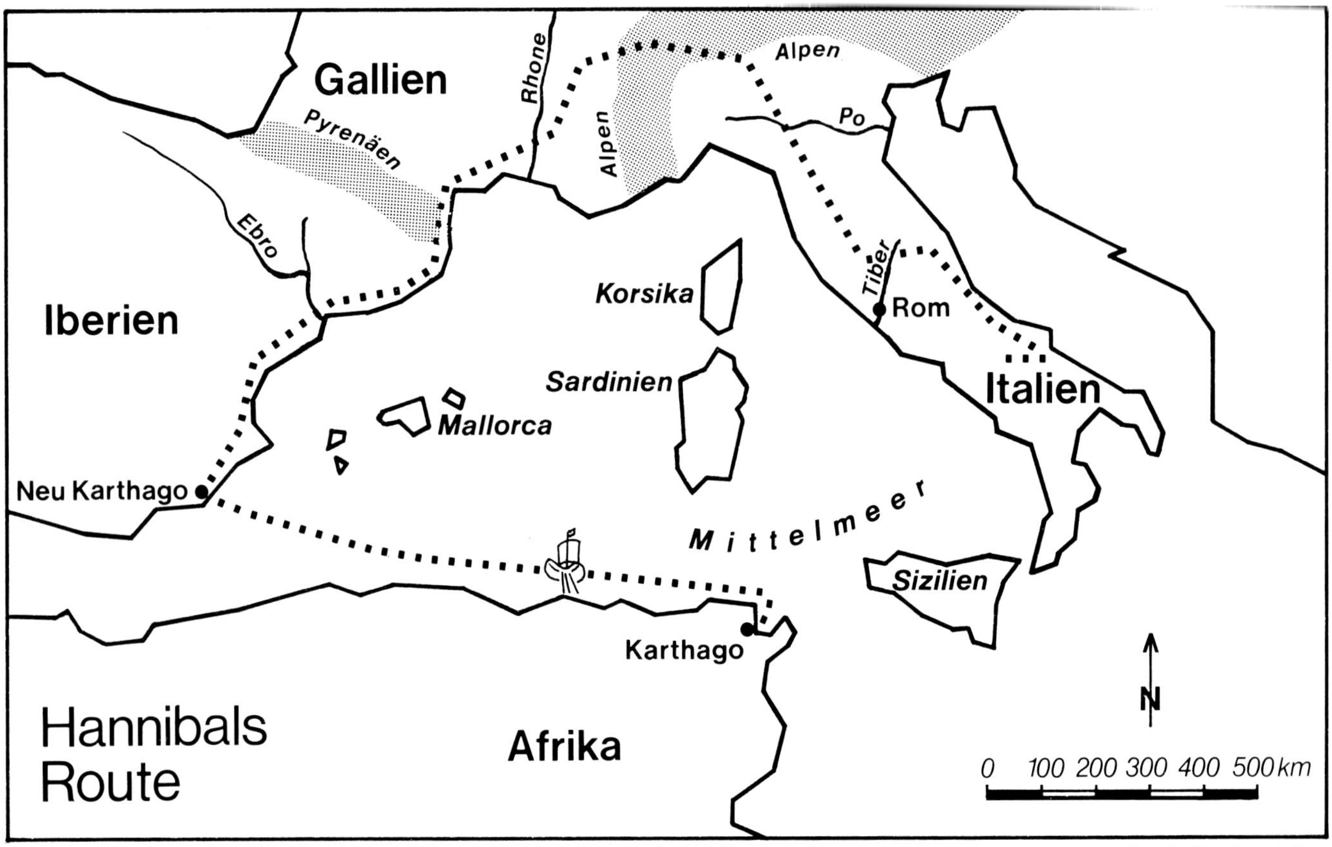


Abb. 3: Hannibals Route in den Jahren 218–216 v. Chr. Kartenskizze von Petra Thalmeier. Der eigentliche Sammelplatz des Heeres vor dem Aufbruch nach Italien lag in Iberien, in Neu-Karthago.

Gefangenen) von dem im Süden bereitstehenden römischen Heer (Polybios 3, 46; Livius 21, 28, 5–12).

Hannibal wollte zu diesem Zeitpunkt einem Kampf mit den Römern ausweichen, es war für ihn daher äußerst wichtig, die Rhone so schnell wie möglich zu überqueren. Das größte Problem stellten die Elefanten dar, die die Strömung scheuten. Um sie sicher ans andere Ufer zu schaffen, ließ Hannibal Flöße herstellen, die mittels Seilen mit am Ufer stehenden Bäumen verbunden waren. Auf diese Weise entstand eine schwimmende Brücke. Da die Pontonbrücke allein nicht genügte, um den Elefanten die Angst vor einer Flußüberquerung zu nehmen, wurden die Flöße so lange mit Erdreich und Gras beschichtet, bis sie mit dem ans Flußufer führenden Pfad auf gleicher Höhe lagen. Als diese Maßnahmen immer noch nicht ausreichten, um die Abneigung der Tiere zu überwinden, ließ Hannibal einige Elefantenkühe auf die Flöße treiben, worauf der Rest der Herde folgte (Pilkington 1961: 5; Scullard 1974: 157).

Als sich die Elefanten auf den Flößen in der Mitte des Flusses befanden, wurden sie von Panik ergriffen. Einige blieben wie gelähmt stehen, andere wieder stürzten sich in die Fluten und erreichten auf dem Flußbett gehend das andere Ufer, wobei sie durch die aus dem Wasser ragenden Rüssel atmeten (Pilkington 1961: 5; Scullard 1974: 157). Einige der Reiter auf den Elefanten kamen in der Strömung um, aber alle 37 Tiere überlebten die Flußüberquerung und vereinigten sich am jenseitigen Ufer mit den anderen Einheiten von Hannibals Armee.

Scullard (1974: 158) verweist im Zusammenhang mit der oben beschriebenen Maßnahme auf eine Parallele aus neuerer Zeit beim Transport von burmesischen Elefanten über den Irawady: Wenn die Tiere über größere Entfernungen hinweg über Wasser transportiert werden müssen, werden sie häufig auf Flöße oder Flußbarken geladen, die von einem Raddampfer gezogen werden. Es kostet endlose Geduld, die Tiere dazu zu bewegen, auf eine solche Barke zu gehen. Zuerst muß man die schwimmende Unterlage auf beiden Seiten bis in eine Höhe von zehn bis zwölf Fuß (1 Fuß = ca. 30 cm) mit hohem Gras oder Palmwedeln abdecken, so daß eine Art Gangway entsteht, daraufhin muß man ein Leittier finden, das als erstes den Weg beschreitet und dem dann die anderen Elefanten folgen.

Die nächste wichtige Etappe in Hannibals Feldzug ist unter dem Namen »die Insel« bekannt. Nach der Überquerung der Rhone marschierte Hannibal am Ostufer des Flusses entlang, bis er ein fruchtbares Stück Land erreichte, das ähnlich geformt war wie das Delta des Nils. Dieses Land war auf zwei Seiten von Flußläufen umgeben und an der dritten Seite von schwer zugänglichen Hügeln abgeschirmt. Einer der beiden Flüsse war die Rhone, aber der zweite ist schwer zu identifizieren, da die von Polybius (3, 47–60) und Livius (21, 31–38) angegebenen Namen nicht mit uns bekannten übereinstimmen. Polybius spricht vom Fluß »Skaras«, Livius erwähnt den Namen »Arar«. Pilkington (1961: 6) glaubt, daß es sich bei dem letztgenannten Fluß um die Isère handelt. Von diesem fruchtbaren Land zwischen den Strömen führte Hannibals Weg an den Fuß der Alpen und somit zur schwierigsten Etappe des gesamten Feldzu-

Abb. 4a: Elefant mit Reiter auf einer Münze Hamilkars aus Neukarthago (Scullard 1974: Tafel XXI b), British Museum London.

ges. Obwohl Polybius und Livius Hinweise auf die Beschaffenheit des Tales geben, durch welches Hannibal mitsamt seinen Elefanten den Aufstieg begann, ist es unmöglich, seinen genauen Weg zu bestimmen und den von ihm benutzten Paß ausfindig zu machen.
Es läßt sich schwer sagen, was Hannibals Truppen am meisten zusetzte, die Unwegsamkeit des Geländes, das unwirtliche Klima oder die unablässigen Überfälle der in den Alpen ansässigen Stämme. Schon am ersten Tag des Aufstiegs wäre die gesamte Armee der Karthager beinahe einem Hinterhalt zum Opfer gefallen. Hannibal entdeckte den Plan seiner Feinde und es gelang ihm, im Schutze der Nacht die gegnerischen Stellungen einzunehmen. Zu beachten ist bei Berichten dieser Art, daß die antiken Autoren gegenüber Rom meist freundlich gesinnt waren und deshalb alle für Hannibal negativen Geschehnisse entsprechend ausgeschmückt und dramatisiert darstellten. Eine Ausnahme dazu (bezüglich der Alpen) bildet Polybius, der selbst die Alpen überquert hatte und die Berichte seiner Historikerkollegen als stark übertrieben brandmarkte. Zu den unablässigen Angriffen der Bergstämme gesellten sich andere Hindernisse. Der Abstieg in die norditalienische Tiefebene erwies sich steiler, als Hannibal erwartet hatte, außerdem machte Schneefall den Truppen zu schaffen. Das ohnehin unwegsame Gelände wurde noch schwerer begehbar und so verlor er auch etliche Pferde und Maultiere, die bei Angriffen in Panik gerieten und abstürzten. Hinzu kam noch eine Knappheit an Lebensmitteln und an Futter für die Tiere. Angesichts dieser Situation grenzt es an ein Wunder, daß alle 37 Elefanten diese Strapazen überlebten, wie die Quellen berichten.
Polybius spricht von der großen Nützlichkeit der Elefanten, denn der Feind wagte es nicht, sich jenem Teil der Marschkolonne zu nähern, in welchem sich die Tiere befanden. Die Seltsamkeit ihrer Erscheinung entsetzte die Bergbevölkerung, die sicher niemals zuvor dergleichen erblickt hatte (Polybius 3, 53, 7–8).
Kurz vor Beginn des Abstiegs stellte sich eine neue Schwierigkeit ein. Ein Teil des Weges war zugefroren und der Pfad war zu eng für die Elefanten und die Packtiere. Es kostete drei Tage Arbeit, bis der Weg wieder passierbar war. Scullard (1974: 159) vermutet in diesem Zusammenhang, daß Hannibal die Tiere auch bei Räumungsarbeiten einsetzte, z. B. um größere Felsbrocken aus dem Weg zu schaffen.
Auf dem höchsten Punkt seiner Alpenüberquerung, einer ausgedehnten Hochebene, kampierte Hannibal zwei Tage lang. Seine Truppenstärke belief sich zu diesem Zeitpunkt auf 38 000 Mann und er verfügte noch über zahlreiche Maultiere und Pferde sowie 37 Elefanten. Es mag nach der bisherigen Schilderung all der Hindernisse unwahrscheinlich klingen, daß nicht ein einziger Elefant bei der Alpenüberquerung umgekommen sein soll, jedoch ist Pilkingtons Argument (1961: 8) in diesem Zusammenhang nicht von der Hand zu weisen, nämlich, daß die antiken Geschichtsschreiber einen solchen Verlust sicher erwähnt hätten, angesichts der wichtigen Rolle der Elefanten in Hannibals Armee und Kriegsführung.
Nach der erfolgreichen Überquerung der Alpen hatte Hannibals Armee zwar keinen einzigen Elefanten eingebüßt, aber ihre Truppenstärke war von ursprünglich 59 000 auf 26 000 Mann zusammengeschmolzen, so berichtet Polybius, und Titus Livius spricht von noch höheren Verlusten. Bei der Wertung der angegebenen Truppenzahlen muß man in Betracht ziehen, daß einerseits die Römer daran interessiert waren, Hannibals Verluste möglichst groß ausfallen zu lassen, andererseits aber auch

Abb. 4b: Elefant auf einer Hannibal-Münze (Scullard 1974: Tafel XXI d), British Museum London.

Abb. 4c: Elefant auf einer Münze von Hasdrubal Barkas (Scullard 1974: Tafel XXI f), British Museum London.

Hannibal daran gelegen war, die Römer mit einem möglichst kleinen Heer besiegt zu haben, um so seine Erfolge desto größer erscheinen zu lassen. Bei der abnehmenden Truppenstärke Hannibals ist auch zu berücksichtigen, daß an strategisch wichtigen Punkten immer wieder Truppenkontingente zurückgelassen wurden, die den Nachschub und auch die dauernde Unterwerfung des Gebietes sichern sollten (Seibert 1993: 112).
In der norditalienischen Tiefebene war Hannibals Armee keine lange Ruhepause vergönnt. Aufgeschreckt durch die unerwartete Bedrohung aus dem Norden, zogen die Römer unter dem Befehl von P. Scipio und Sempronius Truppen zusammen. Eine Zeitlang wurden die Karthager von norditalischen Verbündeten Roms in Gefechte verwickelt, schließlich kam es Ende Dezember an der Trebia, einem Zufluß des Po, zu einer entscheidenden Schlacht mit den Römern. Es scheint dies die einzige Schlacht gewesen zu sein, die Hannibal während seines Italienfeldzuges mit Hilfe von Elefanten schlug. Aufgrund seines taktischen Geschicks und dank der Überlegenheit seiner Kavallerie gelang es Hannibal, die Römer vernichtend zu besiegen. Die Reste von Scipios Armee flüchteten nach Placentia (Piacenza).
Als Hannibal im Frühjahr des Jahres 217 v. Chr. die Apenninen überquerte, war nur noch ein einziger der ursprünglich 37 Elefanten am Leben. Polybius erwähnt keine Verluste an Elefanten im Kampf an der Trebia, aber er berichtet, daß alle Elefanten bis auf einen in der Kälte des einsetzenden Winters umkamen (Polybius 3, 79, 9ff; Livius 22, 3, 1). Livius behauptet, daß beinahe alle Elefanten umkamen und daß Hannibal von acht ihm verbliebenen Tieren sieben bei Überquerung der Apenninen einbüßte. Der einzige überlebende Elefant, Surus mit Namen, wurde zu Hannibals Reittier und ging in die Geschichte ein.

# Einige Bemerkungen zur geographischen Herkunft und möglichen Klassifizierung des afrikanischen Kriegselefanten der Antike

Zur geographischen Herkunft der karthagischen Kriegselefanten äußert sich Scullard (1974: 148) wie folgt: »Anders als die Seleukiden, die ihre Elefanten im fernen Indien suchen mußten, und die Ptolemäer, die den langen Weg über Erythrea nehmen mußten, besaßen die Karthager lokale Ressourcen in Mauretanien und Numidien« (Übersetzung des Verfassers). Armandi (1843: 135) meint in diesem Zusammenhang, daß auch Elefanten aus dem Sudan eingeführt wurden. Diese Elefanten gehörten, so meint Scullard weiter (1974: 148), wahrscheinlich der kleineren Waldrasse (Loxodonta africana cyclotis) an und er betont, daß es keinen Zweifel an ihrem Äußeren geben kann, seit sie in all ihrer Stattlichkeit auf den in Spanien geprägten barkidischen Münzen abgebildet sind. (Abb. 4 a, b, c).
Die Vermutung, daß Karthager und andere Völker Nordafrikas im Altertum den Waldelefanten als Kriegselefanten abrichteten und nicht seinen größeren Verwandten, den Buschelefanten, wird durch folgendes Argument Scullards (1974: 176) glaubwürdiger erhärtet. Er verweist darauf, antike Geschichtsschreiber wie Ktesias, Onesicritus und Strabo hätten die einheitliche Meinung vertreten, der Indische Elefant sei größer als der Afrikanische, was, wie wir wissen, keineswegs der Wahrheit entspreche. Diese fälschliche Auffassung werde noch durch einen Kriegsbericht des Polybius gestärkt, die einzig bekannte Überlieferung einer Schlacht bei Raphia 217 v. Chr., in der 73 Afrikanische Elefanten des Ptolemäus auf 102 Indische Elefanten des Seleukidenherrschers Antiochus getroffen seien. Polybius beschreibe, wie die Afrikanischen Elefanten, wahrscheinlich durch die Größe der Indischen irritiert, plötzlich die Flucht ergriffen hätten. Auch Plinius berichte, daß der Afrikanische Elefant den Indischen aufgrund seiner größeren Statur fürchte.
Abschließend sei noch auf eine weitere Vermutung Scullards (1974: 148, 176) hingewiesen, die sich auf die Zusammensetzung des Elefantenkontingents bezieht. Er vertritt nämlich die Meinung, ein kleinerer Teil der Tiere habe aus Indischen Elefanten bestanden und er schließt nicht aus, daß die Karthager indische Mahuts in ihren Reihen hatten. Der Import Asiatischer Elefanten und ihrer Ausbilder wäre kaum ohne Billigung und Unterstützung der ägyptischen Ptolemäerdynastie möglich gewesen (Scullard 1974: 148, 176).
Im Laufe der Punischen Kriege lernten die Römer, ihre Legionäre durch besondere Ausrüstung und geeignete Taktiken auf die Angriffe der karthagischen Kriegselefanten vorzubereiten. Dazu Carrington (1962: 227): »Während der Kriege mit den Karthagern gehörten Abwehr und Verteidigung gegen feindliche Kriegselefanten im römischen Heer zur Ausbildung. Die Soldaten wurden instruiert, ihre Angriffe gegen die Rüssel der Tiere zu richten, um ihnen auf diese Weise äußerst schmerzhafte Wunden zuzufügen und so ihren Kampfgeist zu untergra-

ben. Durch Panzer geschützte Pferde galoppierten, an leichte Kampfwagen geschirrt, an den Elefanten vorbei. In den Wagen saßen speziell dafür ausgebildete Soldaten, die mit langen Lanzen nach den Elefanten stachen. Andere Truppen trugen so dicht mit Dornen besetzte Panzer, daß die Elefanten sie nicht mit den Rüsseln umschlingen konnten; sie durften sich daher nahe an die Tiere heranwagen und konnten ihnen aus nächster Nähe ihre Spieße in den Leib rammen. Auch die Elefantenführer waren das Ziel konzentrierter Angriffe. Sie wurden vor allem Opfer der Bogenschützen und zuweilen einer Spezialtruppe, die mit langen Stangen ausgerüstet war, an deren Enden an Schnüren freischwingende Steine befestigt waren.«

In der letzten Schlacht des Zweiten Punischen Krieges, die in Nordafrika stattfand (der genaue Ort läßt sich wegen der unterschiedlichen Quellenangaben kaum festlegen), setzte Hannibal achtzig Elefanten und ein großes Kontingent an Fußsoldaten ein, war jedoch an Reiterei, die ihm in der Vergangenheit zu vielen Siegen verholfen hatte, den Römern unterlegen.

Die Römer ließen durch ihre auf die Elefanten abgestimmte Schlachtordnung die Tiere ins Leere laufen (einige Elefanten konnten sogar in Panik versetzt werden und schadeten mehr den eigenen Reihen) und gewannen so die Schlacht (Polybius 15, 9–16; Livius 30, 32–35).

## Die Rolle des Elefanten im mittelalterlichen Kriegswesen Indiens veranschaulicht am Beispiel des Sultanates Delhi

### Allgemeines

Spätestens seit dem 4. Jh. v. Chr. wurde der Elefant in Indien als Kriegswaffe eingesetzt und er verlor erst mit dem Gebrauch von Feuerwaffen im 17. Jh. diesbezüglich mehr und mehr an Bedeutung. Er diente nun hauptsächlich Feldherren als Reittier, die sich auf diese Weise einen Überblick über das Schlachtfeld verschafften und durch ihren erhöhten Standort als Orientierung für ihre Armee-Einheiten dienten. Die exponierte Lage eines solchermaßen berittenen Kommandanten brachte natürlich auch Nachteile mit sich, denn er gab eine ideale Zielscheibe für den Feind ab. Der Elefant wurde – schwergepanzert – auch als lebender Rammbock benützt, um die Tore von Festungen aufzubrechen. Um dieser Art des Angriffs vorzubeugen, waren die Tore vieler Befestigungsanlagen mit Stacheln ausgestattet (Digby 1971: 50).

Neben der Beschreibung der Aufgaben des Elefanten im Krieg oder als Reit- und Lasttier finden wir in der Literatur auch kuriose Beispiele für seine vielseitige Verwendbarkeit. So schildert z. B. Digby unter Berufung auf eine ältere Quelle, wie berittene Männer einen Fluß überqueren konnten, ohne von der Strömung fortgerissen zu werden: Eine Anzahl Elefanten sei in zwei Reihen aufgeteilt worden, die jeweils oberhalb bzw. unterhalb der Furt im Wasser Aufstellung hätten nehmen müssen, wobei eine jede Reihe durch Seile miteinander verbunden gewesen sei. Die Elefantenkette oberhalb der Furt habe die Kraft des Wassers gebrochen und die unterhalb der Furt stehenden Elefanten hätten als eine Art Auffangnetz für Pferde und Reiter gedient, die sonst von der Strömung fortgespült worden wären (Digby 1971: 51).

Trotz seiner Vielseitigkeit wurde der Elefant im mittelalterlichen Indien hauptsächlich als Kriegswaffe geschätzt. Dieser vorrangige Verwendungszweck wurde auch von den islamischen Mogul-Herrschern beibehalten, die dem Elefanten – nachdem sie einige Generationen lang in Indien geherrscht hatten – das gleiche Vertrauen entgegenbrachten wie die Hindufürsten.

Die Chronisten des Mittelalters waren zumeist davon überzeugt, daß der Elefant im Krieg von großem Vorteil sei, sein Einsatz auf dem Schlachtfeld während der Zeit des Sultanats von Delhi (1192–1398) spricht jedoch gegen eine solche Auffassung.

Die Wertschätzung, die die Elefanten des Sultans von Delhi genossen, spiegelt sich schon in ihrer Ausstattung wider. Simon Digby (1971: 52) gibt uns eine Beschreibung Al-Umaris von 3000 Elefanten: »Sie trugen Haudahs auf ihrem Rücken und bekamen in Kriegszeiten Panzerungen aus vergoldetem Stahl, in Friedenszeiten wurden sie mit Seide behängt. Der Oberbau der Haudahs bestand aus einer breiten Plattform, auf der ein kleiner Turm befestigt war. Der indische Mahut (Reiter) saß mit dem Rücken zu diesem Turm. Ein solcher Elefant konnte – je nach Größe des Tieres – sechs bis zehn Personen tragen.«

Über die Aufstellung in der Schlacht im Sultanat Delhi äußert sich Digby (1971: 52) wie folgt: Der Sultan befand sich im Zentrum seiner Armee, vor ihm und hinter ihm gingen Bogenschützen in Stellung, auf der linken und rechten Seite schlossen unmittelbar, ohne jeden Abstand, die Flügeltruppen an. Die Elefanten waren direkt vor dem Sultan postiert, geschützt von stählernen Panzern, auf ihrem Rücken die überdachten Türme, die mit Kriegern besetzt waren. Diese Türme besaßen Öffnungen, aus denen Pfeile und andere Geschosse abgefeuert werden konnten. Vor den Elefanten gingen kleine Trupps von Infanteristen, deren Aufgabe es war, den Tieren den Weg freizuhalten und die feindliche Kavallerie abzufangen, die den Elefanten gefährlich werden konnte. Die Fußsoldaten wurden ihrerseits durch die Bogenschützen und Schleuderer auf den Elefanten unterstützt.

Obwohl die Elefanten das Rückgrat der Armee bildeten, hielten sich ihre Verluste in der Schlacht erstaunlicherweise in Grenzen. Die höchste Anzahl von im Kampf getöteten Elefanten ist uns durch Isamis Beschreibung der Schlacht von Kili im Jahre 1299 n. Chr. überliefert. Er spricht von 200 Tieren auf den Flügeln der Armee des Sultans, von denen dreißig getötet wurden, als Zafar Khan von den Mongolen umzingelt wurde (Digby: 1971: 53/54).

Der linke Flügel der Mongolen zog sich zurück, worauf Zafar Khan und der rechte Flügel seiner Armee die Verfolgung einleiteten, ohne sich um weitere Unterstützung zu kümmern. Der Khan und seine Gefolgsleute starben, nachdem sie sich verzweifelt mit ihren Bögen zur Wehr gesetzt hatten. Seine Elefanten wurden verwundet und ihre Reiter getötet. Sechs oder sieben Tiere warfen ihre Reiter ab und kamen schwerverwundet zum Hauptteil der Armee zurück. Möglicherweise brachten sie auf diese Weise einige der Krieger in den Türmen auf ihren Rücken unversehrt zur Hauptstreitmacht zurück.

## Nachschub, Beschaffung und Handel mit der »Ware« Elefant

Es gab im Sultanat von Delhi zahlreiche Arten des Vorgehens, um den Bedarf an Elefanten zu decken. So konnte der Nachschub in Form einer Beute, als Ankauf von weit entfernten Gegenden oder durch den Fang wildlebender Tiere zustandekommen. Digby (1971: 66) erwähnt in diesem Zusammenhang den von einer älteren Quelle überlieferten Fang einer Elefantenherde mittels Keddah[1] im Sultanat von Delhi. Die aus acht Tieren bestehende Herde sei durch eine Kette von Treibern, die laut auf Instrumenten spielten, in die Umzäunung getrieben und dort mit Hilfe von berittenen und bereits gezähmten Elefanten sowie durch die Lärmentwicklung der Treiber festgehalten worden. Nachdem man die wilden Elefanten durch Aushungern entkräftet hatte, um sie gefügig zu machen, kletterten die Mahuts auf die Bäume, die sich innerhalb der Einfriedung befanden und ließen sich von dort aus auf die Rücken der Elefanten herab. Digby bemerkt hierzu, daß die Mahuts die Tiere vorher wahrscheinlich eigenhändig fütterten, um sie an sich zu gewöhnen, andernfalls wäre das Risiko, angegriffen zu werden, zu groß gewesen. Die eben beschriebene Art der Zähmung ist auch von dem Mogul-Herrscher Akbar überliefert.

Die Sultane von Delhi – wie im übrigen die meisten indischen Fürsten des Mittelalters – hatten großes Vertrauen in den Elefanten als Kriegswaffe. Abgesehen davon war der Besitz von Elefanten ein wichtiges Sinnbild des Königtums und ein Zeichen von Unabhängigkeit und Macht. Idrisi, ein sizilianischer Chronist des 12. Jh.s, berichtet uns von der Freude indischer Fürsten am Besitz besonders großer Elefanten. Der Preis der Tiere habe sich nach ihrer Größe gerichtet.

In Nordindien scheint sich der Ankauf von Elefanten aus weit entfernten Nachschubplätzen im 3. Jh. v. Chr. durchgesetzt zu haben. Nach Digby (1971: 68) sei Bengalen eine Hauptquelle des Sultanates von Delhi für die Versorgung mit Kriegselefanten gewesen. Im 13. und frühen 14. Jh. war Bengalen zeitweise unter der Kontrolle des Sultans von Delhi. Zu anderen Zeiten standen die islamischen Herrscher Bengalens in freundlichen aber abgabenpflichtigen Beziehungen zum Sultanat Delhi, was sich durch gelegentliche Geschenksendungen in Form von Elefanten äußerte.

Barani, ein indischer Geschichtsschreiber des 14. Jh.s, berichtet von einem Brief des Sultans Ghiyath al-din Balban an seinen Sohn Bughra Khan, den Herrscher Bengalens. In besagtem Brief ermahnt der Vater seinen Sohn, er möge Geschenke und wohlgesonnene Abgesandte nach Delhi schicken, damit der dortige Sultan nicht auf den Gedanken komme, eine Militärexpedition nach Bengalen zu unternehmen. Von Zeit zu Zeit, so soll es in dem Brief heißen, solle der Sohn eine bestimmte Anzahl Elefanten nach Delhi senden, was zur Folge haben werde, daß der dortige Sultan die für den Pferdeverkehr nach Bengalen wichtige Straße nicht schließen werde (Digby 1971: 68).

Zahlreiche der in Bengalen eingesetzten Elefanten kamen nach Auffassung Digbys (1971: 70) möglicherweise aus Gebieten außerhalb des islamischen Einflußbereiches. Die Quellen weisen u. a. nach Ceylon, das einen regen Handel mit den Fürstentümern Nordindiens unterhielt. So berichtet z. B. Megasthenes von der Anwesenheit ceylonesischer Elefanten am Hofe von Pataliputra in Bihar. Cosmas, ein Geschichtsschreiber des 6. Jh.s n. Chr., erwähnt den guten Preis, den der König von Ceylon für seine Elefanten gewährte, und zwar nach Maßgabe ihrer Größe. Cosmas erwähnt dieses Detail im Zusammenhang mit der Einfuhr von Pferden nach Ceylon und der Haltung von Elefanten seitens weit entfernter indischer Fürsten. Der Export dieser Tiere scheint ein Vorrecht des Königs gewesen zu sein.

Daß Elefanten aus Ceylon exportiert wurden, wobei sich der Preis nach der Größe des Tieres richtete, wird von vielen Reisenden jener Zeit bezeugt, unter ihnen Abd al-Razzaq, der in der Mitte des 15. Jh.s lebte (Digby 1971: 70/71). Bemerkenswert ist übrigens, daß der ceylonesische Elefant im Ruf stand, klüger und tapferer im Kampf zu sein als der indische.

## Delhi setzt Elefanten gegen Timur ein

Im Dezember des Jahres 1398 griff Timur das Sultanat Delhi an. Timurs Chronist, Nizam al-din Shami, berichtet von den indischen Streitkräften, die sich zum Kampf stellten: 10 000 Reiter, 20 000 vollbewaffnete Fußsoldaten und 120 Kriegselefanten. Die Elefanten waren gepanzert und trugen Aufbauten auf ihren Rücken, die mit mehreren Bogenschützen besetzt waren. Flankiert wurden die Elefanten von Schleuderern, die explodierende Geschosse benutzten (Digby 1971: 80).

Trotz der großen Anzahl siegreicher Schlachten, die Timurs Armee bereits geschlagen hatte, sollen seine Männer beim Anblick der gegnerischen Elefanten beunruhigt gewesen sein. Als Timur dies bemerkte, ließ er seinen Gebetsteppich entrollen und betete um den Sieg. Es lag jedoch nicht in seiner Natur, sich allein auf Gebete zu verlassen und so traf er Maßnahmen, um der Bedrohung durch den ungewohnten Feind zu begegnen. Palisaden wurden errichtet und ein Graben ausgehoben. Vor diesen Befestigungen stellte man Büffel auf, die aneinandergebunden waren. Schmiede bekamen den Auftrag, Fußfallen aus Eisen herzustellen, die an die Infanteristen ausgegeben wurden, um sie im geeigneten Augenblick den angreifenden Elefanten in den Weg zu werfen (Digby 1971: 80).

In der nun folgenden Schlacht unterlagen die indischen Streitkräfte trotz der Unterstützung durch die Elefanten. Es gelang den Mongolen, diese Waffe zu entschärfen, indem sie erfolgreich die Reiter der Elefanten bekämpften. Möglicherweise bestätigte sich, was sich schon in anderen Schlachten gezeigt hatte, nämlich, daß führerlose und kopfscheu gewordene Elefanten in ihrer Panik mehr Unheil unter den eigenen Truppen anrichten als unter denen des Feindes.

1 Umzäunung aus Palisaden zum Fang von Elefanten

Unter Berufung auf den Chronisten Yazdi erwähnt Digby (1971: 81), Timur habe bei der Plünderung Delhis 120 Elefanten erbeutet und anschließend nach Samarkand und an andere Orte innerhalb seines Herrschaftsbereiches geschickt. Dies ist die gleiche Zahl, die Shami, Timurs Geschichtsschreiber, in bezug auf das Elefantenkorps der Inder nennt. Auch wenn die genaue Zahlenübereinstimmung nicht unbedingt verläßlich sein muß, so liegt doch der Gedanke nahe, daß sich, wie schon in anderen Fällen, der Verlust an Elefanten während der Schlacht in Grenzen hielt und daß die Tiere mehr geschont wurden als ihre Reiter.

Ein weiterer Geschichtsschreiber des frühen 15. Jh.s berichtet, daß die von Timur erbeuteten Elefanten nicht nur mit Schätzen beladen wurden, sondern auch mit behauenen Steinen, die als Marmorschmuck für die große Moschee in Samarkand bestimmt waren. Hierzu vermutet Digby, daß jene Plünderung für das vollständige Fehlen sorgfältiger Steinmetzarbeiten an Monumenten des späten 14. Jh.s in Delhi verantwortlich sei. Da sich an der großen Moschee von Samarkand aber keine Spur bearbeiteter Steine indischer Herkunft finde, dürfe man annehmen, daß die obengenannten Elefanten samt ihrer Ladung aus Stein verlorengegangen seien (Digby 1971: 81).

## Der Elefant in der römischen Arena und bei Kampfveranstaltungen an indischen Fürstenhöfen

Richard Carrington hat in seiner umfangreichen Monographie über den Elefanten zahlreiche Beispiele für dessen Verwendung bei Kampfveranstaltungen in Europa und Asien zusammengetragen (1962: 235–247). Einige dieser Beispiele sollen im folgenden zur Sprache kommen.

Plinius zufolge wurden Elefanten bei Zirkusspielen erstmalig unter dem Konsulat des M. Antonius und des A. Postumius im Jahre 655 nach der Gründung Roms eingesetzt. Zu Beginn mußten die Elefanten gegeneinander antreten, später dann gegen Stiere und zur Zeit des Pompejus gegen Gladiatoren.

Unter Berufung auf Plinius schreibt Carrington (1962: 235/236): »Unter dem zweiten Konsulat des Pompejus kämpften im Zirkus anläßlich der Einweihung des Tempels der Venus Victrix zwanzig Elefanten oder siebzehn, wie einige behaupten, gegen einen Trupp Gaetulier, die sie mit Lanzen angriffen. Eines der Tiere kämpfte auf eine höchst erstaunliche Art; da seine Füße von Lanzen durchbohrt waren, schleppte es sich auf den Knien zu den Gaetuliern, nahm ihnen ihre Schilde weg und warf sie in die Luft; die Zuschauer waren darüber sehr belustigt, denn im Niederfallen drehten sich die Schilde in der Luft um und um, als seien sie mit einem gewissen Grad von Geschicklichkeit geworfen worden und nicht in verzweifelter Wut von einem wilden Tier: Dann geschah noch etwas ganz Großartiges: ein Elefant wurde mit einem einzigen Lanzenwurf getötet. Die Waffe drang unter dem Auge ein und fuhr in den lebenswichtigen Teil des Kopfes. Die Elefanten versuchten auch, in gemeinsamem Ansturm die Einzäunung zu durchbrechen und verursachten dadurch unter dem Publikum, das in nächster Nähe um die eisernen Gitter saß, große Aufregung und Verwirrung. Auf diesen Zwischenfall hin ließ Cäsar, als er später Diktator wurde und beabsichtigte, dem Volk ein ähnliches Schauspiel zu bieten, vorher Wassergräben um die Arena ziehen, die Kaiser Nero nachher wieder zuschütten ließ, um dort die Sitze für den Ritterstand aufzustellen.«

Unter der Herrschaft Cäsars war es oft Sitte, den Elefanten in der Arena Reiter und Fußvolk gegenüberzustellen, 1000 Mann gegen zwanzig Tiere. Dabei war jeder Elefant mit einem bemannten Turm auf dem Rücken ausgestattet und auf seiner Seite kämpften je sechzig Verteidiger. In späterer Zeit, unter Claudius und Nero, bildete ein Zweikampf zwischen einem Elefanten und einem Gladiator stets die letzte Programmnummer der Kämpfe (Carrington 1962: 237).

Der Einfall, einen bewaffneten Mann gegen einen Elefanten antreten zu lassen, war nicht neu. Plinius berichtet folgende Begebenheit: Einst zwang Hannibal römische Gefangene, gegeneinander zu kämpfen. Als nur mehr einer von ihnen am Leben war, versprach er ihm die Freiheit, wenn es ihm gelingen sollte, einen Elefanten zu besiegen. Dem Bericht zufolge ging der Römer tatsächlich als Sieger aus jenem Kampf hervor. Hannibal mußte ihm die versprochene Freiheit geben, ließ den Mann jedoch auf dem Heimweg nach Rom von seinen Schergen ermorden, damit die Legende erhalten blieb, der Elefant sei ein unüberwindlicher Gegner. (Plinius, naturalis historis 8, 18: diese Geschichte, die nach Cannae 216 v. Chr. datiert ist, als es im Lager Hannibals gar keine Elefanten mehr gab, ist allerdings eine Erfindung des Plinius. Sie sollte vor allem dazu dienen, den in den Augen der Römer verwerflichen Charakter Hannibals zu illustrieren.)

Daß der Elefant nicht nur in der römischen Arena zu Kampfveranstaltungen herangezogen wurde, sondern auch in Indien ähnlichen Zwecken diente, sollen die folgenden Ausführungen erläutern. Hierzu einige einleitende Bemerkungen Carringtons (1962: 243/244): »Die im Osten für Umzüge und Zeremonien meistgefragten Elefanten gehören einer besonderen Kaste oder Zucht an. Es gab drei anerkannte Kasten, die sich durch physische Kennzeichen voneinander unterschieden. Die Namen der Kasten ändern sich je nach Gegend, ich möchte daher nur die in Bengalen üblichen Bezeichnungen nennen: Kumeriah, Dwasala und Mierga ... Der ideale Kumeriah ist ein ungewöhnlich großes, kraftvolles Tier, mit tiefer faßartiger Brust und großem Leibesumfang. Die Beine, namentlich die Hinterbeine, sind kurz aber sehr kräftig; die Vorderbeine sollen an der Vorderseite infolge stark entwickelter Muskulatur gewölbt sein. Kopf und Brust müssen massiv sein, der Rücken soll vom Widerrist bis zum Schwanz leicht abfallen. Der Rüssel muß an der Basis breit und im ganzen verhältnismäßig schwer sein; das Auge groß, hell und freundlich. Rötliche und weiße Flecken im Gesicht und an den Ohren gelten nicht etwa als unschön, sondern erhöhen den Wert des Tieres erheblich. Der Schwanz soll lang sein, aber nicht den Boden berühren.«

Es waren vor allem diese Kumeriahs, die für die künstlich herbeigeführten Elefantenkämpfe an den indischen Fürstenhöfen eingesetzt wurden. Man kettete die Tiere z. B. an den Hinterbeinen so weit voneinander entfernt an, daß nur die Köpfe miteinander in Berührung kommen konnten, oder aber sie mußten über eine niedrige Mauer hinweg miteinander kämpfen. Häufig wurden Elefanten in Must[2] für solche Zwecke ausgesucht; um sie zusätzlich aggressiv zu machen, reizte man die Elefanten vor dem Kampf und gab ihnen aufputschende Drogen, oder man flößte ihnen reichlich Arrak ein, um ihre Wildheit zu steigern.

Bei solchen Kämpfen fügten die Tiere einander häufig schwere Wunden zu. In Kämpfen dieser Art konnten die Tiere natürlich nicht geritten werden. Neben der obengenannten Art des Kampfes gab es eine Variante, bei der Tier und Reiter zusammenwirkten. Carrington (1962: 245/246) schildert einen solchen Kampf, wobei er sich auf den Bericht des Franzosen François Bernier beruft, der dem Geschehen 1663 in Delhi beigewohnt haben soll. Es ging dabei um einen Kampf zwischen zwei Elefanten, der vor Zuschauern am Ufer eines Flusses ausgetragen wurde, sozusagen als Krönung einer Reihe von Festlichkeiten. Der örtliche Herrscher und sein Hofstaat wohnten dem Schauspiel vom Palast aus bei.

Zuerst wurde ein Erdwall aufgeschüttet, drei bis vier Fuß breit und fünf bis sechs Fuß hoch (1 Fuß = ca. 30 cm). Auf beiden Seiten des Walls nahm je ein Elefant Aufstellung, ein jeder mit einigen Reitern auf seinem Rücken, damit das Tier nicht führerlos wurde, wenn sein vorderster Reiter herabfiel. Nun trieben die Männer die Tiere aufeinander zu, die sich über den Erdwall hinweg mit ihren Rüsseln und Stoßzähnen bekämpften. Wenn die Tiere erschöpft waren, legte man Pausen ein, danach wurde weitergekämpft. Mit der Zeit wurde der Erdwall niedergetrampelt, woraufhin das stärkere der beiden Tiere sich zu seinem Gegner hinüberwagte und diesen in die Flucht schlug. Bisweilen konnte man die miteinander kämpfenden Elefanten nur trennen, indem man Feuerwerkskörper zwischen ihren Füßen explodieren ließ.

Auf eine ähnliche Weise wurden auch Kriegselefanten abgerichtet und »feuertauglich« gemacht, nämlich, indem man Musketen neben ihren Köpfen abfeuerte, um sie an den Schlachtenlärm zu gewöhnen.

Es konnte auch vorkommen, so Carrington (1962: 246/247), daß man ganze Elefantenherden aufeinanderhetzte. Als erstes wurde ein großer Platz abgesteckt und mit einer Mauer umgeben, dann errichtete man einen erhöhten Beobachtungsstand, von dem aus der Fürst mit seinem Hofstaat zuschauen konnte. Nun wurden Männer in den Dschungel geschickt mit dem Auftrag, zwei Elefantenherden ausfindig zu machen. War das geschehen, trieb man die Herden mit Hilfe zahmer und abgerichteter Elefanten auf die Einfriedung zu. Es wurden Wetten abgeschlossen, welche Herde als erste die Umzäunung erreichen und welche den Kampf gewinnen werde. Außerdem setzte der Fürst eine Belohnung für diejenigen Treiber aus, die die siegreiche Herde eingefangen hatten. Die Öffnung in der Umzäunung war durch eine Blätterwand getarnt und im Inneren der Einfriedung hatte man Pflanzen stehenlassen, damit sich die Elefanten leichter hineintreiben ließen, weil sie keine Sicht auf die hintere Begrenzung der Falle hatten. In der Nähe der Beobachtungsplattform hatte man eine Stelle vom Pflanzenwuchs befreit und dort Leckereien aufgehäuft, um die Elefanten anzuziehen. Während die erste Herde bereits ihren Hunger stillte, wurde die zweite hereingetrieben.

Wie Carrington (1962: 247) schildert, kam es aufgrund des Platzmangels und aus Futterneid bald zu heftigen Kämpfen zwischen den Leittieren der beiden Herden, an denen sich nach und nach immer mehr Elefanten beteiligten. Die Zuschauer wohnten diesem Schauspiel mit Begeisterung bei und feuerten die jeweils favorisierte Herde durch Zurufe an. Nach einer gewissen Zeit brach eines der beiden Leittiere den Kampf ab und versuchte zu fliehen. Wenn dieser Augenblick erreicht war, öffnete man das Tor der Einfriedung und die unterlegene Herde lief in den Dschungel, begleitet vom Spott der Zuschauer. Die Treiber der siegreichen Herde wurden mit Geld und Juwelen belohnt.

Im Anschluß an solche Herdenkämpfe fanden dann Vorführungen von Kriegselefanten statt, die mit Stroh gefüllte Soldatenattrappen angriffen, außerdem gab es Rennen, akrobatische Kunststücke und Schwimmwettkämpfe abgerichteter Elefanten.

Nach dem Zusammenbruch des Römischen Reiches verschwand der Elefant für lange Zeit aus der Vorstellungswelt des Abendlandes. In den Jahrhunderten, die auf diesen Zusammenbruch folgten, sind nur zwei Fälle bekannt, in denen ein Elefant lebend nach Europa gelangte: Im ersten Fall handelt es sich um ein Tier namens Aboul-Abbas, ein Geschenk des sagenhaften Kalifen Harun al Raschid an Karl den Großen. Der Elefant kam 797 n. Chr. in Pisa an und wurde Karl dem Großen in der Lombardei übergeben. Im zweiten Fall handelt es sich um ein Exemplar, das Ludwig IX. von Frankreich im Heiligen Land in seinen Besitz brachte und das er 1254 n. Chr. Heinrich III. von England zum Geschenk machte.

Entsprechend dem Thema des vorliegenden Beitrags ist der Elefant unter dem Gesichtspunkt seiner Anwendung in Krieg und Kampf betrachtet worden, es sollte dabei jedoch nicht vergessen werden, daß es schon in der Antike andere und harmlosere Arten gab, sich seine Dienste nutzbar zu machen. Als Beispiel sei hier nur auf die Rolle des Elefanten bei Triumphzügen und Krönungsfeierlichkeiten im kaiserlichen Rom hingewiesen.

2 Musth: Erregungszustand von Elefantenbullen, der die Tiere äußerst reizbar und aggressiv macht. Das Phänomen ist bis heute nicht ausreichend erforscht. Äußerlich sichtbares Zeichen dieses Zustandes ist ein öliges Sekret, das von einer Schläfendrüse ausgeschieden wird.

*Literatur*

Armandi, P.: Histoire militaire des éléphants, depuis les temps les plus reculés jusq'à l'introduction des armes à feu. Paris–London–Frankfurt 1843.

Breloer, B.: Alexanders Kampf gegen Poros. Ein Beitrag zur indischen Geschichte. In: Bonner orientalistische Studien, Heft 3, 1933.

Carrington, R.: Elefanten. Ein kurzer biologischer, entwicklungsgeschichtlicher und kulturhistorischer Überblick. Konstanz–Stuttgart 1962.

Digby, S.: War-horse and Elephant in the Delhi Sultanate. A Study of Military Supplies. Oxford 1971.

Lauffer, S.: Alexander der Große. München 1978.

Pilkington, C.: Elephant over the Alps. London–New York 1961.

Scullard, H. H.: The Elephant in the Greek and Roman World. Cambridge 1974.
Seibert, J.: Hannibal. Darmstadt 1993.

*Quellen*

Arrian, Alexandri Anabasis: Textedition: ed. A. G. Roos, G. Wirth, Leipzig 1967, 2. Auflage.
Curtius, Rufur: Q. Curti Rufi Historiarum Alexandri Magni Macedonis Libri qui supersunt, ed. E. Hedicke, Leipzig 1908, 2. Auflage.
Diodor: Bibliotheca Historia IV. Textedition: C. Th. Fischer, Leipzig 1906, 3. Auflage (Neudruck Stuttgart 1964).
Livius: ad urbe condita libri XXI–XXX. Textedition Buch 21–22 ed. T. A. Dorey, Leipzig 1971.
Buch 23–25 ed. T. A. Dorey, Leipzig 1971.
Buch 26–27 ed. P. G. Walsh, Leipzig 1982.
Buch 28–30 ed. P. G. Walsh, Leipzig 1986.
Plinius: naturalis historia.
Polybios: Historien. Textedition 5 Bde ed. Th. Buettner-Wobst, Leipzig 1889–1904, dazu Kommentar von F. W. Walbank, A Commentary on Polybius, Oxford I 1957, II 1967, III 1974.

# Der Elefant im Alten Orient und in Asien

Dorothee Schäfer und Wolfgang Stein

Elefanten»bilder« sind bereits auf frühen afrikanischen Höhlenmalereien (siehe den Artikel von Rüdiger und Gabriele Lutz) zu sehen, während in nördlicheren Gegenden, die außerhalb des Verbreitungsgebietes des Elefanten liegen, vergleichbare Bilder des heute ausgestorbenen Mammuts, eines Verwandten des Afrikanischen und Indischen Elefanten, zu finden sind.

In Indien wurden Elefanten schon vor über 4000 Jahren als Reit- und Arbeitstiere eingesetzt, wie Siegelabdrücke aus Mohenjo-Daro beweisen (Abb. 1). Der Fang und die Zähmung wilder Elefanten hat dort eine lange Tradition, die bis heute anhält (Abb. 2a und b). Die Domestikation des Indischen Elefanten dürfte also schon vor dem Eindringen der arischen Stämme (nach 1400 v. Chr.) stattgefunden haben. Münzfunde aus dem 5. Jh. n. Chr. zeigen Elefanten immer wieder als Last- und Arbeitstiere. Vom 4. Jh. an finden sich im nordindischen Taxila Spielzeugelefanten aus Terracotta, sowohl mit als auch ohne Reiter. Wahrscheinlich war nach der griechischen Eroberung Nordwestindiens der Elefant zum Wahrzeichen der dortigen Herrscher geworden. So soll auch im Sonnentempel der Stadt ein heiliger Elefant gehalten worden sein. Möglicherweise galt der Elefant schon damals als Symbol der königlichen Macht. Im Verlauf der Jahrtausende wurde der Elefant zu einem bedeutenden Faktor in der indischen Kunst und Kultur (Abb. 3 und 4).

Aus der griechischen und römischen Antike existieren literarische Zeugnisse über Elefanten, die erstmals mit den Truppen Alexanders des Großen und seiner Nachfolger am Ende des 4. Jh.s v. Chr. lebend nach Griechenland gelangten. Elfenbein jedoch, das im Kunsthandwerk Verwendung fand und über Kleinasien ins Land kam, war den Griechen – und auch den Römern – aus importierten Kunstgegenständen (u. a. aus Ägypten) schon wesentlich früher bekannt.

Abb. 2a: Die Arbeitselefanten werden von ihren Führern täglich im Fluß gewaschen. Birma, Anfang 20. Jh.

Abb. 1: Siegelabdruck eines Elefanten aus Mohenjo-Daro, ca. 2000 v. Chr.

Herodot (5. Jh. v. Chr.) war der erste griechische Geschichtsschreiber, der die Existenz von Elefanten in »Äthiopien« und »Libyen« erwähnte, ohne jedoch näher auf diese ihm offenbar unbekannte Tierart einzugehen (Herodot, *histories apodexis* III, 114 und IV, 191); er überliefert auch, daß alle zwei Jahre die Äthiopier einen Tribut an Persien leisten mußten, der 200 Blöcke Elfenbein, zwanzig große Stoßzähne und fünf äthiopische Jungen umfaßte (III, 97). Nach der Menge des aufgeführten Elfenbeins zu urteilen, waren offensichtlich im 5. Jh. v. Chr. Elefanten in Nord- und Nordostafrika sowie Syrien noch weit verbreitet.

Bis ins 4. Jh. v. Chr. stammten die einzigen genaueren Angaben über Elefanten von Ktesias, dem Leibarzt des Perserkönigs Artaxerxes Mnemon, der in Babylon selbst Elefanten gesehen hatte und darüber berichtete. Seine Auskünfte wurden oft zitiert (z. B. berichtet Aelian, *natura animalis* XVII, 29, daß Ktesias

Abb. 2b: Arbeitselefanten beim Aufstapeln von Baumstämmen. Das Arbeiten im Team erfordert eine jahrelange Ausbildung. Mit dem Einsatz moderner Maschinen verlieren die Arbeitselefanten zunehmend an Bedeutung. Eine Jahrtausende währende Tradition geht damit zu Ende.

Abb. 3: Reich geschmückter indischer Reitelefant. Die Stoßzähne sind abgeschnitten und mit Ringen eingefaßt.

Abb. 4: Zwei kämpfende indische Elefanten. Die trennende Mauer soll verhindern, daß es zu schweren Verletzungen kommt. Elefantenkämpfe haben in Asien eine über tausendjährige Tradition.

selbst gesehen habe, wie Elefanten auf Anweisung ihres Pflegers ganze Dattelbäume entwurzelt hätten), entsprachen allerdings nicht immer der Wirklichkeit: so vertrat Ktesias zum Beispiel die Meinung, daß Elefanten keine Gelenke hätten und sich zum Schlafen an einen Baum lehnten. Man könne sie ganz leicht einfangen, indem man den Baum ansäge und die Elefanten dadurch zu Fall brächte. Wie man die Tiere allerdings nach dem Umfallen wieder aufrichten und (ohne Gelenke!) in Bewegung hatte bringen können, darüber schwieg er sich aus (überliefert bei Aristoteles, *hist. animalium* II, 1).

Aristoteles (4. Jh. v. Chr.), der unter anderem auch diese Geschichte als Lüge entlarvte, weiß schon wesentlich genaueres über die Biologie des Elefanten zu berichten: er bezeichnet die Nase des Elefanten als Rüssel, der geschickt wie eine Hand benützt wird; auch die nachwachsenden Backenzähne und die zwei Brüste der weiblichen Elefanten waren ihm bekannt (Aristoteles *h. a.* I, 11; II, 1 und II, 5). Doch setzt er das Höchstalter eines Elefanten mit 200–300 Jahren viel zu hoch an – ein Fehler, der nicht nur der Antike, sondern auch der Neuzeit noch unterlief. So ist z. B. in Meyers Konversationslexikon von 1879 (s. v. Elefant Sp. 1029) das Lebensalter eines Elefanten mit 150 Jahren angegeben!

Lebendige Erzählungen und Geschichten über Elefanten werden in Griechenland erst durch die Berichterstatter des Alexanderzuges (Nearchos, Onesikritos, Megasthenes) eingeführt, die zum Teil aus eigener Anschauung erzählen konnten, wie Elefanten im Indusgebiet als Reittiere, aber auch als Kriegsmittel eingesetzt wurden. Viele dieser Geschichten überliefern daneben Stoffe aus dem Bereich der Sagen, Legenden und Märchen, die in der Heimat der Indischen Elefanten entstanden und bis nach Europa gelangt waren. Einige dieser Tierfabeln dürften schon in vorbuddhistischer Zeit existiert haben. In diesen Fabeln erscheint der Elefant meist als ein gutmütiger, harmloser, aber auch unachtsamer Geselle, der sich seiner eigenen Stärke nicht ganz bewußt ist und so, wenn auch unbeabsichtigt, Schaden anrichtet. Ganz anders dagegen ist sein Auftreten in der religiösen Vorstellungswelt des Hinduismus und des Buddhismus, wo er als Träger der Erde und als Inkarnation Buddhas erscheint.

Münzprägungen von Alexander dem Großen und den nachfolgenden Diadochen zeigen, daß trotz – oder wegen – seiner fremden Erscheinung der Elefant als Symbol der Macht verstanden wurde. In einigen Gegenden, so zum Beispiel in Nordafrika, wurde der Elefant dem Sonnengott Helios als heiliges Tier zugeordnet, und Ptolemaios IV. weihte nach einem für ihn wichtigen Sieg über Antiochos (217 v. Chr.) dem Helios vier Elefanten aus Erz. Ein ägyptisches Öllämpchen (aus dem 1. Jh. v. Chr. bis 1. Jh. n. Chr.) ist in Form eines Elefanten ausgebildet, der einen Verteidigungsturm auf dem Rücken trägt, wie er für Kriegselefanten gebräuchlich war (Abb. 5).

Abb. 5: Traglampe, ägyptisch, 1. Jh. v. Chr.–1. Jh. n. Chr., grau-schwarzer Ton, Motiv: Ein Verteidigungsturm auf dem Rücken eines Elefanten, davor ein Treiber, zur rechten Seite blickend. Höhe 8,2 cm, Kestnermuseum Hannover, Sammlung v. Bissing.

Diese Art von Tragelämpchen, die häufig Figuren aus der griechischen oder ägyptischen Götterwelt zeigten, wurden ausschließlich für den Totenkult verwendet und den Verstorbenen als Beigaben mit ins Grab gegeben. Vielleicht ist hier der Elefant in seiner Eigenschaft als Tier des Sonnengottes Helios (bzw. des Horus) als ein Symbol für die Hoffnung der Ägypter auf die Wiederauferstehung im Jenseits zu verstehen.

Die römische Antike griff die Überlieferungen der Griechen auf und ergänzte sie durch eigene Erfahrungen. Erstmals waren die Römer in der Schlacht gegen Pyrrhus 280/279 v. Chr. in Kleinasien auf Elefanten gestoßen, wußten aber mit den erbeuteten Tieren nichts anzufangen. Wie Plinius (*naturalis historia* VIII, 6) berichtete, wurden die Tiere, nachdem man sie per Schiff nach Italien gebracht hatte, bei blutigen Kampfspielen im Circus getötet.

Ein großer Teil der uns überlieferten Kenntnisse der Antike über Elefanten stammt von Plinius (1. Jh. n. Chr.), der selbst Elefanten gesehen hatte und offensichtlich von diesen Tieren sehr beeindruckt war. Er räumt im achten Kapitel seiner *naturalis historia,* in dem »exotische« Säugetiere behandelt werden, den Elefanten viel Raum ein und beruft sich bei seinen naturwissenschaftlichen Beschreibungen vor allem auf den numidischen König Iuba (1. Jh. v. Chr.), eines Anhängers des Pompeius, der in seinen Truppen selbst Elefanten eingesetzt hatte und auch über Fang und Zähmung dieser Tiere Bescheid wußte. Von den Schriften des Iuba sind leider nur wenige Fragmente erhalten, doch wird er in den antiken Quellen häufig zitiert.

Plinius selbst bezeichnet den Elefanten als das größte lebende Landtier, das seiner Meinung nach an Intelligenz dem Menschen am nächsten kommt, sich an Aufträge erinnern kann, Befehlen gehorcht und Tugenden besitzt, die sogar bei Menschen selten anzutreffen sind, wie zum Beispiel Rechtschaffenheit, Klugheit oder Gerechtigkeitsgefühl (*n. h.* VIII, 1), also Eigenschaften, die im Moralkodex der Römer einen besonders hohen Stellenwert besaßen.

Er überliefert aber auch Geschichten um Elefanten, die zu seiner Zeit in aller Munde waren. Beispielsweise schreibt er den Tierriesen eine eigene Religion mit besonderer Verehrung des Mondes und speziellen Riten zu, die jeden Neumond stattfänden (*n. h.* VIII, 2). Ein Elefant habe sogar die griechische Schrift lesen und selbst schreiben können, z. B. den Satz »ich selbst habe dies geschrieben« (Plinius *n. h.* VIII, 6).

Auch über das ausgeprägte Sozialverhalten der Elefanten in der Herde wußte Plinius (durch Iuba) Bescheid. Er berichtet u. a. über die besondere Sorgfalt, mit der sich Elefanten um ihre Jungtiere kümmern.

In seinem dritten Konsulat, d. h. im Jahr 46 v. Chr. ließ Caesar neben anderen Großtieren auch vierzig Elefanten im Circus kämpfen, als er aus Anlaß seiner Triumphe große Feiern abhielt (Cassius Dio, XLIII 22). Caesar hatte allerdings im Gegensatz zu seinem Gegner Scipio im Afrikanischen Krieg Elefanten nur beim Training seiner Truppen eingesetzt, nicht aber in der Schlacht selbst (Caesar, *bellum africanum* 72). Caesar hatte nämlich bemerkt, daß seine Soldaten, vor allem aber die Pferde, durch den Anblick der gegnerischen Elefanten und deren Trompeten eingeschüchtert wurden. Deshalb hatte er eigens aus Italien Elefanten herüberschaffen lassen, um seine Truppen an die Tiere zu gewöhnen und so die Chancen des Gegners zu mindern.

Obwohl Caesar selbst Elefanten in der Schlacht also nie verwendet hatte, zeigt dennoch ein Denar Caesars von 49–48 v. Chr. (nach der Schlacht gegen Scipio bei Thapsus) auf der Rückseite einen Elefanten, der eine Schlange bzw. eine Carnyx (Kriegstrompete) zertritt (Abb. 6): Der Elefant dürfte als Symbol der Herrschaft Caesars über Afrika zu deuten sein.

Abb. 6: Denar, 49–48 v. Chr., Münzstätte im Gefolge Caesars: Elefant, Schlange oder gallische Kriegstrompete (Carnyx) zertretend, Staatliche Münzsammlung München.

In den folgenden Jahren wurden Elefanten und ihre Kunststücke – Plinius berichtet von Elefanten, die auf gespannten Seilen gingen – viel häufiger als Schautruppe in den Zirkusspielen vorgeführt als im Krieg eingesetzt. Wie auch heute noch zählten die Kunststücke der Elefantentruppe zu den Hauptattraktionen im Zirkus.

Daß Elefanten in Rom als ganz besondere Tiere angesehen wurden, zeigt sich nicht zuletzt darin, daß ihr Besitz zur Kaiserzeit – ähnlich wie in Indien – ausschließlich den Herrschenden gestattet war. Auch der Elefantenfang war Sache der Regierenden und die Herrschaftsinsignien (Szepter u. ä.) wurden häufig aus Elfenbein hergestellt.

Doch nicht nur Herrschaftsinsignien und andere Kunstgegenstände, sondern auch Waffen wurden aus dem Rohmaterial »Elefant« hergestellt: so soll z. B. der Schild von Masinissa, einem Bundesgenossen Roms während der Kriege gegen Hannibal, der Überlieferung nach aus der Rückenhaut eines Elefanten gewesen sein.

Im Rom der Kaiserzeit und an den Herrscherhöfen Asiens war es üblich, ganze Möbelstücke mit einer Auflage aus Elfenbeinplättchen zu versehen, um sie kostbarer zu machen. Dadurch konnte, wie mit vielen anderen Luxusgegenständen auch, ein mehr oder weniger dezenter Hinweis auf den Reichtum ihres Besitzers gegeben werden.

Durch die Nachfrage nach lebenden Elefanten, vor allem aber auch nach Elfenbein, waren schon im 4. Jh. n. Chr. diese Tiere in Nordafrika sehr selten (während noch im 3. Jh. v. Chr. die Karthager offensichtlich keine Nachschubschwierigkeiten für ihre Truppen hatten) und der Rhetor Themistios berichtet über das völlige Verschwinden der Elefanten aus Libyen im 4. Jh. Schon damals dürfte der Bedarf der »westlichen Welt« am Luxusgut Elfenbein wesentlich die Dezimierung und letztlich das Verschwinden der Elefanten in einzelnen Regionen verursacht haben. Chinesische Quellen berichten davon, daß noch vor circa 1500 Jahren in Südchina eine kleine Elefantenart mit rötlichen Stoßzähnen gelebt haben soll, die hauptsächlich wegen ihrer Rüssel gejagt worden sei, die als ganz besondere Leckerbissen galten. Weiter östlich scheinen Elefanten aus dem asiatischen Festland in rezenter Zeit nicht mehr vorgekommen zu sein. Hier könnten archäologische Funde neue Erkenntnisse bringen (Abb. 7).

Gleichwohl gibt es in Japan zahllose Elefantendarstellungen zu bewundern, die vor allem auf chinesische Einflüsse zurückzuführen sind (Abb. 8).

Abb. 7: Elefantenfigur aus Jade, gefunden in An-yang, Provinz Henan, China. Sie wird in die Shang-Dynastie (1550–1050 v. Chr.) datiert und dürfte eine der frühesten ostasiatischen Elefantendarstellungen sein. Länge 28,9 cm. Nationalmuseum in Taipei, Taiwan).

Abb. 8: Räuchergefäß, Japan, 1. Hälfte des 19. Jh.s., Bronze, teilweise vergoldet. Ein massiger Elefant trägt eine von einem Phönix bekrönte Pagode auf einer mit Drachen verzierten Schabracke – eine japanische Abwandlung des aus China übernommenen »Friedenselefanten« mit der »Schatzvase«. Im Chinesischen sind die »Vase« (ping) sowie der als Basis dienende Sattel (an) lautgleich mit »Friede« (ping'an). Friedenselefanten standen paarweise neben dem Thron des Kaisers, dessen friedliche Absichten sie plastisch zum Ausdruck bringen sollten. Staatliches Museum für Völkerkunde München.

Heramba-Ganesha mit seiner Shakti, Nepal, Kultfigur aus Gelbbronze, Höhe 26,5 cm. Der zehnarmige und fünfköpfige Canesha ist die in Nepal am häufigsten vertretene Erscheinungsform. Der nepalesischen Überlieferung zufolge ist der Löwe das Reittier des Gottes, weshalb Ganesha in der vorliegenden Darstellung mit dem rechten Bein auf ihm steht. Mit dem linken Bein ruht Ganesha auf der Ratte, die nach indischer Vorstellung sein Reittier ist. Staatliches Museum für Völkerkunde München.

Ganesha im Lotussitz, Hinterglasmalerei, Kashmir, Höhe 10 cm. Auffallend sind das deutlich herausgearbeitete dritte Auge auf der Stirn und die um den Hals geschlungene Kobra. Das Stoffband um seine Schultern unterstreicht den nordindischen Charakter der Darstellung und ist auch im nepalesischen Erscheinungsbild Ganeshas anzutreffen. Links und rechts zu Füßen der Gottheit die Ratte, sein Reittier. In den Händen hält Ganesha die üblichen Attribute: Lotusblume, Axt, Süßspeise und seinen abgebrochenen Stoßzahn. Staatliches Museum für Völkerkunde München.

Ganesha, Mathura, Nordinien, rötlich gefleckter Sandstein, Höhe 20,5 cm. Mathura war einst eines der wichtigsten Zentren nordindischer Kunst. Seine Blütezeit unter der Herrschaft der nördlichen Kshatrapas und der Kushanas lag im 2. Jh. n. Chr. Der gefleckte Sandstein war für die Gegend charakteristisch. Beim vorliegenden Objekt handelt es sich um eine der ältesten bekannten Ganesha-Darstellungen aus Stein. Die Gegenstände, nach denen die Hände greifen, sind optisch nicht zu identifizieren. Dem ikonographischen Kanon entsprechend läßt sich vermuten, daß eine Hand die beliebte Süßspeise hält. Untypisch für die indische Darstellungsweise Ganeshas ist die Rüsselhaltung: üblicherweise hängt der Rüssel senkrecht herab und biegt sich von unten in Richtung Reiskugel. Eine Entsprechung zu dieser äußerst seltenen Rüsselhaltung findet sich in einer Ganesha-Plastik aus der Vor-Khmer-Zeit Kambodschas. Staatliches Museum für Völkerkunde München.

Ganesha, Indien, bemalte Keramik, Höhe 26 cm, frühes 19. Jh. Auffallend an dieser Darstellung ist die naturalistische Herausarbeitung und Vergrößerung der Ratte verglichen mit anderen Plastiken dieser Art. Ganesha ruht in der »lalitasana« Sitzweise auf seinem Reittier, einer häufig geübten Haltung, bei der ein Bein auf der Sitzfläche angewinkelt ist, während das andere locker herabhängt. Bemerkenswert die deutlich herausgearbeitete Kobra, die hier nicht – wie sonst üblich – um die Leibesmitte Ganeshas geschlungen ist, sondern vom Hals über die Schultern hängt. Staatliches Museum für Völkerkunde München.

Bronzelampe in Form eines Ganesha, Indien, 18. Jh., Höhe 47 cm. Auffallend bei dieser Darstellung sind der reichhaltige Kopfschmuck und die zahlreichen Tierabbildungen. Die vor dem Schoß Ganeshas angebrachte Schale wird flankiert von zwei Ratten, die jeweils eine Süßspeise in den Vorderpfoten halten. Die Schale ist von unten durch eine weibliche Figur gestützt, möglicherweise eine von Ganeshas ständigen Begleiterinnen, Buddhi oder Siddhi. Staatliches Museum für Völkerkunde München.

Ganesha, Südindien, Vijayanagar-Stil, 16./17. Jh., Bronze. Ganesha steht auf einem Lotossockel in leicht seitlich gebogener Haltung. In seinen vier Händen hält er links die Embleme Stachelstock und den abgebrochenen Stoßzahn, rechts die Schlinge und eine Zuckerkugel, nach der er mit dem Rüssel greift. Seinen Kopf ziert eine sogenannte Kornkrone. Staatliches Museum für Völkerkunde München.

Religiöser Umzug, sogenannte Perahera, in Kandy auf Sri Lanka. Der Schrein auf dem Rücken des Elefanten enthält eine Reliquie Buddhas. Tausende Menschen säumen den Prozessionsweg. Vor dem mächtigen Elefanten sieht man Tänzer und Musikanten. Die Aufnahme entstand um 1900.

Prächtig geschmückte Elefanten bei der Kandy-Perahera auf Sri Lanka. Um 1900.

Gefäß für Kalk. Khmer, Kambodscha, Steingut, 13. Jh., 16 cm Höhe. Auf den Gefäßkörper ist ein Elefant im Halbrelief montiert. Beiderseits der Öffnung sind Tragringe angebracht. Die Leibung ist mit Streifen- und Linienmustern verziert. Privatsammlung.

Ganesha aus bemaltem Speckstein, Burma, 19. Jh., Höhe 44 cm. Auffallend ist die deutlich herausgearbeitete um den Leib Ganeshas geschlungene Kobra. Staatliches Museum für Völkerkunde München.

Zwei Elefanten im Relief aus dem Tempel von Phanom Rung, Thailand. Dargestellt ist der hinduistische Gott Shiva, begleitet von seiner Gemahlin Parvati, 12. Jh.

Vase, vermutlich China, 19. Jh., Cloisonné. Vase in Kalebassenform mit Elefantenkopfhenkeln und Bodenmarke »Fu«, »Glück«. Die Kalebasse ist typisches Attribut daoistischer Heiliger, diente als Behälter für Medizinen und spielt eine wichtige Rolle im Amulettwesen. Der Elefant ist das Sinnbild von Kraft und Weisheit – er soll die menschliche Sprache verstehen. Sitz seiner Kraft ist insbesondere der Rüssel, dessen Verletzung den Tod des Tieres zur Folge hat. Staatliches Museum für Völkerkunde München.

Elefantenfigur als Opiumpfeife, Japan, 18./19. Jh., Bronze und Messing, 23 cm hoch. Der verlängerte Rüssel wurde als Mundstück ausgearbeitet. Privatsammlung.

Tempelelefant in der verbotenen Stadt, Peking, China, 17./18. Jh.

Kangi-ten, Holzplastik, 19. Jh. ?, Japan, Höhe 13 cm. Die Doppelform Ganeshas – eine männliche und eine weibliche Gestalt – wurde im neunten Jh. n. Chr. von dem Mönch Kobo Daishi in Japan eingeführt. Das Abbild Kangi-tens wurde in Japan unter drei bis vier verschiedenen Aspekten verehrt. Nach Auffassung der buddhistischen Shingon-Sekte versinnbildlicht die göttliche Doppelgestalt die Vermählung der Allseele mit der Ur-Lebenskraft, gedacht in weiblicher Form. Diese Vorstellung, die tief in der hinduistischen Glaubenslehre wurzelt, gelangte aus Indien über China nach Japan. Hinweis: Die männliche Gestalt ist erkennbar an der entblößten Schulter! Staatliches Museum für Völkerkunde München.

Elefant als Schattenspielfigur, Büffelhaut, Java, 19. Jh. Ein menschenfressender Elefant, der von Sutasoma (Buddha in einer seiner früheren Existenzen) zum asketischen Leben bekehrt wird, spielt eine Rolle im sogenannten Wayang Sutasoma. Diese Schattenspieltradition wurde während der Majapahitzeit (1294–1478) aufgezeichnet und ist die einzige, die auf buddhistische Erzählstoffe, die sogenannte Jataka, zurückgeht. Staatliches Museum für Völkerkunde München.

# Die Verehrung des weißen Elefanten in Thailand

Wolfgang Stein

In alten europäischen Reiseberichten über den fernen Orient finden sich zahlreiche Beschreibungen eines Phänomens, das sowohl bei den Berichterstattern als auch bei den Lesern große Verwunderung auslöste: die Existenz und die Verehrung der weißen Elefanten[1] an den Königshöfen von Birma und Siam – dem späteren Thailand. Diese mächtigen Tiere nahmen dort eine in vielerlei Hinsicht herausragende Position ein, die sie auch heute noch nicht verloren haben.

Die Verehrung weißer Tiere kennen wir aus vielen Teilen der Welt. Ihnen werden oft außergewöhnliche Fähigkeiten bis hin zu göttlichen Eigenschaften zugeschrieben. Auch der Besitz ihres Felles oder ihrer Haut »garantiert« eine Teilhabe an dieser numinosen Macht. Zoologisch betrachtet handelt es sich bei ihnen meist um Albinos, d. h. Tieren, denen die entsprechenden Hautpigmente fehlen.

In den Jahren 1583 bis 1591 bereiste der Engländer Ralph Fitch die um die Bucht von Bengalen gelegenen Gebiete. Er besuchte zwischen 1586 und 1588 Birma und ihm verdanken wir einen der frühesten europäischen Berichte über die Existenz des weißen Elefanten. Von der damaligen königlichen birmanischen Hauptstadt Dala – heute ein Teil von Rangun – berichtete er folgendes:

> Innerhalb der ersten Pforte des königlichen Palastes gibt es einen großen Hof, an dessen beiden Seiten sich die Stallungen der königlichen Elefanten befinden. Diese Tiere sind groß und schön, und sie werden für den Krieg und für andere königliche Dienste abgerichtet. Es gibt da auch vier weiße Elefanten, die sehr merkwürdig und selten sind, denn kein anderer König besitzt solche Elefanten. Wenn ein anderer König einen (weißen Elefanten) hat, so läßt der König von Dala ihn holen. Wird ihm ein neuer weißer Elefant gebracht, so müssen alle Kaufleute der Stadt sich das Tier ansehen und ihm (dem König) einen halben Dukaten als Geschenk bringen, was eine große Summe ergibt, denn es gibt viele Kaufleute in der Stadt. Hat man ihm das Geschenk gegeben, so darf man sich die Tiere ansehen, so oft man will, obwohl sie sich im Hause des Königs befinden. Der König wird auch König der weißen Elefanten genannt. Wenn ein anderer König einen weißen Elefanten besitzt und sich weigert, ihn herzugeben, führt er (der König von Dala) Krieg gegen ihn, denn er würde eher einen großen Teil seines Königreiches verlieren als ihn nicht zu erlangen.
>
> Diese weißen Elefanten werden mit großer Aufmerksamkeit gepflegt. Jeder von ihnen steht in einem mit Gold ausgekleidetem Haus und sie bekommen ihr Futter in goldenen und silbernen Schalen. Wenn einer von ihnen zum Baden an den Fluß geführt wird, und dies geschieht jeden Tag, dann halten sechs oder acht Männer einen Baldachin aus Stoff, Gold und Seide über ihn, und acht bis zehn Männer gehen vor ihm her und schlagen die Trommeln, spielen auf Schalmaien und anderen Instrumenten. Wenn er gewaschen ist und aus dem Fluß herauskommt, werden ihm nochmals von einem Mann, der eigens vom König dafür bestimmt wurde, die Füße in einer silbernen Wanne gewaschen. Es ist nicht bekannt, daß sie solches auch bei irgendeinem schwarzen Elefanten machen, sei dieser auch noch so groß. (Fitch, zitiert bei Vincent 1873: 66–67).

Fast 300 Jahre später lebte die englische Gouvernante Anna Leonowens am Hof des Königs Mongkut, Rama IV. (1851–1868) von Siam in Bangkok und unterrichtete dort die königlichen Kinder. Über die Erlebnisse ihres Aufenthalts (von 1862–1867) verfaßte sie ein recht unterhaltsam geschriebenes Buch, das zur damaligen Zeit bei den Lesern auf großes Interesse[2] stieß. Trotz teilweiser gravierender inhaltlicher Mängel ist ihr Bericht über den weißen Elefanten im Vergleich zu anderen zeitgenössischen Autoren aufgrund seiner Ausführlichkeit durchaus noch informativ, wenngleich sie aus ihrem eingeschränkten Blickwinkel nur Teilbereiche dieses komplexen Phänomens erfassen konnte und diese dann von ihrem eurozentristischen Standpunkt aus interpretierte.

Zur besseren Übersichtlichkeit ihres Berichtes habe ich Zwischenüberschriften eingefügt.

### Das Auffinden eines weißen Elefanten

> Seit den frühesten Zeiten haben die Könige von Siam und Birma begierig nach weißen Elfanten Ausschau gehalten. Wenn sie dann das seltene Glück hatten, einen zu erlangen, haben sie ihn mit Geschenken und Würden überschüttet, geradeso als ob er ein ernsthafter Anwärter auf den Thron gewesen wäre. Wenn der Gouverneur einer siamesischen Provinz vom Erscheinen eines weißen Elefanten innerhalb seines Verwaltungsgebietes benachrichtigt

1 Wann in der europäischen Reiseliteratur zum ersten Mal konkret vom weißen Elefanten gesprochen wurde, läßt sich kaum mehr ermitteln. Wohl einer der ersten Berichte über den Fang eines weißen Elefanten in Siam stammt aus dem Jahre 1471 (vgl. Faulder 1987: 15). Bei seinem Aufenthalt 1548 bemerkte der portugiesische Jesuitenmissionar Fernao Mendez Pinto, daß König Mahachakkaphat (1548–1569) den Titel Phra Chao Chang Phuek – d. h. König der Weißen Elefanten – trug.

2 Die Erlebnisse von Anna Leonowens bildeten später die literarische Vorlage für das Werk von Margaret Landon »Anna and the King of Siam«, das 1956 unter dem Titel »The King and I« mit Yul Brynner und Deborah Kerr in den Hauptrollen verfilmt wurde. Der Film stieß in Thailand auf heftigste Kritik und wurde verboten, da er in den Augen der Thais eine Beleidigung des Königs darstellte. »... it was presenting what most Thais regarded as a gross caricature of a ruler they revered: a half-naked savage who sang comic patter songs and swooped up Gertrude Lawrence and Deborah Kerr to dance a spirited polka in the hallowed halls of the Grand Palace. It was as if Abraham Lincoln had been presented doing a tap dance while reading the Emancipation Proclamation, the idea for which he got from a White House secretary« (Warren 1980: 42).

> wird, erteilt er sofort den Befehl, in allen Tempeln zu beten und Opfer darzubringen, während er selbst eine ansehnliche Expedition von Jägern und Sklaven aussendet, die das kostbare Tier fangen und in einem Siegeszug heimbringen sollen. Sobald er über dessen Gefangennahme unterrichtet ist, schickt er einen Sonderkurier los, der dem König über das Geschlecht des Elefanten, sein vermutliches Alter, seine Größe und Hautfarbe, sein Verhalten und sein Aussehen zu berichten hat. In Gegenwart seiner Majestät wird der Überbringer dieser glorreichen Neuigkeiten einer schmerzhaften, aber zugleich auch angenehmen Behandlung unterzogen: sein Mund, seine Ohren und seine Nasenlöcher werden mit Gold (-staub und/oder -körnern) verstopft. Auch der glückliche Kerl – wahrscheinlich irgendein halbwilder Waldbewohner – der als erster dieses bedeutende Ungeheuer erspäht hat, wird großzügig belohnt. (Leonowens 1873: 116–117).

Wie Anna Leonowens hier richtig erkannt hatte, versuchte ein neuer König nach seinem Amtsantritt sobald als möglich in den Besitz eines weißen Elefanten zu gelangen, und zwar auch dann, wenn er von seinem Vorgänger ein oder mehrere Tiere übernommen hatte. Das Einfangen eines neuen weißen Elefanten galt als gutes Omen für eine erfolgreiche und friedliche Regierungszeit des neuen Königs. Daß sich Frau Leonowens über diese Parallelität lustig machte, zeigt nur, daß sie deren Hintergründe offensichtlich nicht erfaßt hatte. Noch heute existiert ein königlicher Befehl, nach dem alle weißen Elefanten dem Herrscher zu melden sind, denn nur er hat Anspruch auf ihren Besitz. Je nach der Helligkeit der Haut des Tieres wird dann entschieden, ob es in den Elefantenpark Chitralada von König Bhumibol Adulyadej, Rama IX. aufgenommen wird oder nicht. Es existiert eine – für den europäischen Betrachter nur sehr schwer nachvollziehbare – Unterteilung der weißen Elefanten, der *Chang Samkhan* (eigentlich: die wichtigen Elefanten), in vier Gruppen. Die angesehenste wird *Prompong* genannt. Es folgen *Iesnanpong*, *Pissanupong* und *Akaranipong*. Die Kriterien hierfür sind neben der mehr oder weniger hellen Hautschattierung die Form der Stirn, der Brust, die Farbe sowie Länge und Form der Stoßzähne und die Länge des Rüssels.

Insofern ist auch die von frühen europäischen Reisenden geprägte Bezeichnung weißer Elefant unzutreffend, da es wirklich weiße Exemplare, im Gegensatz zu anderen Tierarten, bei Elefanten nicht gibt. Etwas ironisch bemerkte schon der Reisende Hesse-Wartegg (1909: 79) hierzu: »Weiße Elefanten gibt es in Siam nur auf der Leinwand der Staatsflaggen aufgemalt« (1909: 79). Und weiter:

> Sie sind von etwas hellerer, wärmerer Farbe als die übrigen Elefanten des Königs, und zeigen hinter den Ohren, auf dem Bauche und an den Seiten quadratmetergroße, schmutzigfleisch-farbene Flecken. Ihre Augen sind gelblichrot, ihre wenigen Haare weiß, ähnlich wie bei den Albinos. (S. 81).

Ein von Carl Bock 1881 mit Wasserfarben gemalter »weißer Elefant« im Stall des Königs von Siam. Staatliches Museum für Völkerkunde München.

Er erwähnte auch, daß die Elefanten mit Tamarindenwasser abgerieben wurden, um so eine hellere Färbung der Haut zu erreichen. Teilweise half man auch mit Ölfarbe nach, doch war dies für die empfindliche Elefantenhaut eine äußerst unangenehme Methode. Der Forschungsreisende Carl Bock hatte bei seinem Besuch in Siam 1881–1882 die Erlaubnis erhalten, einen der sogenannten weißen Elefanten zu porträtieren. Wie die Abbildung zeigt, ist auch dieser Elefant keineswegs weiß. Auch andere Siam-Reisende bestätigen diese Tatsache. Die Thailänder selbst nennen diese außergewöhnlichen Tiere *Chang Samkhan*, bzw. *Chang Püak*, was mit »königliche Elefanten« übersetzt werden könnte. Es gibt als eine Art Leitfaden sieben historisch überlieferte Hauptmerkmale, an denen ein *Chang Samkhan* zu erkennen ist. Das sind Augen, Gaumen, Fußnägel, Testikel, After und Haare; die Schattierung der Haut muß mindestens so hell sein wie die neuer Tongefäße (Dietrich 1977: 161).

Im Jahre 1987 befanden sich in den königlichen Ställen elf Elefanten, von denen sechs als *Chang Samkhan* angesehen wurden.[3] Der Unterhalt dieser mächtigen Tiere ist nicht gerade billig angesichts des Verzehrs von rund siebzig bis hundert Kilogramm frischem Gras, dreißig Kilo Bananen und sechs Kilo Zuckerrohr pro Tier und Tag. Als vor einigen Jahren die Überlegung aufkam, die Elefanten aus Kostengründen von Bangkok in die Nähe des Phuping-Palastes in Chiang Mai zu verlegen, regte sich schnell Protest in den traditionellen Kreisen, wo man die Ansicht vertrat, daß der bzw. die weißen Elefanten stets in der Nähe des Königs sein müssen, um das Wohlergehen des Landes sicherzustellen.[4] Aus diesem Grund erscheint es dann auch verständlich, daß der Entdecker dieses seltenen Tieres vom König so hoch belohnt wurde. Warum dem Überbringer der freudigen Nachricht Nase, Mund und Ohren mit Goldstaub bzw. Goldkörnern verstopft wurden, erklärte Frau Leonowens leider nicht. Der Fänger des Elefanten erhielt Land und eine Art Lebensrente.

## Der Transport in die Hauptstadt

An die Vorsteher der verschiedenen Bezirke, die der Elefant passieren muß, ergehen sofort Befehle, ihn mit königlichen Ehren zu empfangen. Durch die Wälder, die er auf seinem Weg in die Hauptstadt durchqueren muß, werden breite Pfade geschlagen. Wo immer er rastet, wird er reichlich bewirtet. Auf Schritt und Tritt begleiten und sorgen sich um ihn eine Menge Bediensteter, die zu seiner Unterhaltung singen, tanzen, musizieren und Kraft- und Geschicklichkeitsproben vorführen. Wenn er schließlich die Ufer des Meinam erreicht, erwartet ihn ein großer schwimmender Palast aus Holz, überragt von einem prunkvollen Dach und behängt mit karmesinroten Vorhängen. Das Dach ist über und über mit kunstvoll arrangierten Blumen bedeckt, die zu Symbolen und Leitsprüchen geformt sind und von denen man annimmt, daß sie das intelligente Tier mit Leichtigkeit entziffern kann. Der Fußboden dieses prächtigen Floßes ist mit eigenartig geflochtenen, golddurchwirkten Matten ausgelegt, in deren Mitte Seine Vierfüßige Lordschaft feierlich in sein Amt eingeführt wird, umgeben von einer unterwürfigen, entzückten Menge armseliger Zweifüßler, die ihn baden, parfümieren, ihm Luft zufächeln, ihn füttern, ihm etwas vorsingen und -spielen und ihm schmeicheln. Sein Futter besteht aus den zartesten Kräutern, dem saftigsten Gras, dem süßesten Zuckerrohr, den reifsten Bananen, den braunsten Weizenkuchen, die auf riesigen goldenen und silbernen Tabletts serviert werden. Und sein Trinkwasser ist mit den duftenden Blüten des *dok mallee,* des großen einheimischen Jasmins, parfümiert.

So fährt er in mehr als fürstlicher Art und Weise den Fluß hinab bis zu einer Stelle, die etwa siebzig Meilen von der Hauptstadt entfernt ist. Dort empfangen ihn der König mit seinem Hofstaat, die höchsten Würdenträger des Reiches, eine große Anzahl buddhistischer und brahmanischer Priester sowie zahlreiche Schauspieler- und Musikantengruppen. Mit allen Ehren begleiten sie ihn zu seinem palastartig ausgeschmückten Stall. Eine große Anzahl Seile und Taue verschiedenster Stärken und Längen werden am Floß befestigt. Diejenigen in der Mitte bestehen aus feinster Seide und sind für den König und seine Würdenträger bestimmt, die sie mit eigenen Händen an ihren vergoldeten Barken festmachen. Die übrigen werden von der großen Flotte der kleineren Boote übernommen. Unter Freudenrufen, Trommelschlägen, Trompetengeschmetter, Kanonendonner, freudiger Musik und verschiedenen anderen prachtvollen Lustbarkeiten wird der *Chang Phoouk* (weißer Elefant) im Triumphzug in die Hauptstadt geleitet.

## Ankunft in der Hauptstadt

Hier findet in einem Pavillon, der für diesen Zweck nur provisorisch erstellt, aber sehr schön ausgestattet wurde, unter feierlichen Zeremonien der Empfang (des Elefanten) durch die Palastbeamten und die fürstlichen Personen des königlichen Hofstaates statt. Der König, seine Höf-

3 Vgl. Faulder (1987: 17). Neuere Zahlen liegen mir nicht vor, wie überhaupt Informationen über die königlichen Elefanten nur sehr schwer zu erlangen sind. An dieser Stelle sei Herrn Dr. Wolfgang Felten, München, herzlich für die Beschaffung und Bereitstellung wichtiger Unterlagen gedankt, ohne die dieser Aufsatz in der vorliegenden Form nicht möglich gewesen wäre.

4 Dies steht im Widerspruch zur Aussage Richard Carringtons, Verfasser eines wichtigen und vielbeachteten Buches über Elefanten, der vor dreißig Jahren schrieb: »Diese Erscheinungen der Elefantenverehrung sind indessen heutzutage stark im Schwinden, namentlich der Kult, der mit dem weißen Elefanten getrieben wurde; das Tier hat seine frühere Anziehungskraft auf die Gläubigen fast völlig verloren. Die weißen Elefanten, die es heute noch im Osten gibt, sind nicht mehr Gegenstand der Verehrung, sondern werden eigentlich nur noch als Kuriosa, als Schauobjekt für die Touristen gehalten und dienen im modernen Osten genau so ausschließlich kommerziellen Zwecken, wie Knochen und andere Heiligenreliquien bei manchen religiösen Bräuchen in Westeuropa« (Carrington 1962: 280). Hierzu wäre anzumerken, daß ein Besuch der königlichen Elefantenställe nur wenigen hohen ausländischen Staatsgästen gewährt wird, keinesfalls aber gewöhnlichen Touristen. Auch der österreichische Diplomat Ernst von Hesse-Wartegg, der vor gut hundert Jahren Siam bereiste und ausführlich über den weißen Elefanten referierte, dürfte mit seiner Aussage, daß »für den König und die Mehrzahl der Prinzen, die in Europa studiert haben, ... die Sache mit den weißen Elefanten doch nur fauler Zauber zu sein« scheint, nicht die damalige Realität erfaßt haben.

Frühe Aufnahme eines »weißen« Elefanten im Palastbezirk des thailändischen Königs. Bangkok um 1910.

linge und die höchsten Priester versammeln sich um das Tier und bringen Dankopfer dar. Anschließend wird es in den Ritterstand erhoben, und zwar nach altem buddhistischem Brauch durch Besprengen seiner Stirn mit geheiligtem Wasser aus einer Muschelschale (Chank-shell). (Leonowens 1873: 117–118).

Nach dem Fang des Elefanten beginnen umfangreiche Vorbereitungen. Eigens für ihn schlägt man einen Pfad durch den Wald bis zum Ufer eines schiffbaren Flusses. Ein ganzer Hofstaat begleitet inzwischen das Tier auf seinem Weg in eine neue Welt. Nun würde man annehmen, daß der König die Ankunft des Elefanten in seinem Palast erwarten würde, doch fast alle Berichte sprechen davon, daß er seinerseits mit seinem Hofstaat dem Tier entgegenfährt. Es scheint Teil des Zeremoniells zu sein und unterstreicht die Bedeutung des weißen Elefanten. Es wirkt wie das Zusammentreffen zweier gleichrangiger Persönlichkeiten.

Im Zentrum des Reiches angekommen, erfolgt die Einführung des weißen Elefanten in seinen Palast. Die Hofastrologen wählen dafür den günstigsten Tag aus, denn schließlich soll der Elefant ja dem Land und den Menschen Glück bringen. Es gilt, den Tag zu finden, an dem ihm die so zahlreich vorhandenen bösen Geister nichts anhaben können. Buddhistische und brahmanische Würdenträger verrichten Gebete und bringen Dankopfer dar. Der weiße Elefant wird gebeten, sein neues Zuhause anzunehmen. Die Annehmlichkeiten und Freuden seiner neuen Umgebung werden ihm in blumigster Sprache geschildert:

> Königlicher Elefant! Wir bitten dich, nicht zu viel an deinen Vater und an deine Mutter zu denken ...
> es nicht zu bedauern, daß du die Berge und Wälder verlassen hast, die deine Heimat waren. Dort gibt es böse und gefährliche Geister und wilde Tiere, die heulen und grauenvollen Lärm vollführen. Dort kreist der Vogel Hassadin, der oft Elefanten raubt und auffrißt, und grausame Jägerbanden, die um des Elfenbeins willen die Elefanten töten.
> ... Warum solltest du dir wünschen, frei zu sein? Der Wald ist voller Dornen, Hecken und Sümpfe. Warum solltest du dir wünschen, Täler zu durchqueren und Gebirge zu überschreiten? Du müßtest dort schlammiges Wasser trinken und die Steine würden dir die Füße zerschneiden.
> ... Sieh dieses schöne Haus, diese wundervolle Stadt! Sie hat Reichtümer in Hülle und Fülle und alles, was deine Augen und dein Herz mit Freude erfüllen werden. Es ist dein Verdienst, diese schöne Stadt zu sehen und sich an ihrem Reichtum zu erfreuen. Du bist der liebste Gast Seiner auf das Höchste erfreuten Majestät des Königs. (Cort 1886: 210–211).

Mit diesen Versprechungen wollte man dem Elefanten seinen Aufenthalt in dieser für ihn neuen und noch ungewohnten Umgebung sozusagen schmackhaft machen. Hierzu trugen unter anderem auch die zahlreichen Süßigkeiten bei, die ihm angeboten wurden und die seinem Magen oft große Probleme bereiteten. Heute wacht ein ausgebildeter Tiermediziner über die Ernährung der Elefanten, so daß deren Sterblichkeitsrate nicht mehr so hoch ist.

Mit der offiziellen Einführung in seinen Palast erhält der weiße Elefant auch einen Titel (Dietrich 1977: 161). Dieser ist umso höher je heller seine Hautfarbe ist. Die Titel orientieren sich an der Rangabfolge des Hofstaates.

### Der weiße Elefant wird geschmückt

Sieben oder neun Tage lang, das hängt von verschiedenen Umständen ab, wird für den weißen Elefanten in dem provisorischen Pavillon ein Fest gegeben und er wird mit einer bunten Auswahl von Theateraufführungen unterhalten. Diese Tage werden im ganzen Land als Feiertage begangen. Nach Ablauf dieser Zeit wird der Elefant mit großem Pomp zu seinem prunkvoll ausgestatteten Quartier geführt, das innerhalb des ersten königlichen Palastbezirkes liegt. Dort wird er von einem eigenen Offiziersstab, Bediensteten und Sklaven empfangen, die ihn in seine vornehme Wohnung einführen und sofort damit beginnen, ihn einzukleiden und zu schmücken. Zuerst beringt der Hofjuwelier seine mächtigen Stoßzähne mit Reifen aus massivem Gold, bekrönt ihn dann mit einem Diadem aus getriebenem, purem Gold und schmückt anschließend seinen kräftigen Nacken mit schweren goldenen Ketten. Als nächstes bekleiden ihn seine Diener mit einem feinen, purpurfarbenem Samtumhang (Schabracke), dessen Ränder mit scharlachroten und goldenen Fransen verziert sind. Anschließend wirft sich sein Hofstaat vor ihm nieder und bringt ihm königliche Huldigung entgegen. (Leonowens 1873: 118–119).

Diese letzte Bemerkung von Frau Leonowens ist natürlich wieder eine unsinnige Übertreibung. Dem Elefanten wurde Respekt entgegengebracht aber keine kniefällige Unterwürfigkeit. Es ist bekannt, daß die Elefanten schon bei kleinen »Vergehen« von den Wärtern mit dem Elefantenstachel bestraft wurden. Vernachlässigten die Bediensteten aber die Pflege und das Tier wurde krank und starb, so drohte ihnen eine harte Bestrafung.

### Die Pflege

Wenn Seine königliche Hoheit ihren stattlichen Körper durch ein Bad erfrischen will, hält ein hoher Offizier einen großen, karmesinroten und goldenen Sonnenschirm über sein nobles Haupt, während andere goldene Fächer schwingen (auf dem Weg zum Badeplatz). Bei solchen Anlässen zieht stets eine Musikantengruppe voran, die sein Nahen mit fröhlicher Musik und Gesang verkündet (Leonowens 1873: 119).

Auch hier zeigt die ironisch gefärbte Schilderung nur das Unverständnis von Frau Leonowens. Elefanten müssen

Ein »weißer« Elefant im königlichen Stall-Palast in Bangkok, Thailand. Deutlich ist die Aufhellung der Haut zu erkennen. Wirklich weiße Elefanten gibt es jedoch nicht.

regelmäßig gebadet werden und als ranghohe Persönlichkeiten stehen ihnen Attribute wie Schirm, Fächer und Musikgruppen zu.

**Krankheit**

Wenn er krank wird, behandelt ihn der Leibarzt des Königs und die Oberpriester erscheinen täglich in seinem Palast, um für seine Gesundheit zu beten. Dabei besprengen sie ihn mit geweihtem Wasser und salben ihn mit geweihtem Öl. (Leonowens 1873: 119).

Die Pflege der weißen Elefanten stellte ein großes Problem dar. Aus ihren natürlichen Umwelt- und Lebensbedingungen herausgerissen, fristeten sie ein träges Leben in ungesunder Umgebung und bei falscher Ernährung. Vor allem der übermäßige Genuß von Süßigkeiten – insbesondere Zuckerrohr – bekam den Elefantenmägen schlecht.

**Tod**

Stirbt er, so ist ganz Siam verzweifelt und die ganze Nation trauert um ihn. Sein Körper wird allerdings nicht verbrannt. Nur sein Gehirn und sein Herz erscheinen würdig dieser letzten und höchsten Ehre. Der Kadaver wird in feines weißes Leinen eingehüllt und auf eine Bahre gelegt. Diese wird den Fluß hinunter gefahren und unter viel Wehklagen und traurigen Grabgesängen im Golf von Siam versenkt.

Im Jahre 1862 wurde ein stattlicher weißer – oder besser lachsfarbener – Elefant gefangen und es wurden umfangreichste Vorbereitungen für seinen Empfang getroffen. Ein provisorischer Pavillon von außergewöhnlicher Schönheit wurde – fast wie durch Zauberei – vor dem Osttor des Palastes errichtet. Die ganze Nation war in großer Freude als plötzlich die furchtbare Nachricht kam, daß er gestorben war.

Niemand wagte dies dem König zu sagen. Aber Kralahome – dieser Mann, der um prompte Auswege nicht verlegen ist und unglaubliche Geistesgegenwart besitzt – befahl, die Vorbereitungen sofort einzustellen. Das Bauwerk sollte mit seinen Erbauern verschwinden. Am Abend kam der König wie gewöhnlich, um das prächtige Werk zu begutachten. Aber wie groß war sein Erstaunen, keine Spur mehr von diesem prunkvollen Gebäude vorzufinden, das doch am Abend vorher fast fertiggestellt war. In höchstem Maße bestürzt wandte er sich an seine Höflinge um eine Erklärung zu verlangen, als ihm plötzlich die schreckliche Wahrheit klar vor Augen trat. Mit einem Schmerzensschrei sank er auf einen Stein nieder und gab seinen Tränen freien Lauf. Doch schon bald tröstete ihn eines seiner Kinder, das geschickt in dieser Rolle unterwiesen worden war. Es kniete vor ihm hin und sagte: »Weine nicht, oh mein Vater! Der fremde Herr hat uns nur für eine bestimmte Zeit verlassen«. Dieser furchtbar verhätschelte fremde Herr erlag seinen Blähungen und sonstigen Verdauungsstörungen. (Leonowens 1873: 120).

Diese letzte Bemerkung ist zwar inhaltlich richtig, doch Frau Leonowens hat die Dramatik des Geschehens in keiner Weise erfaßt. Der weiße Elefant verkörpert und »garantiert« Glück, Friede und Wohlergehen für Herrscher, Volk und Land. Durch seinen Tod sind sie nach der Meinung bzw. dem Glauben der Siamesen nicht mehr gewährleistet.

**Die Beschreibung des toten Elefanten**

Ein paar Tage nach diesem traurigen Vorfall las mir der König eine außergewöhnliche Beschreibung des verstorbenen Monsters vor, und zeigte mir Stücke von dessen präparierter Haut und den Stoßzähnen, die in ihrer Größe und weißen Farbe die besten waren, die ich je gesehen hatte:

»Seine (d. h. des Elefanten) Augen waren hellblau, in lachsfarbener Umrahmung; die Haare dünn, weich und weiß; seine Hautfarbe blaßrosa-weiß; seine Stoßzähne wie langgezogene Perlen; seine Ohren wie silberne Schilde; sein Rüssel wie der Schweif eines Kometen; seine Beine wie die Stützen des Himmels; sein Trompeten wie Donner; seine Augen wie in Meditation versunken; seine Erscheinung voll von Empfindsamkeit; seine Stimme war die eines mächtigen Kriegers und sein Verhalten war das eines illustren Monarchen.«

Der Tod des Elefanten löste großen Kummer sowohl beim Volk als auch beim König aus.

Bei allen offiziellen Anlässen, z. B. Empfängen bei Hof, steht der prunkvoll geschmückte weiße Elefant rechts am inneren Palasttor und bildet so eine unverzichtbare und herausragende Figur im Gesamtbild.

Als die siamesische Gesandtschaft aus England zurückkehrte, verfaßte deren Leiter – ein aufgrund seiner Kenntnisse und seines hervorragenden Charakters bemerkenswerter Mann (er war der erste Vetter des herrschenden Königs) – ein sonderbares Büchlein, in dem er England und seine Menschen, deren Bräuche, Verhaltensweisen und Behausungen beschrieb. Ausführlich gab er die Eindrücke der Gesandtschaft über den (englischen) Königshof wieder. Über die äußere Erscheinung von Königin Victoria berichtete er folgendes: »Man kann nicht anders als beeindruckt sein von der ehrfurchtgebietenden Erscheinung der Königin von England oder man müßte verkennen, daß sie direkt von einem Geschlecht von gerechten und kriegerischen Königen und Herrschern dieser Erde abstammt, denn ihre Augen, Hautfarbe und vor allem ihr Benehmen ist dasjenige eines wunderschönen und majestätischen weißen Elefanten« (Leonowens 1873: 120).

Abschließend soll noch ein kurzer Blick auf die Persönlichkeit von Anna Leonowens geworfen werden. Sie wurde 1831 in Indien geboren. Ihr Mädchenname war Edwards; mit 18 Jahren heiratete sie Thomas Leon Owens. Nach dessen Tod nannte sie sich Leonowens, wohl um interessanter zu erscheinen.[5] Neben

5 Diesen historisch verbürgten Daten stellt sie in ihren Büchern eine weitaus bedeutendere Abstammung gegenüber. So gibt sie an, in Wales geboren zu sein, der Vater soll Seeoffizier gewesen sein, ihr Mann ebenfalls Offizier etc. Geschickt verstand sie es, ihre bescheidene Herkunft zu verleugnen. Hierfür nahm sie selbst den Bruch mit ihrer Schwester in Kauf. Ihr arrogantes Auftreten und Verhalten muß derartig ausgeprägt gewesen sein, daß die kleine englische Kolonie in Bangkok den Umgang mit ihr mied (vgl. Warren 1980; 45).

ihrer Tätigkeit als Lehrerin unterstützte sie gelegentlich den König bei der Erledigung seiner Korrespondenz. Dem Buddhismus stand sie sehr ablehnend gegenüber. Mit geringem Erfolg versuchte sie, einige Frauen des Königs zum Christentum zu bekehren.[6] Ihre puritanisch-christliche Weltanschauung brachte sie des öfteren in Opposition zu König Mongkut, der ein intelligenter und hochgebildeter Herrscher war (Döring 1926: 3–6). Anna Leonowens Schilderungen über das Leben am Hof sind aufgrund ihres eurozentristischen Standpunktes sehr einseitig ausgefallen. Ihre dünkelhafte Überheblichkeit und die stereotypen Vorurteile gegenüber dem Fremden und Andersartigen ließen sie das Phänomen des weißen Elefanten nur an der Oberfläche erfassen.

*Literatur*


Cort, M. L.: Siam; or, the Heart of Farther India. New York 1886.

Crawfurd, J.: Journal of an Embassy to the Courts of Siam and Cochin China. London 1829.

Dietrich, G.: Die Elefanten des Königs. In: Merian 10/30, 1977: 160–161.

Döring, K.: Seinen Leib brennen lassen. (Bericht der Mrs. A. H. Leonowens über den Tod des damaligen Oberpriesters von Siam. Übersetzt und erläutert von Karl Döring. Untersuchungen zur Geschichte des Buddhismus und verwandter Gebiete, Heft XIX. München–Neubiberg 1926.

Faulder, D.: The Royal White Elephants. In: Sawasdee 1987: 13–19.

Giles, Franics H.: Adversaria of Elephant Hunting, (together with an account of all the rites, observances and acts of worship to be performed in connection therewith, as well as notes on vocabularies of spirit language, fake or taboo language and elephant command words). In: Journal of the Siam Society, Bd. 23; 61–96.

von Hesse-Wartegg, E.: Die weißen Elefanten des Königs von Siam. In: Die Eroberung der Erde. Hrsg. von Conrad Alberti-Sittenfeld. Berlin und Wien 1909, S. 78–86. Auszug aus: Siam, das Reich des weissen Elefanten. Leipzig 1899.

Leonowens, A. H.: The English Governess at the Siamese Court: Beeing Recollections of six years in the Royal Palace at Bangkok. Boston 1873.

de la Loubère, S.: The Kingdom of Siam. London 1693.

Pal, P: Elephants and Ivories in South Asia. Los Angeles 1981.

Sanderson, I. T.: Dynastie der Abu. Geschichte und Entwicklung der Elefanten und ihrer Verwandten. Bern und Stuttgart 1966.

Seidel, H.: Das heutige Bangkok und der siamesische Hof. In: Globus 68, 1895: 6–10, 26–31.

Vincent, F.: The Land of the White Elefant. Sights and Scenes in South-Eastern Asia. A Personal Narrative of Travel and Adventure in Farther India. Embracing the Countries of Burma, Siam, Cambodia, and Cochin-China (1870–2). London 1873. (Reprint Bangkok 1988).

Wales, H. G. Qu.: Siames State Ceremonies. Their History and Function. London 1931.

Warren, W.: Anna and the King: A Case of Libel. In: ASIA March/April 1980: 42–45.


6 In ihrem später erschienenen Buch über das Leben der Frauen im königlichen Harem verurteilte sie vehement die Polygamie und erzählte Schauergeschichten über in Ungnade gefallene Frauen. Für die Europäer war dies ein Reizthema. So bezeichnete etwa der deutsche Reisende Seidel den Nachfolger von König Mongkut, König Tschulalongkorn als einen »Polygamisten im ärgsten Sinne, denn außer den sogenannten ›legitimen Frauen‹ steht ihm ein wohlbesetzter Harem mit Schönheiten aller Art zur unumschränkten Verfügung« (1895: 31).

# Elefanten in Zirkus und Zoo

Fred Kurt

Südasiatische Herrscher vergnügten sich bei Elefantenkämpfen und -rennen oder zeichneten Mahuts aus, die ihren Tieren Balanceakte auf großen Tontöpfen beigebracht hatten, wie etwa Robert Knox (1966) aus dem 17. Jh. berichtet. Erste Vorläufer zirzensischer Tricks gab es also durchaus in den klassischen Ländern der Elefantenhaltung. Sie waren aber nicht zu vergleichen mit den Höchstleistungen, die das staunende Publikum Ende des 19. und im 20. Jh.s in amerikanischen und europäischen Zirkussen zu sehen bekam. So etwa jenen Purzelbaum schlagenden Elefanten des Ephraim Thompson oder Elefanten, die über zwei gespannte Drahtseile gehen, auf Kugeln balancierend vorwärts und rückwärts rollen (Abb. 1), aufrecht auf die Hinterfüße aufgerichtet Treppen hochsteigen, Dreirad fahren und Rollschuh laufen. Solche und ähnliche Verhaltensweisen, die selbst ansatzweise im natürlichen Verhaltenskatalog des Tierriesen fehlen, sind jüngste Errungenschaften zirzensischer Kunst, bei der ehrgeizige Dresseure an die äußersten Grenzen physischer Leistungen des gelehrigen Tieres gehen. Die oft durch massive Quälerei erreichten Kunststücke werden als Produkte engster positiver Tier-Mensch-Beziehung beweihräuchert und der »Freund« wird werbewirksam betrauert, wenn seine Füße und sein Rücken infolge Überbeanspruchung schwach werden, der Rüssel nach unzähligen Schlägen lahmt und der Elefant nach wenigen Jahren an Herzversagen stirbt. Zweifellos gibt es Ausnahmen von der Regel. Trotzdem mag man zweifeln, ob anderthalb Jahrhunderte nachdem die ersten Tierriesen in einer Manege auftraten, Elefanten selbst im tierfreundlichsten modernen Zirkus artgerecht gehalten werden oder je gehalten werden können. Jedenfalls verliefen die ersten Jahrzehnte der Elefantenhaltung im Zirkus dermaßen stürmisch, daß einzelne Tierschicksale kaum zählten. Die Tierriesen waren billig, lernten rasch, ordneten sich Peitschen und scharfen Haken gefügig unter, bis sie endgültig genug hatten.

»Die Circusliteratur ist voll von Geschichten, in denen Elefanten versuchen, ihre Wärter an die Wand zu quetschen, sie zu zertrampeln, durch die Luft zu werfen und darum erschossen, vergiftet und stranguliert werden«, schreibt Stephan Oettermann (1982: 73). Leider bleibt es nicht nur beim Versuch. Auf jeden der rund fünfhundert je im Westen gehaltenen Elefantenbullen kommt ein schwerverletzter oder gar getöteter Pfleger oder Dresseur (z. B. Hediger 1969, Haufellner et al. 1993).

Abb. 1: Kugellaufende Elefanten im ehemaligen Staatszirkus der DDR.

# Carl Hagenbeck

Abb. 2: Mit Hagenbecks Völkerschauen aus Ceylon und Indien kamen neben Dutzenden von Elefanten auch Mahouts in den Westen. (Plakat der Firma Friedländer, ca. 1906)

»Ich zählte in den siebenhundert Jahren bis zum Ende des 15. Jh.s fünf, im 16. Jh. sechs, im 17. Jh. sieben, im 18. Jh. 13, in der ersten Hälfte des 19. Jh.s mindestens zwanzig Elefanten«, faßt Stephan Oettermann (1982: 89) in seiner sorgfältigen Studie die Entwicklung europäischer Elefantenhaltung zusammen: »Im Laufe der europäischen (übrigens auch der amerikanischen) Geschichte des Elefanten wuchs die Zahl der importierten Tiere stetig, zunächst langsam, dann rascher, um in der zweiten Hälfte des 19. Jh.s förmlich zu explodieren.«

Dazu ein erstes Beispiel: Gottfried Clas Carl Hagenbeck sen. baute sich in den fünfziger und sechziger Jahren des letzten Jahrhunderts aus den bescheidensten Anfängen eines kleinen Fischereigeschäftes in Hamburg zuerst eine Tierschau und bald eine der größten Tierhandlungen der Welt auf. 1860 kauft sich der Menageriebesitzer einen ersten Elefanten. Fünf Jahre später liefert der Tierfänger Cassanova drei, 1866 bereits zwölf und ein Jahr später 14 Elefanten aus dem Sudan. Dann tauchen der Mahdi und sein Nachfolger Abdullah auf und schließen das neue Reich Mahdia hermetisch ab. »Wo sonst meine Jäger über Berg und Tal zogen und Europäer unter dem Schutz der ägyptischen Regierung sicher reisen konnten, hausten jetzt die wilden, fanatischen Anhänger des neuen Prophetentums«, beklagt sich Sohn Carl Hagenbeck (1909: 91): »Beim Ausbruch des Mahdistenkrieges war der afrikanische Tierhandel total ruiniert«. Hagenbeck war »genötigt«, Plätze aufzusuchen, wo man Elefanten preiswert erwerben konnte. Zu diesem Zweck entsandte er seinen Mitarbeiter, den bekannten Weltreisenden Joseph Menges, nach Ceylon.

Der Ceylondeal klappt vorzüglich. Bereits 1883 schiffen seine Leute 65 Elefanten von der Insel nach Europa. 1884 stellt er eine erste Ceylonesenkarawane, eine Mischung aus Völker- und Tierschau, zusammen – darunter acht Elefanten; 1887 zieht Hagenbeck mit 67 bunt bekleideten Tänzern, Musikanten, Maskenträgern sowie 25 Elefanten von der Insel durch die Hauptstädte Europas.

Auf Sri Lanka sind Elefanten am Ende des 19. Jh.s wohlfeil zu haben. Die Briten roden das zentrale Hochland, fangen jährlich Aberhunderte der Tierriesen und stellen allein zwischen den Jahren 1865 und 1884 1850 Exportlizenzen aus (Kurt 1976). Der Tierhandel auf der kleinen Insel lohnt sich dermaßen, daß sich der 16jährige John Hagenbeck, ein Halbbruder Carls, hier als Tierhändler und Pflanzer niederläßt.

Auch in Assam schnellen die Fangquoten in die Höhe: zwischen 1860 und 1880 kommen jährlich rund 150 Tierriesen in Gefangenschaft. Nach 1880 sind es wenigstens 400 (Sukumar 1989). So erstaunt es nicht, daß Lorenz Hagenbeck, einer der beiden Söhne Carls, bereits als 23jähriger mit Hagenbecks Indienreisendem Johannsen in Sonpur am Ganges auftaucht, um auf dem traditionellen Elefantenmarkt zwanzig Elefanten einzukaufen, »zehn bis zu 2,1 Meter hoch und zehn noch größere« (Abb. 2). Wieviele hundert Elefanten Hagenbeck tatsächlich gehandelt und für 5500 bis 6500 Mark verkauft hat (Preisverzeichnis der Handelsmenagerie Hagenbeck vom Dezember 1898), läßt sich nur schätzen: Zwischen 1866 und 1886, auf dem Höhepunkt seiner Karriere, soll Carl Hagenbeck 300 Elefanten aus Afrika und ganz besonders Südasien in den Westen gebracht haben (Jordan und Omrod 1978).

Sicher dagegen ist: Der Handel mit Asiatischen Elefanten lag vor allem in britischen Händen. Nicht einmal in Deutschland hatten die Hagenbecks ein Elefantenmonopol. Besonders die Tierhandelsfirma Ruhe in Alfeld trat ihnen beim Ankauf in Südasien wie auch beim Verkauf im Westen als harte Konkurrenz entgegen. Allein in der Zeitspanne zwischen 1924 und 1929 verkaufte Hermann Ruhe (1960) 118 Elefanten. »Unter meinen amerikanischen Kunden entstand ein Wettbewerb um die Erlangung indischer Elefanten. Mein Hauptabnehmer war der weltberühmte Barnum, ein anderer der inzwischen ebenfalls außerordentlich bekannt gewordene Forepaugh. Diese beiden Matadoren des amerikanischen Zirkuswesens suchten einander in der Vorführung von Elefanten zu übertreffen und hätten sie am liebsten herdenweise dem Publikum gezeigt. Es regnete also große Lieferungsorders, und dies war in mehr als einer Beziehung ein großes Glück für mich«, lobt Carl Hagenbeck (1909: 90).

# Phineas Taylor Barnum

Tatsächlich hatten die wagemutigen Wanderzirkusse der Neuen Welt bald ganze »Herden« aufgekauft. 1885 traten beispielsweise bei Forepaugh gleichzeitig 36 Elefanten auf. Und Barnum ließ nicht lange auf sich warten. Er, der »König aller Schausteller und zugleich der größte und interessanteste«, hatte es Carl Hagenbeck besonders angetan: »Dieser Weltgroßmeister des Humbugs Phineas Taylor Barnum war in seiner Art ein bedeutender Mann, ein wahrer Odysseus der Erfindung und Verschlagenheit«, schwärmt der Hamburger Tierhändler in seinen Memoiren (1909: 429).

Welches Geschäft Barnum, der König der Reklame, mit Elefanten zu machen verstand, verdeutlicht Jumbo, der bis heute

größte Elefant, der je in Gefangenschaft lebte. Hier stichwortartig seine Geschichte: 1861 wurde er von Arabern am Settite-Fluß in Äthiopien gefangen. Er war rund einen Meter hoch und folglich etwa ein Jahr alt. Zuerst kam er in den Pariser Jardin des Plantes und 1865 in den Londoner Zoo. Hier bildete er während 16 Jahren die Hauptattraktion. Eineinviertel Millionen Kinder trug er auf seinem Rücken, »darunter Theodore Roosevelt, Winston Churchill und beinah jeden Prinzen und jede Prinzessin der europäischen Fürstenhäuser« (Oettermann 1982: 185). Mit Zwanzig hatte Jumbo das Alter erreicht, in dem er erstmals in *musth* kam, damit unberechenbar und angriffslustig wurde, nur noch seinen langjährigen Pfleger Mathew Scott in der Nähe duldete, den engen Käfig zertrümmerte und sich dabei beide Stoßzähne abbrach. »Dann trat Barnum auf den Plan und bot 10 000 Dollar für den Elefanten, ein Angebot, das die Zoodirektion sofort akzeptierte«, schreibt Oettermann (1982: 186): »Ein Sturm der Entrüstung brach los, als der Verkauf Jumbos nach Amerika ruchbar wurde«. Und damit begann Barnums Werbefeldzug.
Am 9. April 1882 traf der riesige Elefant in New York ein. Jetzt wurde er zum Symbol. Zusammen mit Tom Thumb, einem kleinwüchsigen, jungen Elefanten, reiste er in einem besonders konstruierten Palastwagen durch die Vereinigten Staaten und Kanada. Neun Millionen Menschen bestaunten ihn, eine Million Kinder ritten auf ihm, was Barnum einen Reingewinn von einer halben Million Dollar einbrachte. Dann passierte das Unglaubliche: Am 15. September 1885 kollidierte der Elefant – er soll jetzt 3,5 Meter hoch und 6,5 Tonnen schwer gewesen sein – mit einem Güterzug. Die Lokomotive und die beiden ersten Wagen entgleisten. Der Lokführer kam ums Leben. Jumbo war auf der Stelle tot. Beim Zusammenprall wurden seine beiden Stoßzahnstummel ins Gehirn getrieben.
»Der Verlust ist ungeheuer«, gab Barnum einem Reporter zu Protokoll, »aber ich habe schon vor Jahren gelernt, daß es für einen Mann, der das richtige will und das richtige tut, so etwas wie Mißgeschick nicht gibt«. 10 000 Dollar bezahlte die Bahn für den Verlust und beförderte Barnums Unternehmen ein Jahr lang gratis durch die Lande. Der geschäftstüchtige Zirkuskönig ließ Haut und Skelett des Riesen präparieren. Am 26. Februar 1886 stellte er der Presse beide vor. Das Publikum konnte, gegen entsprechenden Aufpreis versteht sich, neben den Präparaten auch »Alice, die trauernde Witwe« bewundern, eine rasch im Londoner Zoo eingekaufte Elefantenkuh. Das Skelett Jumbos steht heute im American Museum of Natural History von New York, die ausgestopfte Haut im Tuft's College in Medford (Mass.).
Was Elefanten anbelangte, ließ es Barnum nicht nur beim Riesen Jumbo und einer großen Herde bewenden. Bereits 1884 zeigte er Toung Taloung, den ersten in Amerika reisenden »weißen« Elefanten, der aus Thailand stammte und 75 000 Dollar gekostet hatte. Schon ein Jahr später warb aber sein Konkurrent Forepaugh mit Plakaten, auf denen ein schneeweißer Elefant abgebildet war. »Zu weiß für Barnum« stand darauf zu lesen. Forepaughs »Light of Asia« wies mehr und hellere Flecken auf als Barnums Attraktion. 1897 erwarb Barnum einen weiteren »weißen« Elefanten. Keddah, wie er hieß, starb dann bei einer Brandkatastrophe. Erst 1927 kam noch einmal ein hellhäutiges Rüsseltier in die Neue Welt zu den vereinigten Zirkusunternehmen von Barnum, Ringling und Bailey. Dieser Vereinigung ging ein Pressekrieg voraus; »denn Bailey schreckte vor dem offenen Kampf mit Barnum, der sein einziger Konkurrent war, nicht zurück«, schreibt der Wiener Zirkushistoriker Joseph Halperson (1926: 71). »Enorme Verluste auf beiden Seiten waren die Folgen, als eine Elefantin in Baileys Show ihrem Besitzer den Gefallen tat, ein Junges zur Welt zu bringen, das erste in der (amerikanischen) Gefangenschaft geborene. Barnum offerierte seinem Widersacher telegraphisch 100 000 Dollar für die Überlassung des Elefanten-Babys. Diese Depesche Barnums ließ Bailey an alle Ecken unter der Überschrift ›What Barnum thinks of the baby-elephant‹ ankleben und erzielte so auf Kosten seines Konkurrenten eine Bombenreklame. Das war Barnum zuviel und er trat an Bailey heran, sich mit ihm zu vereinigen.« so entstand »the greatest show on earth – die größte Schau der Welt«.

## Stürmische Entwicklung

»1887, bei einem Gastspiel der vereinigten Circusse von Barnum and Bailey and Forepaugh im New Yorker Madison Square Garden waren sechzig Elefanten auf einmal in der Arena zu sehen«, berichtete Stephan Oettermann (1982: 91). 1900 besaß der Zirkus Ringling Bros., Barnum and Bailey allein eine Herde von rund fünfzig Elefanten. Viel weniger besitzen seine beiden Shows auch heute noch nicht. Allein 1955 importierte »die größte Schau der Welt« 27 Elefantenbabies (Murray 1956). Doch der absolute Rekord scheint 1950 vom französischen Zirkus Bouglione mit rund siebzig Elefanten erreicht worden zu sein.
Ähnlich wie Ende des 19. Jh.s amerikanische Zirkusse um größtmögliche Elefantenherden wetteiferten, versuchten sich zu Beginn dieses Jahrhunderts auch die europäischen Unternehmen gegenseitig den Rang abzulaufen. In den dreißiger Jahren reisten mit Krone, Busch, Sarasani, Belli, Togni oder Kludsky Herden von zwanzig bis dreißig Elefanten. Wieviele Rüsseltiere damals insgesamt in den Zeltställen standen, läßt sich kaum erahnen, wanderten doch wenigstens 200 Zirkusse durch Europa. Mehr noch: Argentinien zum Beispiel zählte vor dem Ersten Weltkrieg »allein zehn erstklassige Zirkusunternehmungen und zwanzig kleinere, Brasilien sogar vierzig große und zahlreiche kleine Wandergesellschaften« (Halperson 1926: 74). Sicher führten viele von ihnen einen oder mehrere Elefanten mit sich. Und die erhielten sie von europäischen Händlern.
»Unsere maßgebenden Tierhändler erhalten jedes Jahr einen oder mehrere Transporte, und man kann bei ihnen, z. B. bei Ruhe-Alfeld, einen mittleren, zwei Meter hohen Elefanten schon für 6000 Mark erhalten«, erinnert sich der Berliner Zoodirektor Ludwig Heck. »Die zoologischen Gärten haben solchen Ankauf indes nur selten nötig, weil die Elefanten dort in der Regel sehr lange leben. Bei den reisenden Schaustellern muß jedoch, wohl infolge der widrigen Verhältnisse des unste-

ten Wanderlebens, der Verbrauch größer sein; sonst könnten sie nicht jedes Jahr ein oder mehrere Dutzend Elefanten so glatt verkaufen« (1915: 566). Auch nach dem Zweiten Weltkrieg lief das Elefantengeschäft bald wieder auf vollen Touren. Der Basler Tierhändler Peter Ryhner, um nur ein Beispiel zu erwähnen, brachte in rund zwölf Jahren 138 Elefanten nach Europa und Amerika, von denen er in knapp zwei Jahren 42 in amerikanischen Zirkussen ablieferte. Dazu meint er: »Wenn man die hier aufgeführten Zahlen mit den Umsatzlisten einer großen Tierhandlung wie Hagenbeck in Stellingen, Ruhe in Hannover, Trefflich und Zeehandelaar in New York vergleicht, muten sie sicherlich noch bescheiden an« (1961: 15).

Wieviele der Tierriesen von Zirkussen gebraucht wurden, wird wohl nie zu erfahren sein. Der Tierhandel ist verschwiegen. Feierte dagegen einer der Manegenkönige ein Jubiläum oder betrauerte ihn die Zirkusgemeinde, geizten die Pressechefs nicht mit Zahlen: Als Carl Krone 1938 sein fünfzigjähriges Zirkusjubiläum beging, hatte er siebzig Elefanten dressiert (Oettermann 1982). Mac MacDonald, der mit über achtzig Jahren noch aktive, einstige Trainer von Ringling hat etwa 45 Elefanten ausgebildet (Zapff 1987). Robert »Smokey« Jones, bei dem Elefanten sogar Wasserskifahren lernten, dressierte während seiner 32jährigen Karriere allein 56 und zusammen mit Louis Reed weitere 26 Elefanten (Adams 1981). Rolf Knie gehorchten zwischen 1927 und 1987 fünfzig Elefanten (Erni 1987), obwohl der Schweizer Nationalzirkus nie besonderen Wert auf eine große Herde legte.

Knie, Jones, MacDonald, Kramel und Krone sind nur einige der bekannteren Elefantendresseure. Gerhard Zapff (1987) listet in seiner Monographie über Elefantendressuren ein gutes Hundert Trainer oder ganze Trainerdynastien auf, angefangen von den Althoffs, aus deren Familie sich fünf Mitglieder mit den Rüsseltieren beschäftigten, über Harry Malters, der mit einem Elefanten und einem Ziegenbock auftrat, und Gerhard Quaiser, der den Tierriesen das Kugellaufen beibrachte, bis zum Amerikaner Rex Williams, der wenigstens 32 vor allem Afrikanische Elefanten ausgebildet hatte, und als erster Elefanten vom Pferd aus vorführte.

Die Geschichte der im Westen gefangen gehaltenen Elefanten zeichnet sich zwischen dem Beginn des letzten und der Mitte dieses Jahrhunderts nicht nur durch ständig wachsende Bestände aus, sondern auch durch Unfälle und Katastrophen. Hier eine kleine Übersicht:

## Unfälle und Katastrophen

Zwischen 1811 und 1830 besaß der Menageriebesitzer Garnier vier Elefanten, zwei davon verlor er durch dramatische Unfälle, bei denen Gebäude zu Bruch gingen und ein Mensch getötet wurde. 1826 exekutierte die Londoner Garde Chuny, den Bullen aus der großen Menagerie am Exeter Change. »Als er in die Brunst kam, gelang es ihm, obwohl er eingezwängt war in einen viel zu engen Käfig und dadurch vermutlich an Muskelschwund litt, die soliden Gitter fast vollständig zu zertrümmern. Wäre er wirklich freigekommen«, erzählt Stephan Oettermann (1982: 71), »hätte er vermutlich durch sein immenses Gewicht den Fußboden der im ersten Stockwerk gelegenen Menagerie durchbrochen und dadurch auch die anderen Tiere, darunter Löwen und Tiger freigesetzt«. Der Bulle Hannibal, der 1824 in den USA zur Menagerie von Issac H. Van Amburgh kam, tötete wenigstens sieben Menschen (Johnson 1990).

Im Jahre 1860 warf der stoßzahnlose Bulle Boy im Berliner Zoo einen Schlossermeister an die Wand. Im Sommer 1866 verletzte er einen Wärter und brach dessen Gehilfen eine Rippe. Am 3. Februar 1867 nachmittags fand man den Pfleger Schmidt mit zerquetschter Brust tot im Stall. Am 3. September starb der Stadtgerichtsrat Sack nach einer Attacke Boys. Anfangs 1874 ergriff Boy den Wärter Pechler am linken Bein, soll ihn wie einen Scheuerlappen geschwenkt und dann gegen das Gitter geworfen haben.

Zwei Jahre später erhielt der Berliner Zoo einen weiteren »Killerelefanten«, der bereits im Londoner Zoo, wo er bisher lebte, einen Pfleger getötet hatte. Mit seinem einzigen Stoßzahn durchbohrte Rostom die rechte Brustseite des Wärters Marschall. Am 28. Januar 1883 tötete er dann den Pfleger Krüger. Direktor Heck wollte den unkontrollierbaren Bullen strangulieren lassen, doch riß das Drahtseil. Erst 1892 verendete der zur Jammergestalt heruntergekommene Rostom (Schlawe 1969: 27).

Und so geht die makabre Liste weiter: Am 1. August 1888 scheuten acht Elefanten Hagenbecks anläßlich des Défilées vor dem Prinzregenten in München: »Die beispiellose Panik entstand durch vorzeitige Dampfgebung der als Drache verwendeten Straßenlokomotive im Festzug«, erinnert sich Carl Hagenbeck (1909: 204): »Im Nu waren Hunderte von Zuschauern am Boden; über diese stürzten die übrigen Flüchtigen«. Zahlreiche Beinbrüche seien vorgekommen, die Passanten hätten verzweifelt mit ihren Schirmen auf die Elefanten eingeschlagen. Das Fazit: »Im Luitpold-Palais liegen fünfzehn Verwundete, im Odeon zahlreiche Schwerverletzte. Auf der Polizei ist eine Frau als tot gemeldet worden«.

In den ersten Jahrzehnten des 20. Jh.s machte vor allem der Bulle Kohn von sich reden, der 1906 aus einer Menagerie, wo er als ausgesprochen gefährlich bekannt war, zum Zirkus Sarasani kam. Kohn oder Chonor, wie er eigentlich hieß, zertrümmerte Eisenbahnwagen, zerriß Ketten, kam schließlich als Geschenk in den Posener Zoo, demolierte hier seine Unterkunft und verwüstete mehrere Tiergehege dermaßen, daß der Tierpark für drei Tage geschlossen werden mußte. Kohn ging den Weg vieler Bullen: Er wurde getötet.

Am 8. April 1921 meldete Sarasani erneut Probleme: Die Elefantenkuh Rosa erdrückte den Dresseur Wilhelm Philadelphia an der Stallwand. Später bohrte der Bulle Pikkolo seinem Besitzer Hans Stosch-Sarasani beide Stoßzähne in den Rücken. Schwere innere Verletzungen sowie komplizierte Arm- und Beinbrüche waren die Folge. Ähnlich erging es 1924 einem Tierpfleger des Zirkus Kreiser-Barum, als ihn der Bulle Jackie annahm. Der gefährliche Elefant kam dann für 1800 Mark (dem damals üblichen Fleischpreis für Einhufer) in den Leipziger Zoo, bog bis sechs Zentimeter dicke Eisenstangen spielend durch, zeichnete sich aber als ausgesprochen guter Zuchtbulle aus.

Am 4. November 1926 nahm der Bulle Jumbo seinen Besitzer Willy Koßmayer dermaßen heftig an, daß der Dresseur drei Tage später starb. Fünf Jahre später entging ein Pfleger im Zirkus Krone haarscharf dem Tod durch den Bullen Siam. Carl Krone tauschte den gefährlichen Bullen im Berliner Zoo unverzüglich gegen eine Giraffe ein.
In den dreißiger Jahren machten in der Neuen Welt die »Killerbullen« Tusko, Black Diamond und Ziggy von sich reden. Alle drei mußten getötet werden (Adam 1981). 1939 geriet Bhutan vom Zirkus Harry Barlay in die Schlagzeilen. Zuerst verweigerte er jeden Gehorsam. »Bhutan mußte mit weiteren Fesseln an allen vier Beinen noch fester angekettet werden. Aber auch das nützte nichts mehr. Er zerriß sie wie dünne Stricke«, schreibt Gerhard Zapff (1987: 98). »Sogar die Stalltüre am Stalleingang zertrat er, als sei sie aus dünnem Blech. Daraufhin wurde der Wüterich mit besonders starken Ketten noch an einen schweren Lastwagen gekettet, der dann zusätzlich verankert wurde. Bhutan erhielt Beruhigungsmittel in einer Dosis, die einen Menschen sofort ins Jenseits befördert hätte. Doch dem Elefantenbullen machte das gar nichts aus«. Im Februar 1939 wurde er erschossen.
Wie erwähnt, sind hier lediglich stichwortartig einige Unfälle dargelegt. Niemand wird je eine vollständige Liste von leichten und Beinaheunfällen erarbeiten können. Denn: Welcher Zirkus und welcher Zoo informiert schon die Medien, wenn ein Elefant plötzlich durchdreht, alles kleinschlägt und sich dabei die Stoßzähne abbricht und möglicherweise seinem Pfleger einen Arm oder einige Rippen lädiert? Unweigerlich machen aber Todesfälle Schlagzeilen. Etwa jener, der sich in der Nacht vom 1. November 1944 im Zürcher Zoo ereignet hat. »Eine geistige Abnormale«, so schrieb der Chronist K. Huber, »drang, so muß aus den vorliegenden Umständen geschlossen werden, in jener Nacht durch ein kleines Fenster in den Elefantenstall und wurde von den angsterfüllten Elefanten zu Tode gedrückt«. Heini Hediger (1965: 289), der spätere Zürcher Zoodirektor, bemerkt dazu: »Dabei ließen es die Elefanten aber nicht bewenden, sondern die Leiche wurde von ihnen – was ethologisch höchst merkwürdig ist – in kleine Stücke zerlegt, die Muskulatur stellenweise von den Knochen gestoßen und aus der Haut gequetscht. Als reine Vegetarier haben die Elefanten nichts davon gefressen«. Zwei Jahre später tötete dann der Zürcher Elefantenbulle Chang seinen Pfleger.
Auch Bubi, der Bulle des österreichischen Zirkus Rebernigg, ließ sich jahrelang leicht führen. Wurde er gelegentlich unruhig und seine Augen glasig, half Brom, das Emil Rebernigg dem Futter beimengte. Die Dosis hätte ausgereicht, zwölf Menschen umzubringen. Für Bubi war es lediglich ein Beruhigungsmittel. Jedenfalls bis zum Dezember 1949, als Bubi – Brom hin, Brom her – im Winterquartier in der Wiener Leopoldstadt dermaßen tobte, daß die Familie Rebernigg um ihre und die Sicherheit der Anwohner bangten. Sechzig mit Karabinern ausgerüstete Polizisten umstellten den Häuserblock. Vier davon streckten dann mit tödlichen Schüssen zwischen Auge und Ohröffnung den Bullen nieder. Sein Fleisch kam ohne Fleischmarken als Schnitzel und Gulasch in Wiener Gaststätten, und sein präparierter Kopf zierte lange das Schaufenster der Apotheke »Zum Elefanten« (Zapff 1987: 136). Im Herbst 1953 mähte eine Maschinengewehrsalve den Bullen Bosco vom Zirkus Harry Barlay nieder, weil er den Dompteur Bauer lebensgefährlich verletzt hatte.
Zirkusdirektoren und Elefantentrainer, so schien es, lernten allmählich und verkauften renitente Elefanten rechtzeitig an einen Zoo. In Amerika gewannen »Killerbullen« um so mehr an Wert, je mehr Menschen sie getötet hatten, und untragbar gewordene Elefanten wurden an andere Zirkusunternehmen weitergegeben.
So gelangte Nelly, eine erwachsene Elefantin des Zirkus Koßmayer, die selbst zur Arbeit in der Manege angekettet werden mußte, 1956 in den Moskauer Zoo. Im gleichen Jahr gab der Schweizer Nationalzirkus Knie seinen halbwüchsigen Afrikanerbullen Tembo in den Zoo von Hannover, wo er zweifacher Vater wurde. 1961 trennte sich der Zirkus Harry Barlay, der nun unter dem Namen Olympia reiste, vom Bullen Radja, der später im Ostberliner Tierpark wegen seiner Angriffslust erschossen werden mußte. 1964 verkauften die Knies ihren Zuchtbullen Siam schweren Herzens an den Pariser Zoo im Bois des Vincennes, wo er heute noch lebt.
Es schien, als wären die Zirkus- und Zooleute vorsichtiger geworden im Umgang mit erwachsenen Bullen – nicht zuletzt durch eine beeindruckende Veröffentlichung des Zoofachmanns Heini Hediger – jedoch: »Nur wenige Tage nach Erscheinen des erwähnten Artikels forderte in einem deutschen Zoo ein solcher Bulle ein weiteres Menschenleben« (Hediger 1965: 226).
Es sind aber eben nicht nur Bullen, die ihre Pfleger schwer verletzen oder gar töten (siehe oben): Am 16. Juni 1972 trampelte die Elefantin Chiquita vom französischen Zirkus Rancy ihren Dresseur Dany Renz zu Tode. Während des Gastspiels der Knies in Berlins Deutschlandhalle im Dezember 1979 verletzte die am 4. August 1965 im Zirkus geborene Elefantin Madura zwei Pfleger schwer; 1984 tötete sie einen Pfleger auf der Tournee durch Österreich und mußte auf der Stelle eingeschläfert werden. Allein in drei Monaten des Jahres 1991 haben drei Zooelefantinnen ihre Pfleger umgebracht.

## Was tun mit Zirkuselefanten?

Wie unberechenbar gefährlich gefangene Elefanten sein können, vergessen offenbar just jene, die jahrein, jahraus mit ihnen arbeiten, sonst käme es nicht zu Unfällen, von denen später Außenstehende sagen, sie wären vermeidbar gewesen. Dazu gehören die zwei furchtbaren Zwischenfälle, die sich 1978 und 1979 in Kanada und den Vereinigten Staaten ereignet haben. Drei erwachsene Asiatische Bullen waren die Attraktion des Circus Gatini, vorgeführt wurden sie von Eloise Berchtold, »the world's greatest female animal trainer«. Als der Zirkus in der kleinen Farmerstadt Rock Forest nahe Montreal gastierte, waren gleichzeitig Teak und Tunga in *musth*, kämpften im Stall und ließen sich kaum lenken. Eloise Berchtold schlug alle Bedenken in den Wind, führte wie gewohnt die Elefanten in der Manege vor. Da erlebten 250 Besucher Fürchterliches: Die

52jährige Dompteuse stolperte und stürzte Kopf voran vor Teak. »Sofort ließ sich Teak auf die Handgelenke nieder, stieß beide Stoßzähne durch ihren Körper und schlitzte ihren Bauch auf. Dann erhob sich der Bulle. Mit rascher Kopfdrehung warf er den toten Leib, der an seinen Stoßzähnen stak, zehn Meter weit durch die Manege«, erinnerte sich Randall Jay Moore (1989: 42). Das Publikum stürmte in Panik aus dem Zelt. Ein herbeigerufener Veterinär schoß Pfeil um Pfeil aus dem Drogengewehr auf den Berserker, was ihn nur noch aggressiver machte. Als er begann, das Zirkuszelt in Stücke zu reißen, erschossen ihn 15 Polizisten.

Teak war nicht irgendein Bulle und Eloise Berchtold nicht irgendeine unbekannte Zirkuslady. Beide gehörten zu »Elephant Mountain«, einem sehr bekannten privaten Elefantenzentrum bei Portland. Gegründet wurde es von H. Morgan Berry. Von ihm stammten die Jungtiere Thonglaw und Belle, die sich im Zoo von Portland erfolgreich fortpflanzten und damit das erfolgreichste Elefantenzuchtprogramm der westlichen Welt einleiteten.

Berry besaß zu seiner besten Zeit drei Afrikanische Elefanten und sieben Asiatische, davon fünf Bullen, die »Tuskers of Thailand«. Einer davon galt, schon bevor ihn Berry erwarb, als lebensgefährlich. Der alternde Showman mußte also, und ganz besonders nach dem Tode seiner Lebensgefährtin Eloise, gewußt haben, was er tat, wenn er seine Bullen vorführte oder ihre Ställe putzte, denn wegen ihrer Gefährlichkeit fanden sich längst keine Pfleger mehr für seine Elefanten. Und was *musth* bedeutete, mußte ihm ebenfalls bestens bekannt sein, arbeitete er doch mit den Elefantenforschern des Portland-Zoos eng zusammen.

Am 27. Juni 1979 fanden sie ihn dann unter Buddha, einem seiner mächtigen Bullen, der gerade in *musth* war. Zuerst glaubten sie, am Boden läge ein Lumpenbündel, dann stellten sie mit Schrecken fest, »daß es Morgans Überreste waren, verstümmelt und komplett flachgedrückt« (Moore und Munnion 1989: 46).

Elefantendresseure wie H. Morgan Berry und Eloise Berchtold glauben offenbar nie daran, daß sie von ihren Tieren je getötet werden könnten. Sie sind fest davon überzeugt, daß ihre Techniken, die Tiere zu führen, Sicherheitsgarantien sind. Sonst hätten sich weder bei Harry Barlay noch bei Sarasani oder Knie schwere Unfälle ereignet.

Unfälle mit Elefanten werden auch nicht durch besondere Charaktereigenschaften ihrer Pfleger und Dresseure provoziert. Die sind so verschieden wie bei Menschen allgemein. Die latente Unfallgefahr mit Zirkus- und bis zu einem gewissen Grad auch Zooelefanten, die ähnlich wie Zirkuselefanten gehalten und vorgeführt werden, wird durch das System begründet, will heißen durch die Haltungsbedingungen, die Dressurmethoden und die Tricks, die Elefanten auszuführen haben.

Elefanten- und übrigens auch Raubtierdresseure sind verhältnismäßig junge Mitglieder des Spektakels in der Manege. So gilt es sich vor Augen zu halten, »daß zwischen ihnen und dem Zirkus ursprünglich keineswegs jener enge Kontakt bestand, wie etwa mit dem Reiter und dem Pferdedresseur«, analysiert der Zirkushistoriker Joseph Halperson (1926: 129); »denn der Dompteur wurzelt eigentlich in der Tierbude, der Menagerie, dort hat er sein erstes Heim«. Kurz: Es gibt keine »Elefantenkultur« im Zirkus, jedenfalls keine besonders alte, so wie es eine Pferdekultur gibt, die auf der Kultur mittelalterlicher Kriegsreiterkunst basiert (Kurt 1974; Kurt & Knie 1980; Zeeb 1973). Das mag auf den ersten Blick erstaunen, denn die ersten Asiatischen Elefanten, die im Mittelalter nach Europa kamen, wurden von südasiatischen Mahuts geführt. In Carl Hagenbecks Ceylonesenkarawanen führten singhalesische Mahuts die Elefanten, also Menschen, die durchaus mit der wenigstens zwei- bis dreitausend Jahre alten asiatischen Tradition des Elefantenführens vertraut waren.

Diese Tradition hat zwar die Haltung von Zoo- und Zirkuselefanten grundlegend beeinflußt, was aber die gewünschten circensischen Dressurleistungen anbetrifft, ist sie nur noch rudimentär erhalten – so etwa in einigen Kommandoworten wie *»deri!«* – »Faß!« oder *»rangu!«* - »Heb den Rüssel!«. Erhalten geblieben ist auch der *ankus*, der Elefantenhaken. Im Zirkus wurde dieses Hilfsmittel zum Teil wesentlich abgeändert, doch davon später. Die traditionellen südasiatischen Elefantenführer sind namenlos geblieben (Zapff 1987), bis auf einen: Allewathegomme Pallegidere »Epi« Vidane, dessen Sohn Banda heute beim Zirkus Krone die Elefanten dressiert und vorführt. Über den auf Sri Lanka niedergelassenen John Hagenbeck kam Epi Anfang der zwanziger Jahre mit einer Ceylon-Indien-Schau nach Europa, fand anschließend eine Stelle beim Zirkus Jacob Busch und gastierte bei Barnum & Bailey and Ringling in den Vereinigten Staaten.

Epis Spezialität war der »Kopfhang«: Er steckte seinen Kopf ins Maul des Elefantenbullen Jasso, ließ sich hochheben und herumtragen. Dieser Trick überlebt heute noch bei den Mahuts auf Sri Lanka. Den Kopfhang können nur Führer und Elefanten zeigen, zwischen denen eine besonders innige Tier-Mensch-Beziehung besteht. Jasso tötete Epis Nachfolger in Amerika, indem er ihm kurzerhand mit einem Biss den Schädel zertrümmerte. Aus dem Kopfhang wurden bald die weniger gefährlichen Tricks entwickelt, bei denen ein Elefant einen Menschen an einem Fuß oder Bein trägt (Abb. 3).

Epis Elefanten halfen, wie diejenigen anderer Wanderzirkusse, anfänglich auch beim Auf- und Abbau der Zeltstadt. Sie zogen Wagen und bugsierten sie mit der breiten Stirn auf die Güterwagen, sie trugen Masten von oder zum Zeltplatz und halfen beim Aufrichten des Chapiteaus. Das entsprach in etwa der Arbeit im traditionellen Holzfällerlager. In den dreißiger Jahren wurden sie durch schneller arbeitende Traktoren ersetzt.

## Tricks

»Noch am Anfang des 19. Jh.s war der Elefant etwas Besonderes«, weiß Stephan Oettermann (1982: 75). »Die Menageriebesitzer konnten es sich leisten, ihn grundsätzlich gesondert von den übrigen Tieren auszustellen; der Elefant allein war dem Publikum schon das hohe Eintrittsgeld wert«. Doch wenige Jahrzehnte später »war der Elefant unverzichtbarer Bestandteil selbst mittlerer und unbedeutender Menagerien geworden. Um

Abb. 3: Germaine Knie vom Schweizer Nationalzirkus zeigt den Beinhang. Dieser Trick wird zuerst mit einer Puppe eingeübt.

1850 dürfte es in Mitteleuropa kaum einen Menschen gegeben haben, der noch nie einen Elefanten in natura gesehen hatte«.
Wie begegneten die Menageriebesitzer der wachsenden Konkurrenz? Einmal konnten sie in geographische und klimatologische Extreme ausweichen, also dorthin, wo bisher noch keine Elefanten gezeigt worden waren: »Reisende Tierschausteller führen«, so berichtete der Berliner Zoodirektor Ludwig Heck (1916: 543), »Elefanten bis zu den höchstgelegenen Städten Kolumbiens und Ecuadors hinauf, obgleich sie, um auf die Hochebenen zu gelangen, Pässe von 4000 Meter und darüber begehen müssen. Ja, ein Bruder des bekannten Menageriebesitzers Scholz bereiste sogar mit einem Afrikanischen Elefanten zu Fuß ganz Norwegen und der Menagerist Philadelphia wagte sich mit einem Indischen im Februar bei zwölf bis zwanzig Grad Celsius Kälte in Schweden bis in das Städtchen Ström unterm 64. Grad nördlicher Breite; beide hatten allerdings für diese Nordlandreisen ihre Elefanten von Kopf bis Fuß in Rentierfelle eingenäht«.
Konkurrenz ließ sich auch durch »Riesenelefanten«, später »Zwergelefanten« und schließlich »weiße« Elefanten ausschließen. Als der Prince of Wales und spätere König Edward einst »Lord« George Sangers weißen Elefanten in London besichtigte und wissen wollte, ob es sich dabei wirklich um eines der sagenhaften, heiligen Tiere handle, meinte Sanger: »Ein Showman darf sich das Recht herausnehmen, das Publikum ein bißchen zu täuschen, es will es ja nicht anders. Nie aber werde ich es über mich bringen, meinen künftigen Souverän zum besten zu halten. Nun denn, es ist wirklich ein weißer Elefant, aber nur deshalb, weil wir ihn jeden zweiten Tag mit weißer Farbe frisch streichen lassen!« (Halperson 1926: 64). Billy Smart ließ 1958 in seinem Zirkus drei Elefanten mit grüner, roter und gelber Farbe bemalen. Der Auftritt dieser »Technicolour Elephants« mußte wegen massiver Proteste von Tierschützern eingestellt werden (Zapff 1987: 127).
Im Jahre 1881 gastierte »Wilson's English Circus« in Bangkok. Zwei Clowns präsentierten einen »weißen« Elefanten, in Wirklichkeit ein naturfarbenes Rüsseltier, das mit Kreide eingestäubt worden war, und überall, wo man es berührte, die heilige Farbe verlor. Das war der Witz dieser Nummer. Die Buddhisten in Thailands Hauptstadt konnten darüber nicht lachen. »Eine ominöse Stille herrschte unter der großen Zuschauermenge«, beschrieb der britische Forschungsreisende Carl Bock (1884: 33) den Vorfall. »Die Siamesen fühlten sich gekränkt, daß ihr Glaube in der Manege verulkt wurde. Zwar zeigten sie ihre Abneigung nicht öffentlich, waren aber überzeugt, daß der Elefant sterben und die Zirkusbesitzer entsprechend bestraft würden. So kam es auch. Kurz darauf starb der Elefant auf dem Transport nach Singapur, wo Zirkusdirektor Wilson der Dysenterie erlag. – Ich finde, die Vorstellung war, um das Mindeste zu sagen, äußerst geschmacklos«.
Im Laufe des 19. Jh.s wollte das Publikum immer weniger einen Elefanten sehen, der nur dastand. »Es versteht sich natürlich von selbst, daß sich der Werth eines Elephanten für die Besitzer wandernder Menagerien bedeutend nach den Kunstleistungen des Thieres richtet. Ein Elephant, der ›ausgezeichnet arbeitet‹, ist ein viel wertvolleres Capital, als ein ungeschickter, wenn er auch wirklich schöner wäre«, wußte 1862 der bekannte Tiermaler Leutemann in der Gartenlaube.
Es war besonders »Lord« George Ashley, der neue Maßstäbe setzte: Zum erstenmal seit der Antike – Aelian erwähnte bereits Entsprechendes – soll er einen seiltanzenden Elefanten gezeigt haben. 1853 stand bei ihm der erste Elefant Kopf und wenig später folgten der Stand und das freie Gehen auf den Hinterbeinen sowie der einarmige Handstand (Oettermann 1982: 75); und damit war das mögliche artistische Repertoire des Tierriesen ausgereizt.
Während Tiger, Löwen oder Leoparden spielend über Hindernisse springen, vermögen Elefanten nicht einmal zu traben oder zu galoppieren wie Pferde. Dazu sind sie ganz einfach zu schwer oder – anders ausgedrückt – zu schwach. Trotzdem müssen sie im Zirkus zeigen, was ihr riesiger Körper einfachen Gemütern verspricht: Kraft – und damit beginnt der fragwürdigste Teil der Elefantendressur.
Drückt ein Elefant einen einarmigen Handstand, so bedeutet dies für ihn eine viel größere Leistung als für den menschlichen Artisten. Muskelkraft wächst nämlich nicht proportional zur Körpermasse, die als Kubikfunktion zunimmt. Was zählt, sind lediglich die Querschnitte einzelner Muskeln. Sie wachsen demnach als Quadratfunktion. Gemessen am Körpergewicht sind also Muskeln umso schwächer, je größer ein Lebewesen ist. Daß Körperkraft nicht proportional zum Gewicht wächst, erkennnen im Zirkus selbst aufmerksame Laien: Tricks, die viel

Kraft erfordern, wie Handstand, Kopfstand oder Aufrechtgehen, werden meist von halbwüchsigen Tieren ausgeführt, ganz selten von Erwachsenen, die dafür in der Regel zu schwer sind. Wenn der Druck von zwei oder drei Tonnen auf Gelenke und Bandscheiben schmerzhafter wirkt als Peitschenhiebe und Stiche mit dem Elefantenhaken auf der empfindlichen Haut und Elefanten deshalb Befehle verweigern, gar bösartig werden, verkauft sie der Zirkus »wegen schwacher Rücken« an den Zoo.

Artistische Höchstleistungen vollbringen wildlebende Elefanten gelegentlich auf der Suche nach besonders schmackhaften Früchten, die hoch über dem Boden reifen. Um sie zu erlangen, richten sie sich kurzfristig auf den Hinterbeinen auf. Bullen vollbringen sie aber besonders während der Paarung, wenn sie sich hinter den brünftigen Kühen aufrichten und ihre Penise, die doppelt so lang sind wie ein Arm, in die Geschlechtsöffnung am Hinterbauch der Weibchen einführen. Der ganze Kraftakt dauert zwischen neun und elf Sekunden. Doch Hand- und Kopfstand machen die Tierriesen, die sich ja nicht einmal wie jeder Hund und jedes Rind mit einem Hinterfuß an Kopf, Hals oder Ohren kratzen können, freiwillig nicht. Solche und ähnliche Übungen gehören nicht in den Katalog natürlicher Verhaltenselemente.

Pferdedresseure und Raubkatzendompteure haben es da einfacher. Levade, Spanischer Tritt, Courbette und ähnliche Tricks, die trainierte Schulpferde in der Manege zeigen, treten auch im natürlichen Kampfverhalten zwischen Hengsten auf (Zeeb 1973); und Großkatzen werden von geschickten Tierlehrern unter Zuhilfenahme natürlicher Angriffs- und Fluchtreaktionen dressiert (Hediger 1935 und 1954). Entsprechendes gibt es, wie gesagt, bei Zirkuselefanten nicht. Nach bundesamtlichen Richtlinien über die Haltung von Zirkustieren (1991) dürften die meisten Elefantentricks gar nicht gezeigt werden, denn es steht schwarz auf weiß geschrieben: »Die Tiere dürfen nicht gezwungen werden, Verhaltensweisen zu zeigen, die nicht arttypisch sind«.

Wie Elefanten im Zirkus dressiert werden, habe ich mit Lois Knie, einem der führenden Elefantenlehrer, 1980 ausführlich beschrieben. Hier eine Zusammenfassung:

## Dressur

Zu den ersten Dressurlektionen gehören Appellarbeiten. Sie werden auch später immer wieder wiederholt. Während die Elefanten am Manegenrand aufgereiht stehen, sitzt der Tierlehrer auf dem gegenüberliegenden Manegenrand und ruft jedes Tier einzeln zu sich, so etwa »Siam hiiiier«. Leckerbissen belohnen Gehorsam. Falls nicht, führen die Dressurassistenten das entsprechende Tier zum Dresseur. Genau gleich wird das anschließende »Go back« geübt. Die Kenntnis des eigenen Namens und die Befolgung der simplen Kommandos »Hier« und »Go back« sind Grundsteine der Elefantenschule, vergleichbar mit ersten Buchstaben, die ABC-Schützen erlernen. Doch mit ihnen lassen sich schon scheinbar komplizierte »Wörter«, will heißen Tricks, bauen. Gehen die Tierriesen etwa im Gänsemarsch entlang des Manegenrandes – auch dies lernen sie zuerst, indem Dressurassistenten sie führen – und der Dresseur ruft alle zu sich, befiehlt dann aber, noch bevor sie bei ihm sind, zurückzukehren, dann drehen sie auf der halben Wegstrecke ab und vereinen sich wieder im Gänsemarsch. So lernen sie schließlich das »Walzen«, die volle Drehung aus dem Gehen. Auch die »Richtungsänderung« wird so geübt. Der Tierlehrer ruft das erste Tier der im Uhrzeigersinn gehenden Kolonne zu sich und befiehlt den anderen, ihm zu folgen. Dann versperrt er dem Anführer den Weg und weist ihn gegen den gegenüberliegenden Manegenrand, wo er im Gegenuhrzeigersinn weitergeht. Auch hier müssen am Anfang die Assistenten helfen und dem Elefanten »mit sanfter Gewalt«, wie es Heini Hediger (1954) nennt, zeigen, was von ihnen genau verlangt wird.

»Sanfte Gewalt«, das sogenannte »putting through«, erzwingt auch das Sitzen. Der Dresseur drängt seinen Schüler rückwärts an eine Tonne, wie die runden, erstmals vom Franzosen Franconi verwendeten Podeste heißen, und befiehlt ihm weiter »go back« bis der Elefant zwangsläufig auf der Tonne sitzt. Dies ist nur der Anfang. Denn jetzt soll der Elefant noch lernen, die beiden Vorderbeine hochzunehmen. Auch dies geschieht mit »sanfter Gewalt«. Der Dresseur und seine Assistenten helfen vorsichtig unter Vermeidung von Aufregung mit den Elefantenhaken nach, heben zuerst einen, dann beide Vorderfüße an. Gelingt dies, dann wird der Elefant sofort gelobt und reichlich mit Futterwürfeln belohnt. Und weil Elefanten nun einmal hochintelligente – und unersättliche – Tiere sind, lernen sie rasch, was von ihnen gewünscht wird. Immer höher heben sie ihre Vorderbeine an, wenn das entsprechende Kommando und die Dressurhilfen kommen. Später genügt das Kommando allein. Aus dem Hochsitzen auf der Tonne wird später das Hochstehen auf den Hinterbeinen entwickelt.

Die Tonnen, jene massiven, einen halben bis einen Meter hohen Podeste mit rund einem Meter Durchmesser, sind auch für das Erlernen und die Ausführung anderer Tricks unerläßliche Hilfsmittel. Auf ihnen muß der Elefant zwangsläufig »versammelt« stehen, auf ihnen hat er die »Beinarbeit« zu lernen, das Anheben eines oder gleichzeitig mehrerer Beine. Genau gleich wie das Hintenhochstehen lernt er den Handstand auf einem oder zwei Vorderfüßen. Auch hier helfen Haken, Lob und Belohnung nach.

Beim Erlernen des Liegens ist die Dressurmethode des »putting through«, des Durchsetzens von Leistungen durch direktes Handanlegen und »sanfte Gewalt«, besonders deutlich. Robert »Smokey« Jones, der seine Elefanten zwischen dem dritten und fünften Lebensjahr dressiert, bindet ihnen dazu zuerst die beiden Vorder- und Hinterbeine zusammen und befestigt sie so zwischen zwei in den Boden geschlagenen Eisenankern (Adams 1981). Dann zieht er von einem Hinterbein aus ein drittes Seil durch eine Schlinge am Halsseil und läßt seine Assistenten daran ziehen. Dadurch werden die Hinterbeine nach vorne gerissen. Der Elefant fällt zwangsläufig auf eine Seite. Das Zugseil wird sofort an einem weiteren Eisenanker fixiert. Das liegende Tier kann nicht mehr aufstehen. Lob und Futter sollen es beruhigen. Nach fünfzig und mehr derartiger Übungen hat der Elefant das Kommando »lay down« begriffen und legt sich selber hin. Das Sitzen wird später eingeübt. Dabei muß der Elefant zuerst liegen. Dann werden die Vorderbeinfesseln und das Zugseil so gelockert, daß der Elefant zwar aufsitzen, aber nicht aufstehen kann. Später hat er dann noch zu lernen, im Sitzen und auch Stehen die Vorderfüße anzuheben (Abb. 4). »Das Erzwingen von Passivbewegungen erscheint bei Elefanten am eindrücklichsten«, weiß auch der Tierpsychologe Heini Hediger (1935 und 1954), »weil dazu sehr oft menschliche Kraft nicht ausreicht, so daß die Hilfe von bereits dressierten Arbeitselefanten beigezogen werden muß« – oder Flaschenzüge und Kräne. Wie die Methode des »putting through« in der Praxis mancher Zirkusleute aussieht, beschrieb Boris Brock (1977) anläßlich eines Besuches bei Günther Gebel bei Ringling Brother, Barnum & Bailey: »Titschi soll den Kopfstand machen. Gebel geht das nicht schnell genug. Er stößt ihr den Elefantenstock mit den scharfen Zacken hinters Ohr. Das tut Titschi weh. Ächzend drückt sie ihre runzelige Stirn auf den Boden, rollt den Rüssel vorsichtig ein und wuchtet ihr Hinterteil gen Himmel. Von unten schielt sie unterwürfig zu ihrem Herrn. Ein grotesker Anblick, der nicht fröhlich macht. Gebel belohnt sie mit einer Banane und sagt: ›Meine Elefanten sind zu frech. Woanders gibt es viel mehr Senge‹. Und dann sagt er auch noch, daß man sich in der Dressur heute die Technik zunutze mache. So einen Kopfstand könne man einem Elefanten beibringen, indem man ihn mit einem Kran oder einem Flaschenzug hochhält ....« Das ist fürwahr die »reinste« Form des »putting through«. Aber es vermeidet zumindest das Abrollen

Abb. 4: Das Aufrichten des Körpers muß trainiert werden.

nach vorne beim Einüben des Kopfstandes, d. h. den für den Rücken des Tierriesen äußerst gefährlichen »Purzelbaum«. Eine Elefantin namens Mary machte vor einem Jahrhundert mit diesem Trick den Dompteur Ephraim Thompson weltberühmt.

## Aus »Tierliebe« wird leicht Quälerei

Thompson, der in einem Jahr bei Forepaugh 36 Elefanten ausbildete, durfte in Amerika wegen seiner Hautfarbe nie vor Publikum auftreten. Er hatte lediglich die Tiere abzurichten und das tat er nachts. Zu später oder besonders früher Stunde üben viele Elefantendompteure auch heute noch, und das zu einer Zeit, in der die Zirkusse während anderer Tierproben am Morgen ihr Chapiteau dem Publikum öffnen (Kurt 1981). Dazu meint der Pferdelehrer Fredy Knie sen. (1973: 8): »Meine Selbstkontrolle war die Arbeit bei offener Tür. Denn ich hatte begriffen, wie wertvoll es ist, das Publikum bei den Proben zuschauen zu lassen. Wenn das Publikum beim Probieren dabei ist, muß man sich nämlich viel mehr in der Hand haben und sich viel mehr beherrschen. Das war für mich ein gewaltiger Vorteil. Ich lernte mich selber zu beherrschen, mich selber zu erziehen«.

Elefantendompteure können sich gelegentlich nicht beherrschen, beginnen wütend auf ihre Tiere einzuprügeln, stechen sie mit spitzen Haken in die besonders empfindliche Haut hinter den Ohren und zwischen den Fußnägeln oder versetzen ihren Tieren gar Stromstöße (Johnson 1990). Zu derartigem Fehlverhalten kommt es aus vielen Gründen, etwa dem: Ein Elefant kann längst begriffen haben, was der Dresseur von ihm will, er kann es aber nicht ausführen, weil er zu schwach ist (zum Beispiel Kopfstand) oder weil ihm der Trick Schmerzen bereitet. Das tritt immer dann ein, wenn er sich auf Ellbogen und Kniegelenke hinlegen muß, was an und für sich bereits unangenehmen Druck durch den eigenen Körper auf die Gelenke verursacht (Elefanten schlafen in Seitenlage). Zwingt der Dresseur nun noch weitere Elefanten, auf den Liegenden zu stehen (Abb. 5), verursacht dies erhebliche Gelenk- und Hautschmerzen. Der so gepeinigte wird brüllen und dann zur Ruhe geknüppelt.

Elefanten mögen auch aus Angst einen Trick verweigern, etwa den des »Seillaufens«, das zuerst auf einem breiten und dann auf zwei schmalen Holzbalken geübt wird. Müssen sie zu früh auf die Drahtseile und dabei den Rüssel noch hochnehmen, mit dem sie sonst jedes Stück ihres Weges kontrollieren, werden sie sich fürchten. Prügel machen sie dann auch nicht mutiger. Mehr noch: Elefanten differenzieren wie andere vom Menschen geführte Tiere sicher zwischen »gerechter« und »ungerechter« Strafe. Eine Strafe, ein Stockschlag oder Peitschenhieb, hat unmittelbar der Fehlleistung zu folgen. Nur so lernt der Riese sein vom Menschen unerwünschtes Verhalten mit der Strafe zu assoziieren und es zukünftig zu lassen, wenn er dazu überhaupt noch in der Lage ist; denn im einen oder anderen Zirkus werden Elefanten permanent geschlagen, auch beim kleinsten Anlaß, und mehr als schlagen kann der Pfleger auch nicht. Wird ein Elefant dann plötzlich wirklich gefährlich, hat der ver-

Abb. 5: Verschiedene Ursachen führen bei falsch gehaltenen Zirkuselefanten dazu, daß sie »rüssellahm« werden und ihren Rüssel nicht mehr hochnehmen können – so wie seinerzeit die Tiere von Gösta Kruse im ehemaligen Betram Mill Circus von England. Zudem erleiden am Boden liegende Elefanten Schmerzen durch die auf ihnen stehenden oder sitzenden Tiere.

gleichsweise schwache Mensch keine überraschende Waffe mehr. Die Tierriesen sind ja längst an die Schläge gewöhnt. Das ist mit ein Grund, warum die südindischen Kurumbas, ein traditionell elefantenführendes Volk, ihre Arbeitstiere nur im Moment der Gefahr schlagen (und zwar mit einem dünnen Holzstecken).

Daß gute Elefantendresseure ihre Tiere äußerst zurückhaltend strafen, weiß auch der Münchner Elefantenfreund Alexander Haufellner (1990 a: 3): »Der ›Elefantenhaken‹, der verlängerte Arm des Elefantenpflegers, Instrument für Respekt und Strafe, ist bei guten Elefantenmännern, die ich kennenlernte, stumpf. Bei sehr guten Elefantenmännern – und das sind seltene Ausnahmen – liegt vielleicht ein alter Haken irgendwo im Wagen. Die schlimmsten Haken, scharf geschliffen wie ein Skalpell, habe ich jedoch in einem der ›größten Zirkusunternehmen Europas‹ gesehen. Der ›Meisterdompteur‹ war auch ein Meister der Tarnung: Der Haken war in der Manege mit bunten Bändern und Rosetten verziert – die scharfen Spitzen für den Zirkusbesucher nicht sichtbar«.

Elefantendompteure kennen auch die verzögerte Strafe. Ein Elefant, der während der Vorstellung einen groben Fehler macht, möglicherweise gar droht anzugreifen, wird – um den Ablauf der Nummer und das tierfreundliche Image des Dompteurs nicht zu gefährden – nach der Vorstellung einer Sonderbehandlung unterzogen. Dazu wird er an allen vier Füssen gefesselt. Die Ketten werden dann gespannt, bis sein Körpergewicht schmerzhaft in den Gelenken drückt. Jetzt wird er brutal – zum Teil mit Vorschlaghämmern – geprügelt. Ob das so gepeinigte Tier den Sinn der Züchtigung wirklich versteht, hat sich bisher kaum einer gefragt.

Je älter ein Elefant im Zirkus wird, umso »verschlagener« wird er, im doppelten Sinne des Wortes. Was Strafen anbelangt, hat er das sprichwörtlich gute Gedächtnis. Zwar behauptet Rolf Knie sen.: »Der Elefant greift seinen Meister nicht an – aber wer zwischen zwei Elefantenkörper gerät, um den ist es geschehen!« (Erni 1987: 94). Wildlebende Elefanten nehmen aber just die anfälligsten Artgenossen, die Neugeborenen, schützend in ihre Mitte. So weit her ist es offenbar nicht mit der im Zirkus immer wieder beschworenen Liebe zwischen Tier und Mensch«.

# Kettenhaltung und Bewegungsstereotypien

Lange kümmerte sich in Zirkus und Zoo auch niemand darum, daß die Tierriesen Körper wiegend und Köpfe schaukelnd den größten Teil des Tages im Stall standen und sich nachts meist nicht einmal alle gleichzeitig zum kurzen Elefantenschlaf von drei bis fünf Stunden niederlegen konnten (Abb. 6), weil sie so eng nebeneinandergekettet waren. Ketten hindern sie oft, das zu tun, was sie wollen oder brauchen. Hat ein so gehaltener Elefant Hunger oder Durst, will er seinen mächtigen Körper mit Wasser kühlen, seine empfindliche Haut mit einem Holzstück massieren oder mit feinem Sand einstäuben, einen jüngeren Artgenossen umsorgen oder selbst von einem älteren betreut werden, so reißt er an den Ketten – tage-, wochen-, monatelang. Dann wird sein Suchverhalten allmählich zur monotonen Schaukelbewegung, zum »Weben«, wie es im Zirkus heißt, oder zur Bewegungsstereotypie, wie Verhaltensforscher derartig sichtbar gewordene Haltungsfehler nennen. Die Häufigkeit dieses unnatürlichen Verhaltenselementes und die Frequenz seiner einzelnen Schaukelbewegungen machen den »Triebstau« meßbar. Elefanten »weben« besonders häufig und rasch, wenn volle Futter- und Wassertröge im Stall stehen, aber nicht erreicht werden können, wenn Artgenossen weggeführt oder geschlagen werden, oder wenn sich ein Tier hinlegen will, aber aus Platzgründen nicht kann. Schließlich »gefriert« die Schaukelbewegung ein, das heißt: die in Ketten gehaltenen Elefanten »weben« praktisch immer und überall. Wären sie Menschen, so würde es wohl heißen, sie seien in Kettenhaft verrückt geworden.

Abb. 6: Die Platzverhältnisse im Stallzelt vieler Zirkuselefanten sind so beschränkt, daß sich nicht alle Tiere gleichzeitig zum kurzen Elefantenschlaf niederlegen können.

Kein Zirkus- oder Zoodirektor hält gefährliche Wildtiere wie Nashörner oder Tiger an Ketten – Elefanten, auch sie sind Wildtiere, dagegen schon. Das sei immer schon so gewesen, lautete bis vor wenigen Jahren einhellig die Antwort aus dem Kreis der Elefantenhalter. Auch in Indien sei dies so. Man bezieht sich dabei auf die Berichte legendärer Tierhändler. Jedoch: Das, was die Reisenden der Tierhandelsfirmen in Südasien sahen, war eben nur ein Teil der Wahrheit. Die weißen Händler – zu Tierfängern mit tiefgründigen Kenntnissen von Menschen, Tieren und Landessitten machten sie erst später selbstgesponnenes Jägerlatein und ihre eigenen Memoiren – kauften Elefanten nach Massenfängen oder auf Märkten wie in Sonpur. Sie feilschten in den privaten Tiersammlungen des Maharajas vom Mysore oder des Königs von Bangkok; und der von John Hagenbeck in Dehiwala auf Sri Lanka erbaute Zoo war in erster Linie Handelsbasis. Die zum Kauf freigestellten Tiere waren ohne Zweifel an Ketten. An Ketten sahen die Tierhändler auch die Tempelelefanten im ceylonesischen Kandy, im südindischen Trichur oder im birmanischen Pagan. Genossen sie besondere Rechte, zeigte man den weißen Tiereinkäufern in Bangkoks Königspalast auch die sagenhaften weißen Elefanten, »die alle schwere Eisenketten an den Füßen trugen und so gehobbelt waren, daß sie sich nur einige Inches weit bewegen konnten« (Bock 1884: 19). Ein Inch entspricht 2,54 Zentimeter. Von der Tatsache, daß der größte Teil der zahmen Asiatischen Elefanten fernab der Städte bei jenen Stammesangehörigen lebten, die sie fingen, zähmten und abrichteten, wußten die Tierhändler nichts. In den fernen Camps fanden die Rüsseltiere nachts im Dschungel das Futter; hier pflanzten sie sich regelmäßig fort – falls ihre Besitzer dies erlaubten; hier waren sie während ihrer »Freizeit« lediglich gehobbelt, daß heißt, ihre Vorderfüße wurden mit einer unterarmlangen Kette oder Rotanlianen miteinander verbunden. Dies verhinderte rasche Gangart und damit die Möglichkeit, sich in kurzer Zeit weit vom Camp zu entfernen. So wurden die Ketten erst in den Elefantenställen der Tempel und Paläste zu Fesseln, die die Tiere daran hinderten, das zu tun, was den Bedürfnissen der Art entspricht.

Für die Tierhändler aus dem Westen waren die Lebensräume der »Elefantenmenschen«, der Pannikyas auf Sri Lanka, der Kurumbas in Südindien oder der Shan in Hinterindien, schwer erreichbar (was sie auch heute noch sind). Zudem: die kastenlosen und »unberührbaren« Stammesangehörigen galten für die sich am Kolonialstil des 19. Jh.s. orientierenden Kaufleute und Abenteurer als keine ernstzunehmenden Menschen. Man hielt sich an Maharajapracht. Imitationen von perlen- und goldbestickten Gewändern und Turbanen trugen Hans Stosch-Sarasani, Karl Krone, die Knies und Hagenbecks in der Manege. Die Paläste von Mysore und Hyderabad sowie der Taj Mahal, jenes berühmte Grabmal, das der Moghulkaiser Shah Jahan 1630-1642 für seine Lieblingsfrau Mumtaz Mahal in Agra erbauen ließ, lieferten die Vorbilder für Zirkusfassaden und -kulissen sowie für Dickhäuterhäuser der zoologischen Gärten.

Mehr noch: Man imitierte, so gut es ging, die Elefantenhaltung der indischen Prinzen, unwissend, daß die südasiatischen Her-

ren über Tempel und Paläste gar nicht die Träger der Elefantenkultur waren, sondern lediglich die Nutznießer.
Extreme Kettenhaltung machte in Zirkus und Zoo Elefantenhaltung billig. Die Tierriesen brauchten keine teuren Gehege wie etwa Nashörner oder Großkatzen. Und der Hinweis auf das sagenhafte Indien rechtfertigte die extreme Haltung:»Die Inder gelten seit Jahrhunderten als die erfahrensten Elefantenpfleger der Welt. Sie ketten die Dickhäuter während des nächtlichen Aufenthaltes im Stall an den Beinen an. Das ist keine Tierquälerei, sondern ein bewährtes Hilfsmittel, um Streitereien zwischen den Elefanten, die auf der Freianlage unwesentlich sind, auszuschalten. Nur so bekommt jeder Elefant sein Futter und kann unbehelligt ruhen«, ließ auch Heinrich Dathe, einer der führenden Tiergärtner, auf Tafeln im 1985 eröffneten Elefantenhaus des Ostberliner Tierparkes schreiben. Ähnliche Texte sind auch in Elefantenhäusern anderer Zoos zu lesen.

## Zur Elefantenhaltung im Zoo

Selbst Carl Hagenbeck, der mit seinem Zoo in Hamburg-Stellingen neue tiergärtnerische Maßstäbe setzte, dachte nicht im geringsten daran, für die Elefantenhaltung neue Konzepte zu entwickeln. »Der Gründer hatte für diese – seine letzte – Unternehmung Erfahrungen aus der Großkatzendressur und mit reisenden Tierpanoramen, die zur Sicherung kommerzieller Interessen patentiert waren«, hält Lothar Schlawe (1978: 228 f.) fest. Unter den »Neuigkeiten für die Zootierpflege damaligen Standards waren die gitterlose Ausstellung von Löwen und auch Tigern, die an die künstlichen Felsen der Löwenschlucht geketteten Geier und die – sofern sie nicht im Park bewegt wurden – auf einer Zirkusplattform in Reihe angeketteten Elefanten«. Der erfahrene Zoomann fährt fort: »Diese Art, Elefanten aufzustallen, brach mit der bis dahin üblichen Einzelhaltung in Laufabteilen. Sie bereitete die unglückliche Entwicklung vor, daß in Gruppen auf Innenstallflächen mit (Sturz-)Graben gehaltene Tiere angekettet werden. Dabei eignen sich die Elefanten aus Langweile mit Sicherheit das für psychisch krankhaft gehaltene Leinewebern an«. Mit »Leinewebern« sind die bereits beschriebenen stereotypen Schaukelbewegungen gemeint. Diese Meinung teilen auch Lothar Dittrich (1988) und andere Elefantenkenner aus dem Zoo. Im Augsburger Elefantenhaus liest der aufmerksame Besucher dagegen: »Im Stehen bewegen Elefanten wie in ihrer Heimat manchmal rhythmisch den Kopf. Man nennt das Weben. Das ist Ausdruck normalen Verhaltens«. Dem ist nicht so! Asiatische Arbeitselefanten weben lediglich nach monate- und jahrelanger extremer Kettenhaltung im Stall von Palast oder Tempel, und Zooelefanten, die selten oder nie an Ketten gehalten werden, weben höchstens, wenn es sich um Tiere handelt, die früher jahrelang in Ketten gehalten wurden, so daß die Stereotypie »eingefroren« ist.
Zweifellos bewegen auch Wildelefanten gelegentlich rhythmisch – also »stereotyp« – Rüssel, Kopf, und Körper (z. B. Frädrich 1988), etwa wenn sie mit einem Vorderfuß Kurzgras vom Boden schaben oder mit regelmäßigen Bewegungen von Ohren und Rüssel die Körperoberfläche kühlen und lästige Insekten verscheuchen. Dies ähnelt durchaus dem Weben von Zirkus- und Zooelefanten. Doch keine der zehn heute vorliegenden Monographien über das Verhalten wildlebender Afrikanischer und Asiatischer Elefanten listet Weben als Verhaltenselement auf.
Stereotype Bewegungen sind zweifelsfrei Zeichen ernstzunehmender Haltungsfehler sowie vom Fehlen wichtiger Artgenossen oder Fixpunkte – wie z. B. Bad oder Scheuerbaum – ; ferner sind sie Zeichen geringsten Raumangebotes, wie es durch Ketten bedingt wird. Kettenhaltung, die engste Beziehungen zwischen Pfleger und Tierriese erzwingt, macht Elefantenpflege zwar billig, ist aber Hauptgrund für die vielen schweren Unfälle vor allem mit Bullen, von denen in diesem Bericht immer wieder die Rede war. Kettenhaltung hindert so Zoodirektoren daran, erwachsene Bullen zu halten, und Elefanten daran, sich in Gefangenschaft artgemäß zu verhalten. Dies alles wirkt sich auf den Fortpflanzungserfolg aus, von dem noch die Rede sein wird, aber auch auf die Aufmerksamkeit, die Besucher den im Zoo gehaltenen Elefanten entgegenbringen.
Elefanten sind die populärsten exotischen Tiere, die jedermann im zoologischen Garten zu sehen wünscht. So ist es in London, Wuppertal oder Prag. Fragt man dagegen Zoobesucher nach dem Eindruck, den einzelne der ausgestellten Tierarten auf sie machen, also nach der Beliebtheit der gesehenen Tiere, oder mißt den Beliebtheitsgrad als Anteil aller Besucher, die eine bestimmte Tierart beobachten, so fällt auf, daß die überaus populären Elefanten viel weniger Aufmerksamkeit auf sich lenken als etwa Menschenaffen, Affen, Großkatzen oder Robben. Das hat zweifellos mit der Seltenheit der Verhaltensäußerungen zu tun (Stolba et al. 1990).
Zooelefanten, die in engen Ställen angekettet oder auf »winzigen Kuchentellerplattformen« – wie Alexander Haufellner (1990 a) spottet – dumpf herumstehen, sich also kaum »verhalten«, nicht spielen, raufen und sich nicht fortpflanzen können, weil die entsprechenden Sozialpartner fehlen, nicht baden und ihre empfindliche Haut nicht ausgiebig einstäuben und massieren können, weil entsprechende Fixpunkte im Gehege fehlen, sind keine Sehenswürdigkeit für Besucher, von deren Gunst der Zoo lebt. Und diese Besucher reagieren erstaunlich fein – selbst in Zoos mit vorbildlicher Elefantenhaltung wie Zürich: »Vor dem Außengehege, wo sich der Elefantenbulle bei den Kühen aufhielt und sich viele deutliche soziale und sexuelle Interaktionen ereigneten«, verweilten die Besucher viermal länger als im Hausinnern, »wo die Kühe sich ohne den Bullen weniger lebhaft verhielten«, erläutern Alex Stolba und Barbara Müllers (1990: 360) den Sachverhalt aufgrund ihrer Untersuchungen im Zürcher Zoo. Kurz: Die für Besucher und Elefanten gleichermaßen wichtigen Verhaltensäußerungen sind bei den Tierriesen nur dann häufig, wenn sie sich von Ketten ungehindert und gruppenweise bewegen können.
Für den Bau der Zürcher Elefantenanlage warb der damalige Zoodirektor Heini Hediger in der »Neuen Zürcher Zeitung« (1966, Nr. 17, 22, und 24) und beschrieb drei Phasen in der Geschichte der Elefantenhäuser: Die Phase der orientalischen Einzelhäuser, »in der man geradezu besessen war, Elefanten in Moscheen beziehungsweise mehr oder weniger geschmacks-

vollen Nachahmungen von solchen unterzubringen, und zwar einzeln und ohne Bad«. Sie ging am Ende des letzten Jahrhunderts zu Ende. »Dann kamen die Dickhäuterhäuser (gelegentlich mit Bad), die der Aufnahme nicht nur eines oder mehrerer Elefanten dienten, sondern auch andere Großtiere, besonders Nashörner und Nilpferde, beherbergten«. Ein Beispiel dafür ist der 1906 erbaute Rundbau in München Hellabrunn.

## Unerfüllte tiergartenbiologische Anforderungen

Ein Elefantenhaus im tiergartenbiologischen Stil, so fährt Hediger fort, »müßte in erster Linie ein Bad enthalten, da freilebende Elefanten täglich baden und dessen auch zur Hautpflege bedürfen. Zweitens müßte es eine Zuchtgruppe enthalten, da jede Einzelhaltung im Zoo unbiologisch und unverantwortlich ist«.

Selbst diese beiden für andere Zootiere so selbstverständlichen Forderungen wurden für Elefanten bis heute nur in wenigen Tiergärten verwirklicht. Das macht bereits ein Vergleich von Besucherreaktionen in Aquarien- und Terrariengebäuden, wo Gegebenheiten der natürlichen Umwelt und Haltung in großen Gruppen oft nahezu naturgetreu nachgeahmt werden können, und Besucherreaktionen bei Elefantenanlagen deutlich. Alex Stolba und Barbara Müllers (1990: 359) schreiben, »daß im voraus nur wenige Besucher ein Aquarium und Terrarium sehen wollten, aber viel Interesse zeigten, sobald sie einmal dort waren«, umgekehrt verhielt es sich bei Elefanten. Wie unattraktiv und unbiologisch ihre Elefantenanlagen in Wirklichkeit sind, wußten 1979 auch Vertreter von 69 großen Zoos der ganzen Welt. Auf die Frage der Zürcher Tiergartenbiologen Robert Keller und Christian R. Schmidt, »welche Tiere für die einzelnen Zoos besonders interessant seien und welche sich auch fortpflanzten«, mochten lediglich sieben den Elefanten auf die Liste setzen, obwohl fast jedes dieser Institute Elefanten hielt.

»Was zunächst das Bad anbetrifft, das den Elefanten in unserem Klima Sommer und Winter zur Verfügung steht und daher in einem geschlossenen Raum und heizbar sein muß, so bietet es keinerlei technische Probleme« (Hediger 1966: 17). Sicher aber finanzielle, denn für Tierriesen zu bauen, ist ungemein teuer. Selbst in großen Zoos stehen heute Elefanten ganz einfach deshalb noch in veralteten, unzulänglichen Anlagen, weil das nötige Geld für Neu- oder Umbau fehlt. Jedoch: Daß Zooelefanten nicht immer eine Haut, »so weich und geschmeidig wie ein guter Radiergummi und nicht rissig, hart, borkig wie der Stamm einer alten Föhre« (Hediger 1966), tragen, liegt nicht nur am Geld, sondern auch an der Phantasielosigkeit und Unkenntnis mancher Zoodirektoren. Elefanten pflegen ihre empfindliche Haut nicht nur im Bade, sondern in erster Linie in der Suhle, im Schlammbad und beim Scheuern an Bäumen, Termitenbauten oder Steinen (Kurt 1991). Derartige Fixpunkte fehlen häufig selbst auf vergleichsweise großen Außenanlagen. Stehen Elefanten Scheuerbäume zur Verfügung, sind dies senkrechte Strukturen. Wilde Elefanten kratzen ihre Haut aber an schrägen Stämmen. Das hat Vorteile: Unter ihnen stehen sie, um den Rücken zu massieren, über ihnen, um den Bauch zu kratzen, und neben ihnen zum Scheuern der Flanken. Zwar verzichtet kaum ein Zoo darauf die Elefantenanlagen mit Steinblöcken zu dekorieren, doch für die so wichtige Hautpflege der Tierriesen sind diese scharfkantigen Strukturen ungeeignet, ja gefährlich!

Über die nicht vorhandene und falsche »Möblierung« von Elefantenanlagen ließen sich noch viele ähnliche Beispiele auflisten; und ein Kapitel könnte man allein dem Thema Absperrgräben widmen, jenen so besucherfreundlichen, weil nicht sichthindernden Schranken. Dutzende von Elefanten fielen in diese Gräben und verletzten sich dabei oder starben, weil die Gräben zu tief oder zu eng waren oder keinen weichen Bodenbelag hatten. Doch wenden wir uns der zweiten tiergartenbiologischen Minimalforderung zu – den Zuchtgruppen. »Elefantenbullen dürfen in Zoos nur dann gehalten werden, wenn geeignete, das heißt Risiko ausschließende technische Einrichtungen vorhanden sind«, fordert Heini Hediger (1966: 17). »Diese bestehen in einem sogenannten Wechselstall, das heißt in zwei unmittelbar aneinanderliegenden sehr soliden Ställen, deren Verbindungstür sich von außen bedienen läßt. Diese an sich einfache Disposition gestattet es, dem Bullen zur gegebenen Zeit eine Elefantenkuh zuzuführen, vor allem ermöglicht sie eine risikolose Pflege des Bullen, indem er in den gefährlichen Phasen mit Futter von einem Stall in den anderen gelockt werden kann, so daß sich der jeweils leerstehende Raum vom Wärter in aller Ruhe und Sicherheit reinigen und mit Futter und Streu versehen läßt«. Nur wenige Zoos verfügen über solche oder ähnliche Einrichtungen. Das zeigt sich im Geschlechterverhältnis der gehaltenen Elefanten: So lebten beispielsweise in 32 Zoos und Safariparks der Bundesrepublik Ende 1992 insgesamt 84 Asiatische Elefanten, davon sechs Bullen, sowie fünfzig afrikanische, davon zwei Bullen (Haufellner et al. 1993).

Selbst in den größten und traditionsreichsten zoologischen Gärten Deutschlands sind Nachzuchten von Elefanten, ganz im Gegensatz zu den meisten anderen gehaltenen Säugetierarten, seltene Ausnahmen. Der Leipziger Zoo ist dafür ein Beispiel: Als er 1900 sein zwanzigjähriges Jubiläum feierte, waren bereits mehr als 200 Löwen hinter Gittern geboren und aufgezogen worden und seit 1955 wurden weit mehr als 300 Sibirische oder Altaitiger gezüchtet (Seifert 1987). In Leipzig, wo 1926 ein Elefantenhaus mit großen Innenräumen eröffnet wurde, lebten seit 1921 27 Elefanten, darunter sieben Bullen; geboren wurden hier aber nur zwei: Maja am 1. Mai 1934 und August am 8. August 1936 (Kohl 1990).

## Nachzuchten in Zoo und Zirkus

Es ist jedoch nicht allein die Seltenheit der Bullen, die den Zuchterfolg so rar macht. Bullen, die als Jungtiere im Zirkus und damit an Ketten gehalten werden, haben meist schwerste, psychisch erniedrigende Züchtigungen zu ertragen, was sich direkt auf das Fortpflanzungsverhalten auswirkt: Tunga, einer der drei Bullen im Portland-Zoo, erhielt, solange er bei Morgan Berry und Eloise Berchtold war, Schläge auf die Geschlechtsteile. Im Zoo züchtete er nur nachts, wenn er sich von Menschen unbeobachtet fühlte (Schmidt 1989). Thonglaw, ein anderer Bulle Berrys, kam bereits sehr jung in den zoologischen Garten, wo er sich problemlos fortpflanzte. Maxi aus dem Zürcher Zoo, der bisher sechsmal Vater wurde, kam als Zehnjähriger von einem englischen Zirkus auf den Zürichberg. Max in Hellabrunn hat bis heute nicht gezüchtet. Bis zu seinem 15. Lebensjahr arbeitete er unter strengsten Züchtigungen im Zirkus Frankello. Sahib Fridolin, der am 13. Februar 1963 im Zirkus Knie geborene Bulle, lebte lang, das heißt bis ins 22. Lebensjahr in Stallzelt und Manege. In keinem der drei Zoos, wo er seit 1984 gehalten wurde, hat er sich je gepaart. Mohti, ein anderer der Knie-Bullen, gelangte bereits als Zwölfjähriger in den Zoo von Hannover, wo er zwischen 1964 und 1972 elfmal Vater wurde; und Siam, der bereits bei Knie zwei Kühe erfolgreich gedeckt hatte, pflanzte sich im Zoo von Paris-Vincennes, wo er heute lebt, viermal fort.

Mit rund fünfzig Jahren ist Siam der älteste Zuchtbulle in einem europäischen Zoo. Nur elf Zuchtbullen sind bisher älter als zwanzig Jahre geworden. Die Hälfte waren höchstens 15, hatten also das *musth*-Alter kaum erreicht. Der jüngste war 1932 der achtjährige Boy in Hellabrunn. Elefantenbullen sind gemessen an ihrer Lebenserwartung erstaunlich früh erwachsen, aber nicht ausgewachsen.

Wildlebende Elefantinnen und solche im asiatischen Arbeitslager pflanzen sich bis ins sechste Lebensjahrzehnt fort (Kurt 1970). Die stärksten unter ihnen wiegen dann rund siebzig Prozent des Gewichtes der größten Bullen (Sukumar 1990). Die ältesten Elefantenweibchen in europäischen Zoos und Zirkussen zählen aber höchstens 32 Jahre, wenn sie gebären. So liegt die Vermutung nahe, daß sich die älteren, schweren Kühe, die zahlreich in Zoo und Zirkus leben, von den jungen, verhältnismäßig leichten Bullen überhaupt nicht decken lassen. Lediglich in fünf Prozent aller bisherigen Paarungen bei Asiatischen Elefanten waren die Weibchen gleich schwer oder ein Zehntel schwerer als die Bullen. In der Regel sind sie bedeutend leichter.

Von 121 zwischen 1902 und 1992 in Europa geborenen Asiatischen Elefanten wurden 46 entweder tot geboren, von der Mutter sofort getötet oder starben kurz nach der Geburt. Bis heute erreichten nur 34 überhaupt das fortpflanzungsfähige Alter von rund acht Jahren und lediglich ein einziger Asiatischer Elefant, Bernhardine in Rotterdam, gehört bisher der zweiten Gefangenschaftsgeneration an. Bei wildlebenden Elefanten in Südindien wird die Sterblichkeit der Jungtiere auf zwanzig Prozent geschätzt (Sukumar 1989). Von 714 in Gefangenschaft geborenen birmanischen Arbeitselefanten starben 78, das sind elf Prozent, vor dem zehnten Altersjahr. »Totgeburten sind selten und betragen etwa vier Prozent«, berechnet Toke Gale (1974: 73). »Zwischen 1949 und 1954 verzeichneten wir 296 Geburten, davon zwölf Totgeburten«. Arbeitselefanten werden ohne Hilfe von Pflegern und Tierärzten, aber unter Anwesenheit einer Tante geboren. Im westlichen Zoo oder Zirkus ist es gerade umgekehrt. »Die Haltung im allgemeinen, die Stallhaltung im besonderen, z. B. der Umstand, daß erfahrene Elefantinnen, die in freier Wildbahn die Rolle der sogenannten »Tante« spielen und sich zunächst offenbar um Neugeborene im Bedarfsfall kümmern, im Tiergarten fehlen oder durch die Haltungsbedingungen nicht wirksam werden können, mag dabei eine Rolle spielen«, bemerkt Lothar Dittrich (1975: 302), ehemaliger Direktor des Zoos von Hannover und subtiler Kenner von Zooelefanten. Das Phänomen von besonders engen Beziehungen zwischen jeweils zwei besonderen Elefantinnen, die sich bei der Geburt und bei der Jungenaufzucht unterstützen könnten, gibt es zweifellos auch bei Zoo- und Zirkuselefanten. Es wurde 1990 durch die Zürcher Verhaltensforscherin Marion Garai beschrieben. Bei gefangenen Elefanten kann es aber schon deshalb nicht wirksam werden, weil hochschwangere Elefantinnen in der Regel vor der Geburt isoliert werden.

Im Vergleich zu wildlebenden Elefanten und solchen in asiatischen Arbeitslagern kommt Dittrich zu dem Schluß, »daß die klimatischen Verhältnisse in Europa oder die bisherigen Haltungsbedingungen bzw. beides einer Langlebigkeit der Elefanten nicht förderlich« sind. Derartige Prognosen sollten Zoo- und Zirkusdirektoren schon deshalb ernstnehmen, da Asiatische Elefanten nur noch in seltensten Ausnahmefällen importiert werden dürfen.

## Überlebenschancen der Elefanten in Zoo und Zirkus

»Dieser Importstopp«, schreibt Alexander Haufellner (1990 a: 2), »mit dem der nackte Verbrauch von Asiatischen Elefanten, wie er über 150 Jahre üblich war, unterbunden wurde, hat für Zoos und Zirkusse drastische Folgen: Was stirbt, kommt nicht mehr nach.« Insbesondere Zirkusunternehmen, die aus verschiedenen Gründen lieber mit Asiaten arbeiten als mit Afrikanern, sehen eine ihrer Hauptattraktionen rasch schwinden. Die 43, davon ein einzeln gehaltener Bulle, in elf Zirkussen der Bundesrepublik stehenden Elefanten sind verhältnismäßig alt und dürften in den kommenden zwei Jahrzehnten aussterben, ohne Nachwuchs zu hinterlassen.

Kinderloser Tod ist auch den meisten der in deutschen Zoos lebenden Asiatischen Elefantinnen gewiß; die meisten davon stehen in Tiergärten ohne Bullen.

Gleiches wie vom Asiatischen gibt es auch vom Afrikanischen Elefanten zu berichten. Bisher wurden in europäischen Zoos elf geboren – davon leben heute noch drei.

Der zoologische Garten von Westberlin hat die Elefantenanlagen und die Bullenställe großzügig verbessert. Bei Hagenbeck in Hamburg-Stellingen wurde 1988 eine Bullenanlage erbaut. In den zoologischen Gärten von München, Münster und Wuppertal sind neue Elefantenanlagen geplant oder im Bau. Hier sollen die Tierriesen, darunter auch Bullen, kettenlos gehalten werden. So suchen europäische Zoos Anschluß an die Zuchterfolge der Tiergärten von Tel Aviv und Portland (Washington). Allein in Portland wurden in kurzer Zeit 25 Elefanten geboren! Auch Zirkuselefanten geht es besser: »Seit 1990 steht den Elefanten des Circus Knie auch ein Auslauf zur zeitweiligen Benutzung zur Verfügung. Damit ist es möglich geworden, die zeitliche Dauer der ›Anbindehaltung‹ deutlich zu verkürzen«, lobt Thomas Althaus (1991: 27). »Dank dem Elektrozaun, der auch auf Viehweiden Anwendung findet, ist nun aber diese Realisierung überraschend schnell möglich geworden... Die Bedeutung des Freigeheges liegt darin, daß diese sehr geselligen Tiere vermehrt untereinander Kontakt aufnehmen können und ihr Sozialverhalten bereichert wird«.

*Literatur*


Adams, J.: Wild Elephants in Captivity. Carson 1981.
Althaus, T.: Knie Zoo. Rapperswil 1991.
Bock, C.: Temples and Elephants. London 1884.
Brock, B.: Der dressierte Dompteur. In: Geo 2, 1977, S. 40–56.
Dittrich, L.: Beitrag zur Fortpflanzung und Jugendentwicklung des Indischen Elefanten, Elephas maximus, in Gefangenschaft mit einer Übersicht über die Elefantengeburten in europäischen Zoos und Zirkussen. In: Zoologischer Garten (NF) 34/1–3, 1967, S. 56–93.
ders.: Über die Nachzucht des Asiatischen Elefanten (Elephas maximus) in europäischen Tiergärten. In: Zoologischer Garten (NF) 47/3– 4, 1977, S. 296–302.
ders.: Säugetiere im Zoo. In: Grzimeks Enzyklopädie – Säugetiere (Hrsg. B. Grzimek), V., 1988, S. 602–639.
Erni, F. X.: Rolf Knie, Elefanten und Artisten. Bern.
Frädrich, H.: Begegnungen mit Asiatischen Elefanten. In: Bongo 14, 1988, S. 1–10.
Gale, U. T.: Burmese Timber Elephants. Rangun 1974.
Hagenbeck, C.: Von Tieren und Menschen. Berlin 1907.
Halperson, J.: Das Buch vom Zirkus. Düsseldorf 1926.
Haufellner, A.: Notizen zu der gefährlichen Elefantenbullenhaltung in Zoo und Zirkus und die Geschichte von »Shenka«, dem friedlichen Riesen im Circus Alberti. Baldham 1990.
ders.: Tierplicissimus. Baldham 1990.
Haufellner, A., F. Kurt, J. Schilfarth und G. Schweiger: Elefanten in Zoo und Zirkus. München 1993.
Heck, L.: Rüsseltiere (Proboscidea). In: Brehms Tierleben. Allgemeine Kunde des Tierreiches (Hrsg. O. zur Strassen), XII, Leipzig–Wien 1915, S. 525–579.
Hediger, H.: Zirkusdressuren und Tierpsychologie. In: Revue Suisse Zoologique 42/12, 1939, S. 389–394.
ders.: Skizzen zu einer Tierpsychologie in Zoo und Zirkus. Zürich 1954.
ders.: Gefährliche Väter. Elefantenbullen verursachen in Europa fast regelmäßig tödliche Unfälle. In: Das Tier 3/8, 1963, S. 32–34.
ders.: Mensch und Tier im Zoo. Rüschlikon–Stuttgart–Wien 1965
ders.: Häuser für Elefanten. In: Neue Zürcher Zeitung Nr. 17, 1969, S. 22, 24.
Johnson, W.: The Rose-tinted Menagerie. London 1990.
Jordan, B. und S. Omrod: The Last Great Wild Beast Show. London 1978.
Keller, R. und C. R. Schmidt (Hrsg.): Das Buch vom Zoo. Luzern–Frankfurt am Main 1978.
Knie, F.: Vorwort. In: Klaus Zeeb, Pferde – dressiert von Fredy Knie. Bern 1973.
Knox, R.: A Historical Relation of Ceylon. Colombo 1966.
Kurt, F.: A Comparison of Reproduction in Tame and Wild Elephants (Elephas maximus). In. IUCN, XI. Technical Meeting 1, New Delhi–Morges 1970, S. 148–154
ders.: Tiere gehen zur Schule. SPG, Erziehungsdirektion. Zürich 1979.
ders.: Knie's fahrender Zoo. Rapperswil 1981.
ders.: Das Elefantenbuch. München 1991.
Kurt, F. und L. Knie: Elefanten und Tiger im Zirkus Knie. Zürich–München 1980.
Moore, J. und C. Munnion: Back to Africa. Johannesburg 1989.
Murray, M.: Circus! From Rome to Ringling. New York 1956.
Oettermann, S.: Die Schaulust am Elefanten. Frankfurt am Main 1982.
Philipp, W.: Alpha-Tier, Verhalten und Rangordnung im Circus. Berlin 1979.
Ruhe, H.: Wilde Tiere frei Haus. München 1960.
Ryhner, P. R.: Auf Tierfang durch die Welt. Herrenalb 1961.
Schlawe, L.: Die für die Zeit vom 1. August 1844 bis 31. Mai 1988 nachweisbaren Thiere im zoologischen Garten zu Berlin. Berlin 1969.
ders.: Zur Geschichte der Zoologischen Gärten. In: R. Keller und C. R. Schmidt (Hrsg.), Das Buch vom Zoo; Luzern–Frankfurt am Main 1978, S. 17–33.
Schweiger, G.: Elephant Births in Europa. Gröbenzell 1989.
Sembach-Krone, F.: Circus Krone. München 1969
Stolba, A. und B. Müllers: Die Bedeutung von Tierart, Gehege und Verhalten für den Schauwert im Zoo. In: Zoologischer Garten (NF) 60, 1990 S. 349 – 368.
Sukumar, R.: The Asian Elephant: Ecology and Management. Cambridge 1989.
Zapff, G.: Jumbo auf dem Drahtseil. Berlin 1987.
Zeeb, K.: Pferde – dressiert von Fredy Knie. Eine Verhaltensstudie. Bern 1973.

KVnd vnd zuwissen sey jedermänniglich/ daß von
heut Dienstags an/ wie auch folgende zwen tag
Mitwochs vnd Donnerstag/ der Orientalische
Elefant in dem neuen Comödienhauß auff der
Schüt/ wirdt zusehen seyn/ da Er dann mehr als
zuvor geschehn/ sich mit wunderlichen Künsten
wirdt sehen lassen/ soll ein Alte Person geben 4
kreutzer/ ein kleine person 2 kreutzer: mag so lang
zusehen als jhn beliebt/ dann man wirdt den gan-
tzen Tag/ morgens von 7 biß zu 11/ vnd nach Mit-
tag von 1. biß 6 vhrn/ solchen sehen lassen.

Jahrmarktsgraphik, Schausteller: Ankündigung der Zurschaustellung eines Elefanten 1629 in Nürnberg, Holzschnitt mit Text.

Die Häuser für Elefanten und andere »Dickhäuter« in den zoologischen Gärten wurden um die Jahrhundertwende im maurischen oder indischen Stil gebaut, auch in Berlin.

Zirkusplakat: »Barnum & London, 15 new united shows…« Ankündigungsplakat für eine Tierschau des Zirkusunternehmens »Barnum & Bailey«, im Vordergrund mit dem »größten und edelsten Elefanten aller Zeiten«. Mehrfarbenlithographie, gedruckt bei Strobridge Lith. Co, Cincinatti/USA 1896. Maße: 210 x 290 cm. Deutsches Plakat-Museum, Essen.

Seite 132 unten: Weil der Bürgermeister von Wien, Helmut Zilk, durchgesetzt hat, daß der Nationalzirkus für die Dauer seiner Gastspielzeit auf der Donauinsel bleiben darf, bedankten sich zwei Elefanten bei ihm. Helmut Zilk und Louis Knie.

# Elefanten in Schönbrunn

Helmut Pechlaner

Elefanten, ganz egal ob aus Asien oder Afrika stammend, üben auf viele Menschen eine unwiderstehliche Faszination aus. Das gilt für die Mitbewohner in deren Lebensräumen, für Forscher und Touristen, die das Glück haben, diese Riesen des Urwaldes, der Steppe und der Wüste in ihrer Heimat belauschen zu dürfen, aber ganz besonders für die Bewohner anderer Länder und Kontinente, denen in früheren Jahrhunderten ein Herrscher, heute ein Zoologischer Garten, diese mächtigen Geschöpfe näher brachte bzw. bringt.
Das Wissen über Tiere und ihre Bedürfnisse, aber vor allem die Einstellung des Menschen zu seinen Mitgeschöpfen, vermehrt und entwickelt sich zum Positiven. Sah sich der Mensch vor kurzem noch als unumschränkter Gebieter der Natur, so muß er heute seine Abhängigkeit von ihr erkennen und seine Verantwortung gegenüber der belebten und unbelebten Umwelt wahrnehmen. Dies gilt für unberührte Wildnis genauso wie für das Umland unserer Häuser und Städte, für die Betreuung und den Mißbrauch von Heim- und Nutztieren und die Pflege von Wildtieren in Zoologischen Gärten. Menagerien vergangener Jahrhunderte sind in ihrer Zeit zu verstehen und waren zum Teil sinnvolle Einrichtungen. Heute hat ein moderner Tiergarten primär auf das Wohlbefinden seiner Tiere zu achten und dadurch seine Aufgaben als Bildungs- und Erholungsraum für die Besucher, aber auch als Stätte der wissenschaftlichen Forschung sowie des Tier- und Artenschutzes zu erfüllen.
Elefanten im Zirkus sind ein Kapitel, das nur wenige Gegner hat. Wenn auch über die Lebensbedingungen dieser Tiere gar nicht näher nachgedacht wird, freut sich der Zirkusbesucher sowohl über den Auftritt als auch darüber, daß die mehr oder weniger problematische Tierhaltung bald wieder aus der Heimatstadt verschwindet. Tierhaltung in Zoologischen Gärten ist da schon eher ein Thema, weil nach mehreren Besuchen das Kind oder der Erwachsene das erste Staunen abgelegt hat und zu ergründen versucht, ob das bewunderte Lebewesen genauso glücklich ist wie sein Betrachter. Dann stören die Ketten, an denen der Elefant aus unverstandenen Gründen hängt, da kommen Fernsehfilme in Erinnerung, wo Tiere in Gruppen gemeinsam unterwegs sind und sich an Bäumen scheuern, Äste herunterbrechen, zerbeißen und dann Blätter und dünne Zweige kauen und verschlucken, wo Elefanten im Wasser toben und mit dem Rüs-

Gehege-Struktur, frische Zweige und persönliche Betreuung bringen einer Elefantengruppe gute Lebensqualität.

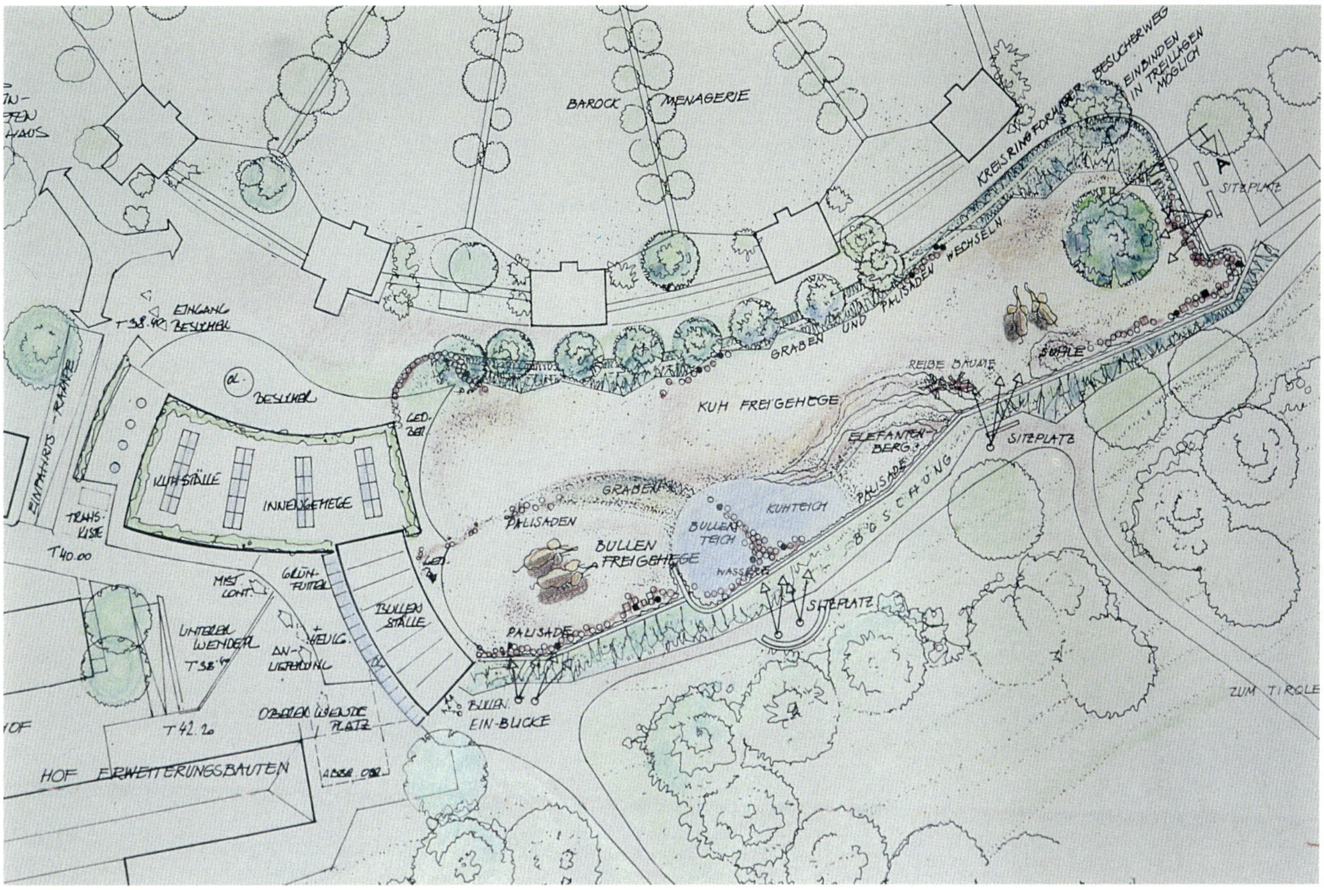


Der neue Elefantenpark in Wien-Schönbrunn soll ab 1996 eine komplette Familie beherbergen.

sel Schlamm, aber auch Sand und Erde, genußvoll auf den eigenen Rücken werfen. Und man steht bei einer schlechten Tierhaltung zum wiederholten Male vor dem einzelnen Elefanten und sieht ihn an der Kette hin- und herpendeln.

Diese Kritik wurde auch beim Schönbrunner Tiergarten laut, und nicht wenige Menschen, darunter auch ich, haben ernsthaft darüber nachgedacht, hier auf die Elefantenhaltung gänzlich zu verzichten. Dabei wurden in diesem ältesten und traditionsreichen Tiergarten 1906 erstmals Indische Elefanten in Europa gezüchtet. Jedoch wurden zeitweise tatsächlich nicht alle Möglichkeiten der guten Betreuung ausgeschöpft. Als erste Frage war für mich zu klären, ob in unserem Tiergarten überhaupt die Möglichkeiten, also genügend Platz und ausreichend Geld, für eine moderne Elefanten-Familienhaltung vorhanden sind. Nachdem unsere Bundesregierung bereits im Juli 1990 den Betrag von ATS 185 Millionen für eine erste Sanierungs- und Ausbaustufe des Tiergartens zugesagt hat, galt es, das Areal auszuwählen. Nun verfügt unser Tiergarten seit den fünfziger Jahren über einen äußerst großzügigen und weitreichenden Wirtschaftshof mit einer langen Zufahrtsstraße. Daran angrenzend gibt es eine Vielzahl von kleinen, ja zu kleinen Gehegen für Rinder, Pferde, Schafe und Kamele. Mit dieser Fläche von über 7000 $m^2$, dem entsprechenden Geld und guten Ideen wird hier ein moderner Elefantenpark errichtet werden. Dieses Projekt kann aber bestenfalls bis 1995 verwirklicht werden, und so wurden bereits 1992 die Lebensbedingungen auf der alten Anlage, die für eine Gruppe von Elefantenkühen gute Voraussetzungen mitbringt, verbessert. Bei den Tierpflegern wurde ein vierköpfiges Betreuerteam zusammengestellt und speziell geschult. Einer der meisterfahrenen Elefantenbetreuer Europas, Herr Ruedi Tanner vom Zoo Zürich, lebte und lehrte zwei Wochen mit den Elefanten und ihren Pflegern in Wien. Dann wurden die Wiener Kollegen mehrmals zur Fortbildung in verschiedene Elefantenhaltungen des Auslandes geschickt. Mit Freude und neuen Kenntnissen gehen sie nun an die Betreuung ihrer Tiere. Die Elefantengruppe besteht aus vier Kühen, nachdem der Münchner Tierpark Hellabrunn sich auf Indische Elefanten spezialisiert und seine afrikanischen Artgenossen in Wien-Schönbrunn eingestellt hat. Im Auslauf wurden an den Hauswänden, aber vor allem auch freistehend, alte Eichen als Scheuerbäume eingegraben, die von den Elefanten mit großer Intensität genutzt werden. Im Winter wie im Sommer liegen ständig frischgeschnittene Äste bereit, die den Elefanten Beschäftigung und Futter bieten. Das großzügige Wasserbecken ist immer dann, wenn das Wetter nicht zu kalt ist, mit Wasser gefüllt und wird von den Elefanten eifrigst benützt. Ein bis zwei Tierpfleger kümmern sich ganztägig um die Tiere, d. h., daß im Rahmen einer Elefantenwäsche je nach Jahreszeit die Kühe ein- bis zweimal täglich abgespritzt und geschrubbt werden, daß die Huf- und Sohlenpflege von den Tierpflegern immer nach Bedarf durchgeführt wird, daß mit den Tieren im Haus, aber vor allem im Freigehege, ein Beschäftigungsprogramm abläuft, das den Bedürfnissen der Tiere und der Pfleger entspricht und nicht als Zirkusshow zu bewerten ist. Sogar während der Mittagspause, die die beiden Elefantenpfleger zeitversetzt antreten, ist jeweils ein Mitarbeiter bei den Tieren. Zu dieser Zeit werden dann auch dem Publikum Auskünfte erteilt. Für Afrikanische Elefanten, die im Süden Afrikas sehr wohl nächtliche Temperaturen von minus zehn bis fünfzehn Grad Celsius problemlos ertragen können, ist es eine Selbstverständlichkeit, daß sie auch bei unserem Klima wenigstens für kurze Zeit täglich ins Freie kommen. Nur naßkaltes Wetter mit stürmischem Wind bedeutet eine echte Gesundheitsgefährdung. Aber auch dann, wenn die Tiere im Haus bleiben, sind sie tagsüber nicht angekettet. Wenn der Platz im alten Haus auch klein ist, so können sie sich doch bewegen und frei miteinander spielen. Zur Fütterung allerdings müssen sie angekettet werden, weil der Futterneid dazu führen könnte, daß ein Tier das andere verletzt. Das gleiche gilt für die Zeit der Nachtruhe.

Doch welche Neuerung bringt der Elefantenpark? Die große Fläche allein macht noch keine gute Elefantenhaltung aus. Das Hauptproblem bei der modernen Elefanten-Familienhaltung stellt der Elefantenbulle dar, da er im Gehege genauso wie im Freiland völlig unabhängig von der Brunst mehrmals für mehrere Wochen in den Zustand der Musth verfällt, was einem noch ungeklärten »Jähzorn« entspricht. In dieser Zeit ist der Bulle nicht nur für die Kühe, sondern erst recht für die Pfleger eine besondere Gefahr, und so kann man gut verstehen, daß in der Vergangenheit Unfälle bei Tierpflegern, die Elefantenbullen betreuten, nicht selten waren. Da die Sicherheit der Tierbetreuer absolute Priorität besitzt, wird jede erdenkliche Vorsorge getroffen. Die Anlage des Elefantenbullen muß daher so gebaut sein, daß ein direkter Pflegerkontakt nicht notwendig ist. Da während der Musth der Bulle ohnedies allein sein will und muß, ist das Anketten kein Thema. So werden eigentlich zwei Elefantenanlagen gebaut, denn der Bulle braucht genauso einen Innen- und Außenbereich und will in beiden Gehegeteilen die Möglichkeit haben zu baden. Im Schönbrunner Elefantenpark wird seine Freianlage an die der Kühe grenzen, so daß eine gemeinsame Nutzung in der »friedlichen Zeit« möglich ist. So befinden sich die Freilandwasserstellen in unmittelbarer Nachbarschaft im langgestreckten Auslauf. Übrigens haben manche Tiergärten, die ihren Elefanten ein großes Freigehege geboten haben, die Erfahrung gemacht, daß der Auslauf nur dann genützt wird, wenn auch im entfernten Bereich Attraktives zu finden ist. Ansonsten bleiben die Tiere lieber bequem beim Haus stehen. Strukturierte Freianlagen, die nicht nur Sonne und Schatten, sondern eine Vielfalt von Beschäftigungsmöglichkeiten bieten, können von einfallsreichen Tierpflegern für die intelligenten Elefanten täglich reizvoll gestaltet werden. Auf gefährliche Grabenkonstruktionen wird verzichtet, das Publikum erhält von verschiedenen Aussichtswarten Einblickmöglichkeiten.

Das Herzstück unseres Elefantenparks ist das Haus. Fast die gesamte Fläche der bisherigen Elefanten-Freianlage des Schönbrunner Tiergartens steht den Tieren dann überdacht und beheizt ganzjährig zur Verfügung. Auch im Haus ist die Begrenzung so gestaltet, daß Grabenstürze und andere Verletzungen vermieden werden. Dadurch wird es möglich sein, die Elefanten auch des Nachts, nach der Fütterung, völlig frei und ohne Ketten herumlaufen zu lassen. Es gibt kojenartige Bereiche, in denen eine Kuh separiert werden kann, auch für eine Elefantengeburt ist Vorsorge getroffen. Das beheizte Elefantenbad ist so groß und so tief, daß diese Riesentiere untertauchen können.

Die Zucht der Afrikanischen Elefanten in Zoologischen Gärten hat zur Zeit nicht die Aufgabe, die Tierart zahlenmäßig zu erhalten. Immer noch werden Tausende von Elefanten in den viel zu kleinen Reservaten Afrikas von Amts wegen erschossen. Elefantenhaltungen mit Zucht bieten jedoch den Tieren verhaltensgerechte Lebensbedingungen und tragen dazu bei, die Menschen für diese Tiere und damit auch für deren Interessen im Freiland zu begeistern.

# Elefantengeschichten

Rosl Kirchshofer

## Hoch oben in der Beliebtheitsskala

Der Journalist Peter Juppenlanz schrieb 1982 in der Illustrierten Stern: „Ein Tierpark ohne Elefanten ist wie eine Kneipe ohne Bier“. Diese, zugegebenermaßen deftige Ausdrucksweise spiegelt jedoch recht gut die Meinung vieler Zoobesucher wider. Dies bestätigte auch eine Leserumfrage der Illustrierten Freizeit-Revue 1992, bei der die beliebtesten Zootiere, die „Top 10“ benannt werden sollten. Die Elefanten standen ganz oben auf Platz zwei hinter den Affen. Die Tiger und Löwen waren auf Platz sechs und sieben verwiesen, Giraffen auf Platz neun und Nashörner auf Platz zehn. Selbst Zooleute, die aber auch nur Menschen sind, teilen dieses Interesse. So erwähnt der berühmte Zoodirektor, Zoologe und Tierpsychologe Heini Hediger in seiner Biographie 1990 die Elefanten gleich 75mal, während er auf Menschenaffen 64mal und auf Nashörner und Giraffen nur 28mal bzw. 18mal Bezug nimmt.

Menschen besuchen Zoologische Gärten, um überhaupt Wildtiere kennenzulernen. Sie erwarten dort vor allem Begegnungen mit „exotischen“ Tieren, also solchen aus fremden Ländern, die die meisten von ihnen sonst niemals lebendig zu sehen bekämen. Doch, wie oben gezeigt, stehen manche von diesen höher in der Rangreihe des Interesses oder in der Beliebtheitsskala als andere. Sie haben einen höheren Schauwert, wie Tiergärtner nüchtern feststellen. Doch dieser hängt von vielerlei Faktoren ab: Affen werden deshalb als besonders interessant empfunden, weil sie uns in vielerlei Hinsicht sehr ähnlich sind und sich meist recht lebhaft verhalten. Tiger und Löwen will man hauptsächlich bei der Fütterung beobachten. Elefanten hingegen sind weder mit uns näher verwandt, noch brauchen sie unbedingt etwas zu tun, trotzdem will sie nahezu jeder sehen. Sie beeindrucken uns schon allein durch ihre Größe und Mächtigkeit, durch ihre alltägliche Gelassenheit. Und Kinder, die diesen grauen Riesen zum erstenmal in ihrem Leben gegenüberstehen, vergessen dieses Erlebnis wohl niemals ganz. Immer löst der Anblick von Elefanten bei ihnen Staunen, Bewunderung und bald auch Zuneigung aus, wie ich aus langjähriger Berufserfahrung weiß. Sie einmal lebendig gesehen zu haben, prägt ihre Einstellung zu diesen Respekt, ja Ehrfurcht einflößenden Tieren nachhaltig.

So eignen sich Elefanten ganz besonders als Anwälte für alle Wildtiere. Sie sollten, wenn möglich, in keinem Zoo fehlen. Aber halten wir sie, so sollte dies auch ihrer Natur entsprechend geschehen. Dies sind wir ihnen, aber auch uns selbst schuldig!

Wie stark der Wunsch des Menschen ist, zumindest im Zoo Elefanten zu erleben, bestätigte sich in meinem „eigenen“ Zoo (in dem ich dreiunddreißig Jahre arbeitete) nahezu tagtäglich, wenn auch auf eher ungewöhnliche Weise: obwohl in Frankfurt schon vor rund einem Jahrzehnt die Haltung von Elefanten wegen unzureichender Pflegemöglichkeiten aufgegeben worden war, wurde ich nach wie vor von den Besuchern mit schöner Regelmäßigkeit nach dem Weg zum Elefantenhaus gefragt. Die Enttäuschung war jedesmal sehr groß, wenn sie erfahren mußten, daß es in diesem Zoo leider keine Elefanten mehr gibt. Zwar akzeptierten die meisten Besucher meine Begründung, die zu engen räumlichen Verhältnisse betreffend, die eine Bullenhaltung und damit Zucht und Aufzucht ausschlossen, denn dies leuchtet wohl jedem Tierfreund ein. Aber die Betroffenheit blieb jedesmal spürbar und die Freude am Zoobesuch schien danach etwas getrübt. Daran änderte sich auch nichts, wenn ich auf den nahegelegenen Opel-Zoo im Taunus verwies, in dem nach wie vor eine kleine Herde Afrikanischer Elefanten lebt, mit Bullen, und wo es daher auch schon Nachwuchs gegeben hat. So wie mir erging es auch meinen pädagogischen Mitarbeitern und natürlich erst recht den Tierpflegern. Zoobesucher wollen einfach Elefanten erleben.

Von diesem Wunsch sind erst recht alle Afrika- und Indienreisenden beseelt. Für viele Menschen verlaufen die ersten Begegnungen mit Elefanten in der freien Wildbahn nicht minder aufregend, als die in ihrer Kindheit im Zoo. Ich werde niemals das Verhalten der mir anvertrauten Teilnehmer an einer Fotosafari durch ostafrikanische Nationalparks vergessen, als wir im Queen-Elisabeth-Nationalpark zum ersten Mal auf Elefanten trafen. Es beeindruckte mich so nachhaltig, daß ich später in Das Tier (1961/14) darüber schrieb: »Aber so müde wir waren von der achtstündigen Fahrt, für die meisten blieb das alles (gemeint war damit die berühmte Mweya-Lodge) vorerst nebensächlich. Denn vor uns, unten am Ufer des George-Sees standen Elefanten. Elefanten sind Städtern nichts Neues. Sie kennen sie aus dem Zoo oder dem Zirkus. Aber hier standen so viele und kaum zweihundert Meter weit entfernt. Dreißig zählten wir, vierzig, siebenundvierzig... eine große Herde. Ruhig und gleichmäßig klappten sie mit ihren Riesenohren, als ob es da keine Häuser und Menschen gäbe. Emsig und doch gemächlich rupften ihre langen Rüssel Gras und schoben Blattbüschel um Blattbüschel in die Münder. Erst standen die Menschen wie gebannt, dann klickten die Fotoapparate und dann vergaßen einige, daß das da unten keine Zirkuselefanten waren. Sie stürzten den Hügel hinunter auf die Herde zu, dem uralten Wunsch der Menschen folgend, den großen Tieren nahe zu kommen. Ohne zu überlegen oder gar zu denken, rannten sie den Riesen entgegen, blindlings dem Zwang des Besitzergreifenmüssens folgend, und sei es auch nur mit der Kamera. Es war ein groteskes Schauspiel, das sich auf unserer Reise noch oft wiederholen sollte. Grotesk? Nein tragikomisch war es, und mir blieb der Verstand stehen. Das, nicht die Tiere allein hätte ich filmen, festhalten, aufnehmen müssen! Diese nicht mehr verborgene, plötzlich aufgebrochene Gier der Menschen nach den Tieren.

Seite 138: 9. Faschingsumzug der Wiener Wirtschaft.

1

Sie mochten glauben, daß sie nur hinter Bildern her waren, aber über Bilder verliert man nicht den Verstand. Es mußte mehr dahinterstecken, wenn Ärzte, Ingenieure und ängstliche Frauen plötzlich losstürzten, ohne jeden Gedanken an mögliche Gefahren!
Meine Aufgabe auf dieser Reise war es, den Teilnehmern so viel wie möglich über Tiere zu erzählen. Niemand hatte es gesagt, aber sichtlich war es auch meine Aufgabe, sie vor Schaden durch die Tiere zu bewahren. So filmte und fotografierte ich dieses spontane ›retour à la nature‹, an dem Jean Jacques Rousseau seine Freude gehabt hätte, nicht, sondern lief und rief hinter den einzelnen her, sie mühsam wieder auf den Weg zurückbringend. Fortan umkreiste ich die tiertrunkene Gesellschaft wie ein Schäferhund seine Herde, und dabei erzählte ich von den Elefanten. So blieben wir noch lange da oben auf dem Weg, nun friedlich miteinander und zufrieden im Schauen. Wir hatten die Elefanten gesehen.«

## In vorderster Reihe, wenn es ums Lernen geht

Solange wir in unserem Zoo Elefanten pflegten, spielten sie selbstverständlich in meinem Zoo-Unterricht eine große Rolle. Ich machte schon mit Vorklassen regelmäßig einen »Besuch bei den Elefanten« und bei Erst- und Zweitklässlern war das Thema »Besuch bei Elefanten, Nashörnern und Flußpferden« ein Dauerbrenner. Aussehen, Fortbewegung, Stoßzähne und die lange Rüsselnase als Greif- und Riechorgan standen im Mittelpunkt unserer Beobachtungen. Doch als absoluten Höhepunkt empfanden es die Kinder stets, wenn, von mir mit ihrem Namen gerufen, die Elefantin Baroda auch noch von dem entferntesten Winkel der Anlage angeschaukelt kam. Stets betrachtete sie uns zunächst interessiert, um dann mit ihrem Rüsselfinger gelassen den von mir mitgebrachten Zweig, eine Gelbe Rübe oder eine Handvoll Grünfutter zu ergreifen und mit Genuß zu verspeisen. »Die hört ja auf ihren Namen«, oder »die kennt Sie ja richtig«, oder »die muß aber klug sein, wenn sie Sie unter den vielen Menschen hier herausfindet«, war dann zu hören, und die Kinder standen und staunten überwältigt und atemlos. Selbst in späteren Jahren, als längst das Fernsehen zur Selbstverständlichkeit geworden war und zweifellos meine jeweiligen Kleinen bereits oft Elefanten auf der Mattscheibe gesehen hatten, war dieses Unterrichtsprogramm ein voller Erfolg. Denn diese Elefanten, die flinke Baroda oder die alte Kithani, die ränkesüchtige Mädi und selbst die eher schüchterne afrikanische Waldelefantin Dima, sie alle kamen ja wahr und wahrhaftig zu ihnen, den Kindern, nur weil da ein Mensch, den sie kannten und dem sie vertrauten, sie bei ihrem Namen gerufen hatte. Natürlich vermuteten die Kinder, und das ganz zu Recht, daß die schlauen Elefanten wohl wußten, daß es bei mir

Auf der Suche nach Nahrung legen Elefanten in wenigen Tagen oftmals Strecken bis zu hundert Kilometern zurück.

Alle Rettungsversuche waren vergeblich. Die Afrikanische Elefantenkuh »Dicksy« mußte ihren Sturz in den Absperrgraben des Londoner Zoos mit dem Leben bezahlen.

in solchen Fällen auch etwas zu holen gab. Doch überzeugten sie sich auch selbst davon, daß es nicht nur der Name war, der eine Elefantin zum Herkommen veranlaßte. Nein, es mußte schon jemand sein, dessen Stimme und Aussehen sie gut kannte, sollte sie der Aufforderung Folge leisten. »Die unterscheiden genau zwischen Freunden und Fremden« hieß es dann oft, und das Staunen über die Klugheit der Elefanten nahm noch zu.

Bei älteren Schülern bezog ich stets auch die Dressurvorstellungen in den Unterricht mit ein. Dabei konnten die Schüler hautnahe erleben, daß ein guter Elefantenpfleger auch immer ein guter Tierlehrer ist. Sie konnten selber beobachten, wie geschickt die sogenannten »Kunststücke« aus den natürlichen Bewegungsweisen der Elefanten abgeleitet worden waren. Will nämlich z. B. ein Elefant etwas aus dem Absperrgraben heraufholen, so verlagert er sein Gewicht hauptsächlich auf die Vorderbeine, bückt sich vorne und hebt auch noch, um sich besser hinunterbeugen zu können, eines der Hinterbeine an. Dreibeinig balancierend erreicht er schließlich sein Ziel. Von so einer Haltung zu einem Handstand ist es nicht mehr weit. Oder: wollen Elefanten etwas von hoch oben herunterholen, stemmen sie sich, nur auf den Hinterbeinen stehend, vorne hoch. Auch legen sie sich zum Schlafen nieder. Dabei hocken sie sich zunächst auf die Hinterhand und rollen dann zur Seitenlage ab. Aus jeder dieser und noch zahlreicher anderer Haltungen und Bewegungsabläufen kann ein guter Tierlehrer ein besonderes »Kunststück« entwickeln. Er nimmt die jungen Tiere in die Schule und zeigt ihnen zunächst durch »tätige Mithilfe«, worauf es ankommt. Als unser alter und erfahrener Tierlehrer Franz Eck der sehr jung in den Zoo gekommenen Dima das Sitzen beibringen wollte, drückte er sie immer wieder kräftig hinten runter und hielt sie ein paar Augenblicke in dieser Stellung fest. Dazu gab es gleichzeitig das Kommando »Sitz!«. So eine Übung wird solange wiederholt, bis der kleine Elefant begreift, daß er jetzt sitzen soll, die Bewegungsweise selbst kann er schon längst. Soll er nun dabei auch noch einen Vorderfuß anheben, hilft der Pfleger zunächst wieder mit, bei gleichzeitig gegebenem Kommando. Nach jedem gelungenen Versuch gibt es zusätzlich eine Belohnung, das bringt das Lernen rascher

Seite 141: Prof. Dr. Jörg Pfleiderer und Gattin Dr. Mircea werden in der Etoscha-Pfanne von einem Elefanten angegriffen. Sie entkommen dank schnellem Auto.

voran. Schließlich begreift der kleine Elefant, daß Hockenbleiben und Beinanheben etwas einbringen! Bald genügt bereits eine leichte Berührung an der richtigen Stelle, noch später eine bloße Zeigegeste und zuletzt nur noch das passende Kommando, um den Elefanten zur gewünschten Übung zu veranlassen. Indische Arbeitselefanten verstehen dreißig bis vierzig solcher Befehle und auch in den Zoos verfügen die Elefanten oft über einen großen »Wortschatz«. Aber es ist dabei genauso, wie mit dem Hören auf den eigenen Namen: sie gehorchen nur dem vertrauten Pfleger und dieser muß sich bei der Arbeit mit ihnen voll auf sie konzentrieren.

Die beliebten Elefantenvorstellungen in den Zoos haben großen Unterhaltungswert. Sie dienen aber auch dazu, den Besuchern Einblicke in die besonders ausgeprägte Lernfähigkeit und Intelligenz dieser grauen Riesen zu geben, denn beides ist für Elefanten ebenso kennzeichnend wie ihr Greifrüssel, ihre enorme Größe und ihre gesellige Lebensweise. Intuitiv versteht der Betrachter, daß zum Erlernen von Handständen, von zweibeinig Stehen und Gehen, von Balancieren auf einer rollenden Kugel langes Training, ein gutes Gedächtnis und vor allem ein vertrauensvolles Verhältnis zum betreuenden Tierpfleger notwendig sind. Auch versteht er, daß diese Tiere, die in ihrem natürlichen Lebensraum weite Wanderungen zurücklegen, körperlich beschäftigt werden müssen. Nicht zuletzt wird aber bei der täglichen gemeinsamen Arbeit von Elefant und Pflegern, stets aufs neue geübt und bestätigt, wer in der Herde der »Oberelefant« zu sein hat: der Pfleger natürlich! Der Respekt vor ihm muß vom Jugend- in das Erwachsenenalter mit Hilfe dieser täglichen Übungen hinübergerettet werden. Elefanten sind so mächtige und starke Tiere, daß sie ohne diesen, aus der Kindheit beibehaltenen Gehorsam, ihren Pflegern leicht gefährlich werden könnten.

Asiatischer Elefantenbulle auf einer »Kuchenteller-Plattform« mit »tödlichem« Absperrgraben und Nagelreihen, die qualvolle Fußverletzungen hervorrufen können (Berliner Zoo 1930).

Besonders ausdauernde und aufmerksame Besucher konnten bei unseren Elefanten gelegentlich Erlerntes auch außerhalb der Übungs- und Vorstellungsstunden beobachten. Mitunter ließ der Pfleger die runden Podeste, die beim Training Verwendung finden, im Außengehege zurück, um sie beim nächsten Mal gleich griffbereit zur Hand zu haben. Dann stiegen Mädi oder Baroda auch schon einmal von sich aus auf so ein Podest hinauf und übten z. B. »rechtes Bein vorne, linkes Bein hinten hoch und umgekehrt«, drehten sich im Kreis, oder hockten sich auf ein Podest, sehr zur Freude der staunenden Beobachter. Es schien mir niemals so, als würden sie solches aus bloßer Langeweile tun, vielmehr hatte ich stets den Eindruck, sie hätten Spaß daran. Schließlich liefern sich die Münchner Elefanten regelrechte Schneeballschlachten, wenn sie im Winter ins Freigehege dürfen. Die im Opel-Zoo rutschen mit sichtlichem Vergnügen zu wiederholten Malen über ihren bei feuchtem Wetter glitschigen Hügel hinunter. Liegt Schnee, benutzen sie ihn als Rodelbahn und schlittern auf ihrem Allerwertesten zu Tal. Elefanten sind von Natur aus bewegungsfreudig, neugierig und einfallsreich. Vor allem jüngere Tiere wissen sich recht gut selbst zu unterhalten. Wie kleine Kinder zerlegen sie alles, was ihnen unter den Rüssel kommt, um herauszufinden wie die Dinge beschaffen sind, ob sie eßbar oder sonst wie zu gebrauchen wären. Wir gaben ihnen unter anderem stets die aus Weidenruten geflochtenen, ausrangierten Fischkörbe zum Spielen. Die schubsten sie anfänglich nur so herum oder betrampelten sie. Schließlich fand eine von ihnen heraus, wenn ich mich recht erinnere war es Dima, daß sich der obere Korbrand abzulösen begann, wenn sie den Korb mehrfach fest mit dem Rüssel auf den Boden schlug. Danach war es für sie eine Kleinigkeit, die einzelnen Weidenruten in Feinarbeit mit dem Rüsselfinger abzudröseln, um sie anschließend zu verzehren!

## Erfindungen in eigener Sache

Sternstunden boten aber Beobachtungen von Verhaltensweisen, die zeigten, daß Elefanten tatsächlich einsichtig, also wirklich intelligent handeln können. Solche waren entweder wirklich selber erfunden, oder von Müttern und Tanten abgeschaut, die sie vielleicht auch schon von ihren Verwandten übernommen hatten. Denn natürlich erfindet nicht jeder Elefant selbst etwas. Da geht es ihnen nicht anders als uns Menschen. Aber alle können sie durch Nachahmung lernen, wobei sie anders als bei der Fremddressur durch ihren Pfleger allein durch genaues Beobachten schließlich verstehen, was es mit einem bestimmten Verhalten auf sich hat, um es dann nicht nur zu können, sondern auch zweckmäßig anzuwenden.

In den Herden wildlebender Elefanten werden viele solcher klugen, für das Überleben in schwierigen Zeiten oft unerläßlichen Verhaltensweisen tradiert, d. h. über nachahmendes Lernen von Generation zu Generation weitergegeben. So verzehren Jungtiere nur solche Pflanzen, die auch ihre Mütter essen. Sie lernen von diesen, wo es Salzlecken oder Wasser gibt. Sie lernen aber auch von ihnen, wie man nach Wasser gräbt, wenn die bekannten natürlichen Tränken ausgetrocknet sind. Mit ihren selbstgemachten Brunnen retten Elefanten bei Wassernotstand nicht nur sich selbst das Leben, sondern auch vielen anderen Tieren. Dazu kommen viele Augenblickserfindungen, wie z. B. diese: Ein Elefantenkalb war in eine tiefe enge Grube gefallen, aus der es sich selber nicht mehr befreien konnte. In geschickter Zusammenarbeit hebelten es daraufhin zwei Elefantinnen, die den Vorfall beobachtet hatten, mit Hilfe ihrer Stoßzähne heraus.

Unsere Elefanten wußten sich immer zu helfen, wenn es sie sichtlich besonders stark juckte. Baroda nahm dann stets einen bis faustgroßen spitzen Stein in den Rüssel und kratzte sich damit an der betreffenden Stelle. Ein klarer Fall von Werkzeuggebrauch! Die Afrikanerin Dima benutzte dafür rauhe Schlackestücke, nach denen sie regelrecht suchte. Mädi bevorzugte spitze, harte Aststücke dazu. Zudem beherrschten unsere Elefanten auch die Hebelgesetze. Wollte Baroda z. B. einen langen Ast zerkleinern, so stellte sie einen Vorderfuß darauf, umfaßte mit dem Rüssel etwa einen Meter weit davon den herausragenden Teil und brach ihn nach oben gegen die harte Fußkante ab. Gelang ihr das nicht, weil der Ast zu dick für diese Technik war, dann legte sie ihn einfach so auf den Beton der Grabenumrandung, daß er zu etwa zwei Drittel über den Rand der Grabenkante hinausragte, hielt ihn mit einem Fuß auf der Betonunterlage fest und trat mit dem anderen kräftig auf den überragenden Teil, so daß er an der Grabenkante brach. Mädi hatte noch eine dritte Möglichkeit erfunden: Sie klemmte sich einen über armdicken Ast zwischen die gekreuzten Vorderbeine und brach ihn mit Rüsselhilfe gegen ihre harten Beinknochen! Alle diese Techniken verwenden auch Menschen, wenn sie ohne sonstige Werkzeuge nicht zu dicke Äste zerkleinern wollen!

Ein einziges Mal hatte ich das Glück, mit einer Schülergruppe einen »Aha-Moment« Mädis mitzuerleben. Ich konnte eine neue Erfindung von ihr hier und jetzt beobachten! Um der Klasse zu zeigen, wie geschickt sich die Elefanten am Grabenrand vornüber zu beugen vermögen, wenn sie etwas aus dem Graben herausholen wollen, warf ich wie üblich ein größeres Büschel Heu hinein. Leider fiel es zu kurz, d. h. es war zu nahe an unserer Grabenwand liegengeblieben und die Elefantin konnte es nicht erreichen. Sie versuchte es wieder und wieder – vergeblich. Sichtlich verärgert durch diesen Mißerfolg wurde sie, die ohnehin mit einem eher rabiaten Temperament geseg-

Über dreißigjährige Bullen verbringen einige Wochen im Jahr mit der Jagd nach brünstigen Kühen. Den großen Rest des Jahres leben sie allein und zurückgezogen in Gebieten, wo sie sich Fettreserven für diese anstrengenden Phasen anfressen können.

net war, nun endgültig zornig. Sich langsam aus der vorübergebeugten Haltung hochstemmend, schnaubte sie durch den Rüssel, daß das Heu nur so gegen unsere Grabenwand flog und, völlig unerwartet, durch den heftigen Aufprall bedingt, z. T. in ihre Reichweite zurückgeschleudert wurde. Mädi, noch immer dreibeinig vornübergebeugt balancierend, erstarrte. Dann bückte sie sich, angelte das Heu herauf und fraß es. Danach, die Wut wie weggewischt, beugte sie sich erneut langsam vornüber und blies kräftig und gezielt einen Luftstrahl durch ihren ausgestreckten Rüssel so auf das noch immer außer Reichweite liegende Restheu, daß Teile davon erneut gegen unsere Grabenwand flogen, abprallten und auf ihre Seite zurückgeschleudert wurden! Diese Prozedur wiederholte sie, so lange noch Heu im Graben lag. Eine Sternstunde für sie und für uns, hatte sie doch gerade eine raffinierte Technik erfunden, um zu weit entfernt liegendes Heu – unter Verwendung der gegenüberliegenden Grabenwand als Prellbock – zu sich heranzublasen! Sekunden hatten ihr genügt, um den durch ihre Wut verursachten Zufallsstreffer als die einzig mögliche Methode zu verstehen, mit der sie in dieser Situation ans Ziel gelangen konnte. Dies ist, was man in der Alltagssprache bei Menschen einen Gedankenblitz oder eine Eingebung nennt: Ganz plötzlich, »wie aus heiterem Himmel« werden Zusammenhänge zwischen Dingen und eigenem Tun klar, wird man einsichtig in ein vorher nicht verstandenes Beziehungsgefüge, das eine Lösung der bislang als unlösbar erscheinenden Aufgabe in sich birgt. Der deutsche Psychologe Karl Bühler (1907), nannte so eine schlagartige Aufgabenlösung einen »Aha-Moment«, weil Menschen, die solches erlebten, ihm nachher sagten, mit einem inneren Aha! sei ihnen plötzlich die Lösung aufgegangen. Mädi vergaß ihre Erfindung nie mehr. So lange sie lebte, konnte ich diesen einzigartigen Fall von einsichtigem Handeln in meinen Unterricht zur Intelligenz bei Tieren einbeziehen. Sie enttäuschte mich nie. Und, was beinahe ebenso schön war, wir konnten die Entstehung einer neuen Tradition in unserer Elefantengruppe beobachten. Im Verlauf von nur wenigen Monaten lernten die anderen Elefantenkühe diese neue Technik nachzuahmen, so daß schließlich jede von ihnen es verstand, sich Heu »heranzublasen«.

Leider ging bei uns schließlich die Elefantenherrlichkeit zu Ende. Zuerst starb Kithani, 56jährig, dann Mädi im Methusalemalter von 65 Jahren und schließlich Dima, die sich niemals so recht nach ihrem Sturz in den Graben erholt hatte. Zurück blieb Baroda. Als wir uns aus den schon eingangs skizzierten Gründen entschlossen, die Elefantenhaltung aufzugeben, passierte ihr ein Unglück. Beim Spielen mit dem benachbarten Flußpferdbullen wurde sie durch einen Eckzahn schwer am Rüssel verletzt. Das untere Ende des Rüssels war zur einen Hälfte abgetrennt. In einer sehr schwierigen Operation konnte die große Wunde genäht und versorgt werden, doch blieb jahrelang eine seitliche Öffnung im Rüssel, die sich nur sehr langsam verkleinerte. Auch waren zwei Nachoperationen nötig. Das Ergebnis war, daß Baroda Beschwerden beim Trinken hatte. Bekanntlich saugen Elefanten zunächst Wasser in den Rüssel auf, um es dann in den Mund zu spritzen. Bei Baroda spritzte jetzt immer ein kräftiger Wasserstrahl aus der seitlichen Rüsselwunde heraus, was ihr nicht nur insgesamt sehr weh getan haben muß, sondern auch das Trinken erheblich erschwerte. Natürlich konnten wir sie in diesem Zustand nicht an einen anderen Zoo abgeben. Sie bewohnte bis zur endgültigen Heilung die Elefantenanlage alleine, ehe sie dann am 10. Mai 1984 in den Tierpark Hagenbeck in Hamburg übersiedelte. Jedem von uns fiel der Abschied von ihr schwer. Es war gleichzeitig der Abschied unseres Zoos von den Elefanten.

## Elefantenpfleger und ihre Schützlinge

Wie schon kurz erläutert werden Elefanten im Zoo von ihren Pflegern in die Schule genommen. Das tägliche Bewegungstraining erhält den unbedingt nötigen Gehorsam gegenüber dem Pfleger, der als »Oberelefant« anerkannt sein muß. Die Dressurvorstellungen und -übungen sind daher auch Gehorsamsübungen. Dabei geben die Pfleger ihre Befehle in einer Art Pidgin-Englisch, einer Mischung aus indischen und englischen Wörtern, die sich international zur »Elefantensprache« entwickelt hat. So veranlaßt z. B. das Kommando »Rangu« einen dressierten Elefanten dazu, den Rüssel hoch über den Kopf zu heben. Den Befehl »Down« befolgt er mit gehorsamen Niederlegen und bei »Lift" steht er auf.

Zum guten Elefantenpfleger eignet sich nicht jeder. Es braucht großes Einfühlungsvermögen, seelische Ausgeglichenheit, ein gutes Lehrgeschick und Furchtlosigkeit, um mit Elefanten gut und sicher auszukommen. Mit bloßer Gewalt erreicht man bei diesen gewaltigen Tieren überhaupt nichts. Auch reagieren sie launisch auf wechselnde Launen eines Betreuers und vergelten Jähzorn mit Aggression oder Befehlsverweigerung. Sie vergessen keine Benachteiligung und reagieren auf Angst mit Auflehnung. Die Hilfsmittel, die ein Elefantenpfleger immer mit sich führt, der Elefantenhaken – so etwas wie ein künstlicher Stoßzahn – und eine Peitsche, die quasi als verlängerter Rüssel dient, würden alleine niemals ausreichen, den nötigen Gehorsam zu sichern. Damit kann höchstens den jeweiligen Aufforderungen etwas Nachdruck verliehen werden.

Manche Elefantenpfleger können mit ihren Schützlingen ganz besonders gut umgehen und sie zu außerordentlichen Leistungen bringen. Nicht selten bekommen sie Angebote von Zirkussen, dort als Dompteure zu arbeiten. So erging es auch dem langjährigen Elefantenpfleger im Krefelder Zoo, Wolfgang Nehring, doch er lehnte bisher immer ab. In der Illustrierten Stern begründete er dies 1991 so: »Hier kann ich die Vorführung absagen, wenn den Elefanten einmal nicht danach ist. In einer kommerziellen Show, wo die Leute Eintritt bezahlt haben, muß ich sie aber dazu zwingen.« Nehring geht mit seinen Elefanten manchmal im nahegelegenen Wald spazieren und er führt sie zur Gewichtskontrolle mitten durch die Stadt zu einer Textilfirma, die eine Autowaage besitzt. Der »Appell« der Tiere, ihr Vertrauen gepaart mit Gehorsam zu ihrem Pfleger ist so groß, daß er dafür auch keinen Polizeischutz braucht. 1981, also schon vor mehr als zehn Jahren berichtete die Nürnberger Illustrierte »Die Aktuelle« über die erstaunlichen Übungen, die Nehring mit seinen Elefanten zu dem sonst in Zoos üblichen

Elefanten an einem Wasserloch im Addo-Nationalpark, Südafrika. Umgeben von einem fast undurchdringbaren Dornbuschgestrüpp leben vierzig der fast ausgerotteten Addo-Elefanten in einem 25 $km^2$ großen eingezäunten Gehege.

Programm erarbeiten konnte. Bei einer leichteren davon legt die Elefantin den sich brettsteif machenden Pfleger mit ihrem Rüssel sanft und vorsichtig auf den Boden und kauert sich dann, vorne auf den Handgelenken und hinten auf den Knien, über ihm nieder. Die berühmte »Rüsselbrücke« gehört zu den schwierigsten aus dem umfangreichen Repertoire. »Als sei es das Einfachste auf der Welt, steigt der Tierpfleger auf den Kopf der Elefantendame Rhena, wandert Schritt für Schritt über ihren ausgestreckten Rüssel, der wiederum ist verknotet mit dem Rüssel von Muntas. In der Mitte verhält Nehring fünfzehn Sekunden, dann balanciert er weiter, bis er den Kopf von Muntas erreicht«, schildert die Illustrierte. Ein fünf Monate langes Training war dieser besonderen Leistung vorangegangen. Seine eigene Aussage dazu: »Hätten Muntas und Rhena nicht solch unendliches Vertrauen zu mir – ich hätte die Brücke nie geschafft«. Um Ruhe bittet er, ehe er sich, seinen Kopf in Rhenas Mund gelegt, von ihr im Kreis herumschwenken läßt, »denn das ist gar nicht so ungefährlich«. 1990 im Südkurier gibt die Redakteurin Sabine Lenartz aus einem Gespräch mit Nehring wieder: »Elefanten sind äußerst gelehrige Tiere. Bei Seelöwen z. B. wendet man reine Futterdressur an, d. h. die Belohnung besteht ausschließlich aus Futter. Elefanten freuen sich auch über ein gutes Wort oder lieben es, an der Zunge gekrault zu werden. Bei einem Stück Zucker sagen sie allerdings auch nicht nein.« Nach seiner Erfahrung haben Elefanten auch Humor. So drehen seine Elefanten mitunter den Wasserhahn auf, wenn er kommt oder versperren ganz einfach die Tür. Nehring führt auch andere Tierpflegerkollegen in die Fertigkeit der Elefantendressur ein. Im Zoo von Kuala Lumpur stiegen die Besucherzahlen um rund 25 Prozent, nachdem er die dortigen Elefantenpfleger und ihre Elefanten in die Schule genommen hatte. In Anerkennung dafür wurde er zum bisher vierten Ehrenmitglied der renommierten Malaischen Zoologischen Gesellschaft ernannt. Für den Sultan von Brunei dressierte er einen jungen Elefanten, der Spielgefährte für dessen fünfjährigen Sohn sein sollte. Nehring arbeitet schon über zwanzig Jahre mit den Elefanten im Krefelder Zoo.

Mindestens ebenso bekannt und populär ist Karl Kock, der Elefantenpfleger in Hagenbecks Tiergarten in Hamburg. Nur ist er, mit zwanzig Jahren mehr »Elefantenerfahrung« sein Senior. Karl Kock arbeitet schon über 42 Jahre mit den Elefanten bei Hagenbeck. Als fünfzehnjähriger begann er bei den Ponys, mit sechzehn wurde er Assistent bei den Elefanten, und die Hagenbecks erkannten sehr schnell Kocks Vorliebe für diese Dickhäuter, aber auch sein Fingerspitzengefühl im Umgang mit ihnen. »Die Elefanten sind die Stars bei Hagenbeck – und Karl Kock ist mehr als ihr Wärter: er ist ihr Vater, ihre Mutter, ihr Dresseur, ihr Vertrauter«, so H. H. Reichelt in TV Hören und Sehen (1/91). Er gab auch eines der vielen Erlebnisse Karl Kocks mit seinen Elefanten und den Tierparkbesuchern wieder:

»›Der Elefant hat meine Plastiktüte stibitzt!‹ Karl Kock bekam diesen Hilferuf zufällig mit und fragte den Gast: ›Plastiktüte? Was war denn drin?‹ ›3000 Mark!‹ 3000 Mark? Karl Kock hatte so seine Zweifel, aber der Gast wurde zusehends blasser, jammerte: ›Mein schönes Geld ist weg. Und dieser Elefant hat es gefressen. Sie müssen es erstatten.‹ Nun gut, Karl Kock schaute seiner Elefantenkuh tief in die Augen und sagte leise: ›Kanaudi, spucks wieder aus.‹ Viele Menschen waren mittlerweile zusammengelaufen und kicherten, denn niemand konnte sich die Geschichte mit den 3000 Mark vorstellen. Aber plötzlich spuckte Kanaudi tatsächlich einen durchgekauten Schein aus ... einen Fünfhunderter. Jubel! Danach noch einen Fünfhunderter, ein paar Hunderter und schließlich einen Tausender. Das Geld war wieder da! Zuletzt streckte Kanaudi dem Besucher noch ihren Rüssel entgegen und rückte den Autoschlüssel wieder raus! Zur Belohnung bekam Kanaudi eine Wurzel – und den Applaus einer großen Menschenmenge.«

Nikola Wilke beschrieb in der Süddeutschen Zeitung (17/9/91) den Arbeitstag von Robert Müller, der seit über elf Jahren die Elefanten im Münchner Tierpark Hellabrunn pflegt. »Der beginnt im Sommer schon oft um fünf Uhr morgens, zwei Stunden vor dem offiziellen Beginn. Nach der Begrüßung begutachtet er den Gesundheitszustand seiner Schützlinge, füttert sie, schrubbt und spritzt sie ab. Er entfernt täglich eine Tonne Mist und fährt das Futter auf das Freigelände. Da es zu dieser Zeit Rangordnungskämpfe unter den Indischen Elefantenkühen gab, mußte zusätzlich immer einer der vier in Elefantenpflege ausgebildeten Leute tagsüber auf der Anlage stehen. Dazu Müller: ›Das schaut zwar ganz nett aus. Man steht in der Sonne und wird braun. In Wirklichkeit ist es eine Knochenarbeit. Jeden Augenblick können Rangeleien aufkommen, dann muß der Pfleger dazwischen gehen.‹ Abends um fünf Uhr steht Müller inmitten seiner Pfleglinge, pfeift und ruft der Reihe nach die Elefantinnen zu sich her. ›Down‹, Hinlegen! heißt es dann, damit er ihnen den Staub und Sand vom Rücken putzen oder spritzen kann, den sie sich tagsüber als Schutz gegen die Mücken darübergepustet haben. Dann geht es ab in den Innenstall. Einen Wunsch hätte Müller: Die Innengehege sollten größer sein, damit die Elefanten sich auch drinnen frei bewegen könnten und nicht immer nur angekettet dastehen müßten«.

Die Jürgen Gnausch im Dresdner Zoo anvertrauten Elefanten kamen sogar einmal mit der Stasi in Konflikt. »Ein junger, sportlicher Herr kam händeringend zu mir«, erzählte er Werner Frisch von der Sächsischen Zeitung 14/12/91). »Schon von weitem sah ich, daß er irgendwie mit sich und der Welt nicht ganz glücklich war. Mein Elefant fräße gerade in aller Ruhe seine teure Wildlederjacke. Ich also wie die Feuerwehr raus auf die Anlage. Das, was ich dem Dickhäuter noch abdiskutieren konnte, war aber keine Jacke mehr. Besagter Herr hatte die Jacke über die Brüstung gehängt und fortan die Welt aus-

Noch wohler würden sich diese beiden Indischen Elefanten im Zoo von San Franzisko fühlen, könnten sie gemeinsam eine Freiluftanlage bewohnen. Trotz der hohen Mauer finden sie noch einen Weg zur Begegnung.

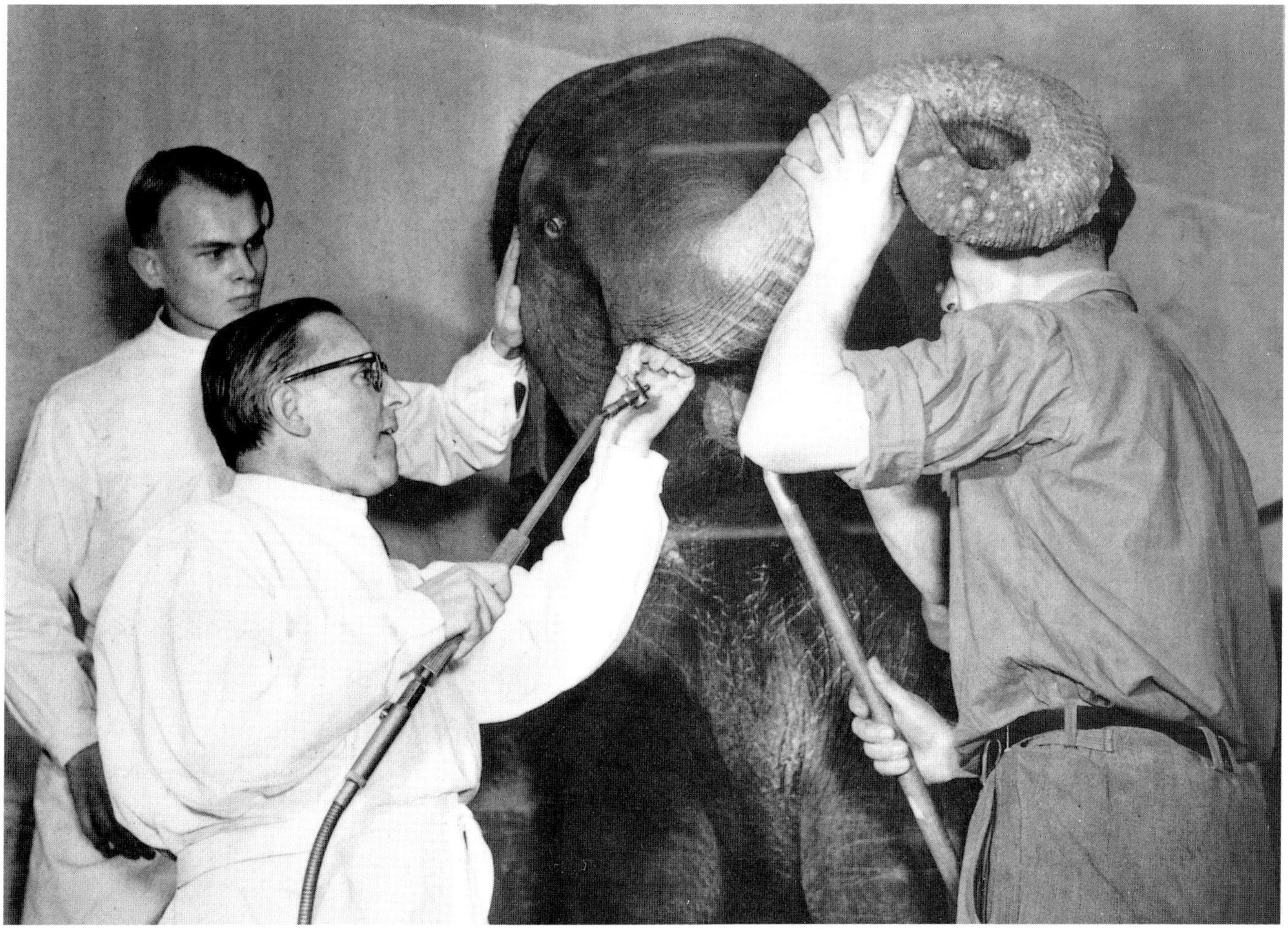
Der Elefantin »Shanti« im Zoo von Berlin mußte eine Zahnkrone über dem vorderen Stoßzahn angepaßt werden.

schließlich verzückt durch die Kamera gesehen. Er nahm mich mit ernster Miene beiseite. Personalausweis, Fahrerlaubnis – das sei alles nicht so schlimm und ließe sich verschmerzen. Aber sein Dienstausweis von der Staatssicherheit in der Innentasche, dieser Verlust würde eine Menge Ärger bedeuten ...« Gnausch wurde von der Stasi beauftragt, den Kot der Elefantin genau zu kontrollieren und, falls der Ausweis auftauchen sollte, dies sofort zu melden. Der Pfleger: »Eins machte mich bei dieser Geschichte allerdings glücklich. Mein Elefant hatte die Jacke nicht einfach wild in sich hineingeschlungen, sondern ordentlich gekaut: Jacke wie Ausweise. Nun würde es mich ganz nebenbei interessieren, ob er auch eine von den heute so heiß diskutierten Akten hat...«

»Manchmal sind es schon elendige Bißgurrn, die einander nicht ausstehen können«, kommentierte Ralph Baumann vom Nürnberger Zoo seine Schützlinge in den Nürnberger Nachrichten (22/8/90). »Und dann sind sie wieder so freundlich – wie z. B. Kiri: Wenn ich sie streichle oder tätschle, dann schnurrt sie wie eine Katze. Allerdings ist das Schnurren ein tiefes lautes Brummen.« Auf eine Alternative zu seinem Beruf befragt, meint Baumann lakonisch: »Millionär sein«, was sagen soll, etwas anderes kommt für ihn gar nicht in Frage. Seit 22 Jahren pflegt er seine Elefanten, und sie und er wissen, was sie voneinander zu halten haben.

Man könnte die Liste fortsetzen. Doch als Ferdinand Heinemann den Reportern von der Zeitung Westfälische Nachrichten (19/5/90) sagte: »Wenn ich vier Wochen von meiner Herde getrennt bin, bekomme ich Entzugserscheinungen«, brachte der Reviertierpfleger im Elefantenhaus des Münsterschen Zoos das Verhältnis zwischen Elefantenpflegern und »ihren« Elefanten auf den Punkt!

## Mit Elefanten ist nicht immer »gut Kirschen essen«

Auch davon können ihre Pfleger, aber nicht nur sie, berichten. Zum einen haben Elefanten ihre eigene Erlebniswelt, die nicht unbedingt mit unserer menschlichen übereinstimmt. Zum anderen verfügen sie aber über vergleichbare Emotionen. Sie können ängstlich, reizbar, launisch und nachtragend sein. Unbekanntes versetzt sie leicht in Panik. Sie sind neugierig, klug, einfallsreich und unternehmungslustig. Dies alles neben der sie auszeichnenden sprichwörtlichen Gutmütigkeit. Da sie aber zu alledem besonders große und übermenschlich starke Tiere sind, kann es zu gefährlichen Situationen im Umgang mit ihnen kommen. Das Zusammenleben von Elefanten und Menschen schließt manche Tragödie mit ein.

H. Hediger (1968) erzählt von dem kolossalen Afrikanischen Elefantenbullen Bangoya, der seinerzeit in der berühmten kongolesischen Elefantenfang- und -zähmstation Gangala-na-Bodio lebte und der eines nachts aus der Station ausrückte: »In der Nähe einer Plantage machte er sich an ein mit vier Personen besetztes Auto heran, riß fürs erste die Scheinwerfer ab und stieß dann seine Stoßzähne durch die Türe. Glücklicherweise konnten die Insassen auf der anderen Seite aussteigen und sich in Sicherheit bringen, während der Elefant sich intensiv mit dem verlassenen Wagen beschäftigte. In kurzer Zeit hatte er es fertig gebracht, den Motor vom Chassis zu trennen, also eine Arbeit auszuführen, die in einer Garage allerlei Mühe verursacht.«

Ein anderer Elefantenbulle, der in den fünfziger und sechziger Jahren im Murchinson-Falls-Park in Uganda lebte, war ebenso berühmt wie berüchtigt. Seine Eskapaden wurden den Parkbesuchern noch erzählt, als er selbst schon lange nicht mehr lebte. Er war ein Einzelgänger und hatte gelernt, daß häufig unter Autos etwas Genießbares zu finden ist, denn der Einfachheit halber stellten damals viele der hier Kampierenden ihre Lebensmittel unter das Fahrzeug. Als sich jedoch herumsprach, daß der »Oberbürgermeister«, so hatte man den Bullen getauft, diese Vorratslager ebenso häufig plünderte, wie er regelmäßig die Mülltonnen hinter dem Küchenhaus der Lodge nach Genießbarem suchend ausräumte, behielten die Parkbesucher ihre Lebensmittel in ihren Autos. Daraufhin öffnete der »Oberbürgermeister« die Autos wie Sardinenbüchsen, um seinen verfeinerten Geschmack zu befriedigen. Als er aber auch anfing Autos mit Menschen drinnen zu zertrümmern, mußte man ihn leider töten (nach J. Mills, 1961).

Nach einem Bericht der Cape Times erzählt B. Grzimek 1969 die Begegnung des deutschen Ehepaares Bauer mit Elefanten: »1965 versperrte im Krüger-Nationalpark, Südafrika, eine Gruppe von Elefanten etwa 15 Minuten lang eine Autostraße. Eines der Autos hupte ungeduldig. Darauf wandte sich der Elefantenbulle, der auf der Straße gestanden hatte und den langsamen Übergang der Kühe und der Kälber gedeckt hatte, herum und klappte die Ohren ab. Er ›bellte‹ und ging rasch auf einen der kleinen Wagen zu. Der Elefant warf den Volkswagen in die Luft, indem er Stoßzähne und Rüssel unter die Frontachse legte, verbog die Vorderseite des Wagens mit einem Stoßzahn, hob den Wagen dann noch zweimal an und schob ihn beim zweiten Mal von der Straße weg fünf Meter ins Gebüsch. Die Insassen, ein Ehepaar Bauer blieben unverletzt, stiegen aber nachher sehr blaß aus.«

Einige Jahre nach der Veröffentlichung dieser und zahlreicher anderer Elefantengeschichten in seinem Buch „Grzimek unter Afrikas Tieren" (1969) wurde beim Filmen von Elefanten eine Assistentin aus seinem Aufnahmeteam getötet, als die Elefanten, irritiert durch das Surren der Kameras, plötzlich auf das Team zurannten. Alle konnten sich durch schnelles Weglaufen in Sicherheit bringen, nur sie nicht. Sie verfing sich in einem Kamerakabel, stürzte und wurde, ehe jemand in irgendeiner Weise hätte helfend eingreifen können, von den Elefanten überrannt und dabei zu Tode getrampelt.

Elefanten setzen aber auch ihren »Werkzeugverstand« ein, wenn etwas ihren Unwillen erregt. Als im Frankfurter Zoo noch gefüttert werden durfte, gab eine Besucherin einer Elefantin eine Zitrone. Nachdem diese die Zitrone geprüft und nicht für

Blick in das »Kinderzimmer« des Elefantenhauses

gut befunden hatte, warf sie damit zielsicher nach der unliebsamen Spenderin. Derartiger Werkzeuggebrauch kann aber auch schwerwiegendere Folgen haben. So mußte man vor einigen Jahren den berühmten afrikanischen Zuchtbullen Vauka im Opel-Zoo in Kronberg im Taunus einschläfern, da er zunehmend häufiger bis zu kiloschwere Steine nach Besuchern schleuderte. Im Vorjahr berichteten die Stuttgarter Nachrichten (1/5/93) von einer Elefantin im Stuttgarter Zoo, die aus unbekannter Ursache ein Holzstück sieben Meter weit über den Zaun schleuderte und dabei einen kleinen Jungen, der mit seinem Vater vor dem Gehege stand, so unglücklich am Kopf traf, daß er zur Behandlung ins Krankenhaus gebracht werden mußte.

Trotz der in der Regel ausgezeichneten Beziehungen zwischen Elefantenpflegern und ihren Schützlingen kommt es auch hier gelegentlich zu Unfällen. Mit der Schlagzeile »Schock in der Dschungelnacht – Elefantenkühe spielten verrückt – Trainer Kock schwer verletzt« meldete das Hamburger Abendblatt 1992 (1/6) folgenden Vorfall: Beim Finale der großen Dschungelnacht-Show in Hagenbecks Tierpark stürzte der erfahrene Elefantenpfleger und -trainer Karl Kock, der seit 42 Jahren unfallfrei mit den Elefanten gearbeitet hatte, vor den Augen der dreitausend Zuschauer aus dem Sattel der Elefantenkuh Mogli. Er mußte mit einem doppelten Unterschenkelbruch, Prellungen und Blutergüssen ins Krankenhaus gebracht werden. Was war wirklich geschehen? Karl Kock schildert es so: »Elefantenkuh Mala hatte sich den Schwanz von meiner Elefantenkuh Mogli, die ich ritt, geschnappt und zugebissen. Daraufhin drehte sich Mogli ruckartig um. Diese schnelle Wendung brachte ihre Körpermasse von 3,5 Tonnen so in Bewegung, daß ich vom Sattel rutschte«. Die beiden Elefantenkühe gingen aufeinander los und Karl Kock bekam dabei einen Fußtritt ab, erinnert sich sein Sohn, Carsten Kock. Er ritt den berühmten Zuchtbullen Hussein und hatte den Vorfall miterlebt. Die Unfallursache waren Rangstreitigkeiten unter den Kühen. Im Jahr zuvor war die Leitkuh Birka verstorben und ihre jahrelange »Adjutantin« Kiri war automatisch ihre Nachfolgerin geworden. Da sie sich aber neuerdings in erster Linie um die zwei im selben Jahr geborenen Babies kümmerte, rückte Mogli zur Nummer eins auf, was Mala allerdings nicht zu akzeptieren bereit war.

Einige Jahre vor dem Hamburger Vorfall war der Elefantenpfleger Thomas Peschen im Kölner Zoo von der als mißmutig bekannten Elefantenkuh Mithuri beinahe zu Tode getrampelt worden. Der Kölner Stadtanzeiger schildert den Vorfall, der von zahlreichen Besuchern miterlebt wurde so: »Duschzeit im Elefantengehege des Kölner Zoos. Mit Vergnügen lassen sich die Dickhäuter von den drei Elefantenpflegern kalte Wasserduschen verpassen. Doch plötzlich nimmt die spielerische Badezeit ein jähes Ende: Die Elefantenkuh Mithuri geht auf den Tierpfleger Thomas Peschen los, schlägt ihn mit dem Rüssel nieder und tritt auf ihn ein. Schwerverletzt muß der junge Mann ins Krankenhaus gebracht werden.« Thomas Peschen erlitt einen Darmdurchbruch, innere Blutungen sowie mehrere Brüche im Beckenbereich. Erst nach zehn Monaten war er wieder arbeitsfähig. Daß er überhaupt lebend davonkam, verdankt er seinen beiden Kollegen, denen es gelang, die wütende Elefantin durch Schaufelhiebe abzudrängen. Dafür wurden sie auch noch aus dem Publikum völlig irrational als »Tierquäler« beschimpft! Nach diesem Vorfall, der sich zu leicht hätte wiederholen können, mußte Mithuri eingeschläfert werden. Die Tierärzte schlossen aufgrund der bei einer gründlichen Autopsie in der Universitätsklinik Gießen festgestellten großen Eierstockzyste, daß Mithuris Hormonhaushalt durcheinandergeraten und Ursache für ihr unberechenbares Verhalten gewesen war.

Besonders gefährlich können Elefantenbullen ihren Pflegern selbst dann werden, wenn sie von klein an gezähmt und an den Umgang mit Menschen gewöhnt worden sind. Sie betrachten, wie alle größeren männlichen Säugetiere im Zoo, den Pfleger nicht nur als Rudelgenossen, sondern auch als Rivalen. Damit sind während der Brunst Auseinandersetzungen schon vorprogrammiert. Dazu kommt noch die »Musth« der Bullen, ein seelischer Ausnahmezustand, der mit dem Tätigwerden besonderer Schläfendrüsen zusammenhängt. Beginnen diese ihr Sekret abzusondern, werden die Bullen unberechenbar. Sie gebärden sich mitunter wie wahnsinnig.

Im selben Jahr als in Köln der Unfall mit der Elefantenkuh Mithuri passierte, griff der indische Elefantenbulle Siporex, ein erfolgreiches Zuchttier, seinen Pfleger Rolf Amelung am 18. Juni 1988 an. Der Pfleger schildert der Zeitung Neue Presse Hannover den Hergang zehn Tage später: »Ich hatte gerade mit der Dressur angefangen und bemerkt, daß der Bulle nervös war. Schon in der Vergangenheit hatte es immer wieder mal kipplige Situationen gegeben. Siporex verweigerte den Gehorsam. Daraufhin habe ich ihm zugesprochen – in der gleichen Sekunde warf das Tier mich um. Ich lag auf der Erde, hilflos unter dem Kopf von Siporex. In einem solchen Moment kann man nicht viel denken, man weiß nur: das ist lebensgefährlich.« In diesem Fall rettete ein weiterer Stoß des Bullen dem Pfleger das Leben, da er dadurch in den Graben geschleudert wurde, wo ihn der Bulle nicht mehr erreichen konnte. Rolf Amelung trug schwere Prellungen an den Rippen und am Brustkorb davon. Er hatte aber Glück im Unglück gehabt! Die Zooleitung überlegte zuerst den Bullen abzugeben. Es ist kennzeichnend, daß die Stadt, Oberbehörde des Zoologischen Gartens, erst nach dem Unfall den Bau eines von der Zooleitung schon lange geforderten Bullenstalles bewilligte. Danach behielt man den Zuchtbullen am Ort.

Daß selbst im Umgang mit jungen Elefantenbullen Vorsicht am Platze ist, weiß man im Münchner Tierpark Hellabrunn schon seit vielen Jahren. Dort hatte 1932 der im Tierpark geborene, von seinem Pfleger Hans Werner handaufgezogene Bulle Wastl, kaum sechsjährig, diesen versehentlich im Spiel getötet. Als daher 1983 der als aggressiv bekannte Bulle Max aus dem Zirkus Atlas übernommen werden sollte, war man mehr als vorgewarnt. Man baute vorsorglich einen Sicherheitsstall für ihn. Die Übernahme in den Tierpark rettete Max das Leben. Jahrelang war er friedlich in der Zirkusmanege aufgetreten. »Eines Tages jedoch – die Ursache kennt nur Max – wurde er wild, griff seinen Dompteur an, verletzte ihn schwer und zertrümmerte dann in seiner Rage einen Zirkuswagen«, schreibt Katalin Fischer in der Münchner Abendzeitung (11/6/91). Natürlich konnte Max danach nicht mehr im Zirkus bleiben. Der für ihn gebaute Bullenstall macht einen direkten Kontakt zwischen Pflegern und Bullen unnötig. Bei der Stall- oder Gehegesäuberung sperrt man

Elefantenmutter mit ihrem Nachwuchs im Freigehege

ihn um; er wird auch nicht angekettet. Geduscht wird er von außen und für die von Zeit zu Zeit notwendig werdende Nagelpflege legt man ihn sicherheitshalber in Narkose. Natürlich hat er Seh- und Riechkontakt, im Außengehege auch Rüsselkontakt, mit seinen Frauen. Diese beziehen, wenn sie brünstig sind, zusammen mit ihm das Männerquartier.

## Wenn Nachwuchs angesagt ist,

dann steht in dem betreffenden Zoo alles Kopf! Denn noch immer sind Elefantengeburten ein seltenes Ereignis, da – wie schon erwähnt – nur wenige Zoos bisher Gelegenheit haben einen Bullen zu halten. In rund hundert Jahren sind weltweit gerade 120 Indische und nur zwanzig Afrikanische Elefanten zur Welt gekommen. Doch abgesehen von der wissenschaftlichen Bedeutung und vom Artenschutz, ist so eine Geburt eine zu Herzen gehende Angelegenheit, an der alle Zooleute, angefangen vom Pfleger bis hin zum Direktor großen Anteil nehmen. Und erst recht die Besucher und, über die Medien, die ganze Öffentlichkeit! Schon eine vermutete Schwangerschaft kann die Medien und die Elefantenliebhaber mitunter über Monate hin in Atem halten, wie die Scheinschwangerschaft der Indischen Elefantenkuh Jenny zwischen Juli 1990 und Dezember 1991 bewiesen hatte. Eine Trächtigkeit ist bei Elefanten nicht leicht festzustellen. Schon alleine wegen der ungeheuren Körpermasse sind manche Methoden, wie z. B. die Ultraschallmethode, nicht anwendbar und Ergebnisse von EKG's zweifelhaft. Auch Hormontests geben nicht immer eindeutige Befunde. Fest stand, daß die Elefantenkuh von dem Bullen Siporex mehrfach gedeckt worden war, und daß sie gegen Ende der vermuteten Schwangerschaft erheblich an Leibesumfang zunahm. So war man allgemein »guter Hoffnung«! Eine Tierfreundin meldete sich mit einer in Aussicht gestellten Spende von 12 000 Mark bereits als Patin an. Doch die Schwangerschaftsfrist verstrich. Mit den Schlagzeilen »Kriegt sie eins, kriegt sie keins« und »Elefantin im 30. Monat gibt's nun einmal nicht« wurde von der örtlichen Presse schließlich akzeptiert, daß »Irren enschlich ist« und daß es auch bei Elefanten Scheinschwangerschaften geben kann.

Läßt also bereits eine vermutete Schwangerschaft die emotionalen Wogen hochgehen, dann bietet nur mehr eine glückliche Geburt und gesunde Entwicklung eines neuen Elefanten-Erdenbürgers eine mögliche Steigerung. Er oder sie sind Zelebritäten. Sie finden in den Medien ebensoviel Beachtung wie kleine Prinzen oder Prinzessinnen, wie gleich zu zeigen sein wird. Denn während der letzten Jahre gab es im deutschsprachigen Mitteleuropa gleich viermal so ein freudiges Ereignis.

Den Start machte die Indische Elefantin Ceyla-Himali in Zürich. Sie gebar im Februar 1989 ein 159 kg schweres Mädchen, das man nach einer thailändischen Stadt Panang nannte. Ihr Vater ist der Bulle Mäxie. Sie selbst ist das zweite Kind ihrer Eltern, fünf Jahre zuvor war ihre Schwester Komali geboren worden.

Noch mehr Aufsehen erregte die Geburt eines Afrikanischen Elefanten im April 1992, die im Basler Zoo stattfand. Zu dieser Zeit waren nämlich nur zwei weitere Zuchtstätten für Afrikanische Elefanten bekannt, beide in Amerika. Zwei Elefantenkühe waren im Baseler Zoo trächtig gewesen, aber eine hatte eine Totgeburt, keine Seltenheit bei erstgebärenden Säugetieren. Mathari, die andere Elefantenkuh, brachte jedoch ihr Kind nach 22 Monaten Tragzeit gesund zu Welt. Schon 1966 hatte es hier einmal eine Elefantengeburt gegeben. Doch die Zucht konnte erst mit einem aus Hannover übernommenen Bullen erfolgreich fortgesetzt werden.

Die größte Sensation hierzulande, d. h. in Deutschland, waren aber die Schwangerschaften und Geburten der beiden Indischen Elefantenkühe Yashoda und Thura. Diesen erfreulichen und freudigen Ereignissen widmete allein die Hamburger Presse, ganz zu schweigen von anderen Medien, 52 Beiträge! 17 weitere aus anderen Großstädten der Republik tauchten außerdem in unserem Pressespiegel auf. Über eine so durchschlagende Publizität könnte sich mancher Politiker nur freuen! Allerdings war die Elefantenzucht in Hagenbecks Tiergarten sorgfältig geplant worden, denn die letzten Geburten hatten hier vor mehr als einem halben Jahrhundert, 1929 und 1931, stattgefunden. Zunächst stellte man über die Jahre hinweg eine stattliche Herde von zwölf Elefantenkühen zusammen. Als letzte Zuzüglerin kam Yashoda in den Tierpark. Dann hielt man nach einem Zuchtbullen Ausschau, baute vorsorglich ein zusätzliches Zuchtgehege und einen Sicherheitsstall für den Bullen. 1982 schießlich holte Karl Kock den für die Zucht ausgesuchten vierzehnjährigen Bullen Hussein aus einem Arbeitslager in der indischen Provinz Karnataka ab. Hussein hielt, was er versprach und paarte sich mehrfach mit den regelmäßig in die Brunst kommenden Elefantenkühen. Man behielt die Entwicklung auch tierärztlich gut im Auge. Der Tiermedizin studierende Christian Maguna entschloß sich, seine Doktorarbeit über die Schwangerschaft von Elefanten anzufertigen, speziell zu Schwangerschaftstests. Er fand im Blut von Thura und Yashoda, die beide seit Ende 1991 nicht mehr brünstig geworden waren, regelmäßig hohe Anteile das Schwangerschaftshor-

Elefantenherde im Freigehege

mons Progesteron. Im April 1991 durchgeführte EKG's bestätigten dann, daß sowohl die dreizehnjährige Yashoda als auch die einundzwanzigjährige Thura trächtig waren. Das Gerät zeichnete bei jeder der beiden neben dem mütterlichen Herzschlag auch den des Foetus auf. Von diesem Zeitpunkt an begann das lange Warten auf die Geburten. Anfang 1992 war alles dafür vorbereitet, denn zumindest Thuras Trächtigkeit neigte sich dem Ende zu. Sie war vor rund 22 Monaten von Hussein zum letzten Mal gedeckt worden. Wann genau der Schwangerschaftsbeginn von Yashoda gewesen war, war unbekannt. Fest stand nur, daß es noch in ihrem Heimatzoo in der indischen Stadt Mysore zu Paarungen zwischen ihr und dem betagten, nahezu weißen Elefantenbullen Ganesha gekommen war. Sicherheitshalber bezogen die beiden werdenden Mütter dann das zu einem Geburtshaus und einer Kinderstube umgebaute Dromedarhaus. »Alarmpläne für Tierärzte und das Rezept für künstliche Elefantenmilch liegen bereit. Die schwangeren Elefanten werden auch nachts über Fernsehkameras überwacht« konnte die Bildzeitung zufrieden am 16. März 1992 melden. Endlich am 23. März war es dann soweit. Die mittlerweile dreiundzwanzigjährige Thura hatte in der Nacht von Montag auf Dienstag komplikationslos ihr erstes Baby, ein Mädchen, zur Welt gebracht. Die Freude war entsprechend groß. Denn nicht nur waren seit der letzten Elefantengeburt in Hagenbecks Tiergarten ganze 61 Jahre verstrichen, »Baby Namenlos«, wie die Hamburger Presse das Elefantenkind zunächst liebevoll nannte, war auch der erste im Tierpark gezeugte Elefant. Die Mutter des 1929 geborenen Kalbes war so wie Yashoda schon trächtig in den Zoo gekommen, und die des 1931 zur Welt gekommenen Kalbes war während einer Tournee des tierparkeigenen Zirkus in Leipzig von dem dortigen Zoobullen gedeckt worden.

»Thura hat uns ganz schön in Atem gehalten«, erinnert sich Karl Kock im Hamburger Abendblatt. Bereits von Sonntag abend an war die Elefantenkuh schon sehr nervös gewesen und Vater und Sohn Kock ließen sie nicht mehr aus den Augen. »Um 22.30 Uhr hob sie den Kopf, drehte sich um, und innerhalb einer Minute war die Kleine da«, berichtete Kock weiter. Danach wußte die Mutter leider nichts mit dem Neugeborenen anzufangen und hätte es unter Umständen totgetreten. Zur Sicherheit zogen es die Kocks aus dem Geburtsstall, und die frischgebackene Mutter bekam eine Beruhigungsspritze. »Ungefähr zwanzig Minuten dauerte es, bis das Baby aufstand«, erinnerte sich Kock senior. »Wir mußten es stützen, damit es nicht wieder hinfiel.« Dann führten sie den kleinen Elefanten zur Mutter, so daß er zum ersten Mal saugen konnte. Geduldig ließ es jetzt Thura zu. »Baby Namenlos war bei der Geburt ganze 91 cm hoch und wog etwa 80 kg, auch hatte es noch wunderschöne schwarze Haare«, wußte die Hamburger Morgenpost zu berichten und forderte, gemeinsam mit Radio Hamburg, ihre Leser und die Radiohörer dazu auf, einen Namen für das Elefantenkind zu finden. Fünf Tage später wurde erneut gewogen und gemessen: 95 cm Höhe und 88 kg Gewicht war das Ergebnis und die befriedigende Erkenntnis, daß sich das Kind prächtig entwickelte. »Dafür habe ich vier Kilo abgenommen«, ließ Karl Kock die Bildzeitung wissen, denn am selben Tag war für Mutter und Kind auch der erste Pressetermin. Dreißig Fotografen und Fernsehleute warteten zunächst vergeblich vor der großen Freianlage auf den »Kinderstar«. Das Elefantenbaby hatte prompt seinen ersten großen Ausflug nach draußen verschlafen.

Von da an wurde die immer noch ein wenig unbeholfene Mutter Thura täglich mit ihrem Säugling auf der Freianlage mit den anderen Elefantinnen zusammengebracht. Man erhoffte sich eine beruhigende Wirkung durch die vertrauten Herdenmitglieder und die Tierparkbesucher. Dazu Karl Kock: »Thura ist ein Reitelefant, die Zuschauer gehören zu ihrem normalen Alltag«. Bereits zwölf Tage nach der Geburt führte er daher Mutter und Kind im Garten, vorbei an den vielen Besuchern, spazieren.

Mittlerweile waren bei der Morgenpost über 1200 Namensvorschläge für das Elefantenkind eingegangen, darunter Basanth (ind.: Frühling), Naomi (die Liebliche), Rawi (die Sonne), Ratna (die kleine Prinzessin). Nun mußte nur noch ein prominenter Pate gefunden werden. Doch inzwischen gab es Besucherrekorde. An einem Wochenende kamen gleich 35 000 Besucher in den Tierpark um »Baby Namenlos« zu sehen. Eine Traumzahl für jeden Zoologischen Garten! Bis Ende April hatte die Kleine auch ihre Tante unter den anderen Elefantenkühen gefunden. Die Seniorin Kiri, stolze 59 Jahre alt, hütete von da an die Kleine, wenn Thura anderweitig beschäftigt war. Sie gab dafür sogar ihre Vorrangstellung in der Herde auf, was letztlich zu dem Unfall von Karl Kock führte, über den ich schon berichtete.

Schließlich wurde am 25. Mai 1992 das Kind von Yashoda geboren. Das Hamburger Abendblatt am Tag danach: »Das zweite Elefantenbaby in Hagenbecks Tierpark ist ein Junge. Gestern um 6.35 Uhr kam er zur Welt. Der kleine Bulle mißt 1,05 m und wiegt 120 kg. Damit ist er sehr viel größer, als das im März geborene Baby...«. Anders als Thura erwies sich Yashoda von Anfang an als eine vorbildliche Mutter. So war bereits am zweiten Tag nach der Geburt Pressetermin. Danach trafen über vierhundert Glückwunschkarten aus aller Welt ein! Zweimal Elefantennachwuchs in einem Jahr stellt schon einen Rekord dar. Anders als für das weibliche Elefantenkind wurde für den Jungen schnell ein Pate und ein Name gefunden. Kein geringerer als Fernsehstar Rudi Carrell taufte den Kleinen auf den Namen Magnum nach der beliebten Eissorte der Firma Langnese-Iglu, die als Taufpate und Sponsor in Erscheinung trat. Am 18. Juni durften endlich beide Elefantenkinder zum ersten Mal gemeinsam auf die Freianlage. Da ging bei beiden »die Post ab«. Erst berüsselten sie sich ausgiebig, dann spielten sie Fangen und zuletzt flüchteten sie vor einem Regenschauer in die trockene Kinderstube zurück.

Nachdem die Hamburger Morgenpost so erfolgreich zur Namensuche aufgerufen hatte, wollte das Hamburger Abendblatt nicht zurückstehen. Mit »Hallo Kinder! Wer malt den schönsten Elefanten« lud auch sie zu einem Wettbewerb ein. Zoo-Eintrittskarten und Spiele waren zu gewinnen, auch sollten die schönsten Elefantenbilder im Tierpark ausgestellt werden.

Dann stand auch der mit Spannung erwartete Taufpate für »Baby Namenlos« fest. Der Ex-Außenminister Hans Dietrich Genscher hatte sich bereit erklärt, dieses Ehrenamt zu übernehmen. Er ist bekanntlich nicht nur mit Humor, sondern auch mit respektablen Ohren ausgestattet, so daß schon 1989 das Auswärtige Amt in Bonn anläßlich eines Tages der offenen Tür mit einer elefantösen Karikatur seines obersten Chefs geworben hatte. Er würde also einen famosen Taufpaten abgeben. Auch der Namenswettbewerb war nun entschieden. Das Elefantenmädchen würde Ratna – kleine Prinzessin – heißen, wie die zehnjährige Tochter der Familie Hutabarat, die den ersten Preis gewonnen hatte. Natürlich durfte die zweibeinige „lütte Deern“ ihre vierbeinige zukünftige Namensschwester besuchen, und es gab einen freundschaftlichen »Hand-Rüssel-Shake« zwischen den beiden unter der wohlwollenden Aufsicht von Mutter Thura, dem Elefantenpfleger vom Dienst, zahlreichem Publikum und den Damen und Herren von der Presse.

Schlußendlich wurde am 9. Juli 1992 getauft. Ein ganzes Bierglas voll Wasser schüttete bei einem zweiten Anlauf – beim ersten hatte sie Reißaus genommen – ihr berühmter Pate über ihren Kopf: »Ich taufe dich auf den Namen Ratna. Ratna bedeutet kleine Prinzessin. Weil Du so zierlich und tänzerisch bist, sollst Du diesen Namen tragen«, gab er ihr als Taufspruch mit auf den Weg. Dazu merkte er noch an, er habe eigentlich gezögert zu kommen, als er hörte, daß ein indisches Elefantenbaby zu taufen sei. Die indischen seien doch die mit den kleinen Ohren! Prompt kommentierte Die Welt: »Vom schlanker gewordenen Ex-Minister kann noch jeder lernen, wie man der Lächerlichkeit entgeht und Unausweichlichem vorbeugt!«

Nach dem Taufzeremoniell, das das Elefantenmädchen im Wortsinn wie ein »begossener Pudel« überstand, bekam es von seiner Namenspatin einen Möhrenkuchen. Trotz ihrer jetzt schon stattlichen 175 kg tauschte sie ihn gegen Zugang zur mütterlichen Milchquelle ein. Alle waren zufrieden!

Und zum Ausklang konnte auch das Hamburger Abendblatt zufrieden sein: »933 Elefanten! Kinder das ist wirklich toll« überschrieb es seinen Bericht über das Ergebnis des Malwettbewerbs. Es gab Dickhäuter in grau, blau, grün, gelb, getupft und gestreift; auf Seide, aus Filz, aus Holz und aus Pappe; mit roten Ohren, orangefarbiger Badehose, im Trikot der deutschen Fußball-Nationalmannschaft...

Langsam ging das Hamburger »Elefantenjahr« zu Ende. Beide Säuglinge entwickelten sich weiterhin prächtig. 410 kg brachte Ratna am 30. Dezember 1992 auf die Waage. In knapp neun Monaten hatte sie ihr Geburtsgewicht verfünffacht! Außerdem hatte sie bereits einen Biographen gefunden! Der Hamburger Autor und Fotograf Burghard Bartos hat ihr erstes Lebensjahr in dem Buch »Ratna, die kleine Prinzessin« nacherzählt. Darin kommt auch ihr Spielgefährte Magnum nicht zu kurz. Doch, wie es bei hochwohlgeborenen Herrschaften schon so zugeht, der zweitgeborene steht allemal ein wenig hintendran.

100 000 Menschen mehr als sonst besuchten in diesem »Elefantenjahr« den Tierpark. Mancher mag ja über diesen ganzen Elefanten-Rummel vielleicht schmunzeln oder ihn als verrückt abtun. Ich finde ihn sehr normal in einer mit Normalität nicht eben gerade gesegneten Zeit. Bestätigt er doch, wie sehr Menschen noch immer Anteil an Wildtieren nehmen, und Elefanten stehen nun einmal symbolhaft für sie alle.